C·H·Beck
PAPERBACK

Dieses Buch schildert Gerichtspraxis und Strafvollzug, wie sie vom Spätmittelalter bis zur Durchsetzung des bürgerlichen Rechtsstaats ausgeübt wurden. Es wird der Weg des Armen Sünders von der Gefangennahme über die Ermittlungen und das peinliche Verhör bis hin zur öffentlichen Bestrafung und Hinrichtung gezeigt. Unter dem obrigkeitlichen Anspruch der Abschreckung entwickelte sich diese letzte Station zu einem pompösen Schauspiel und willkommenen Volksfest.

Richard van Dülmen ist Professor für Neuere Geschichte an der Universität des Saarlandes. Sein Arbeitsschwerpunkt liegt in der Sozial- und Kulturgeschichte der frühen Neuzeit. Im Beck-Verlag erschien 1990 – 1994 sein dreibändiges Werk „Kultur und Alltag in der Frühen Neuzeit“.

RICHARD VAN DÜLMEN

Theater des Schreckens

Gerichtspraxis und Strafrituale in der frühen Neuzeit

VERLAG C. H. BECK

Mit 15 Abbildungen und 13 Tabellen

Die ersten fünf Auflagen dieses Buches erschienen von 1985 bis 2010 in der Beck'schen Reihe.

6. Auflage in C.H.Beck Paperback. 2014
Unveränderter Nachdruck

Wilhelmstraße 9, 80801 München, info@beck.de

www.chbeck.de
Satz: C.H.Beck.Media.Solutions, Nördlingen
Druck und Bindung: Druckerei C.H.Beck, Nördlingen
Umschlaggestaltung: Uwe Göbel, München
Umschlagbild: Zellisches Gericht (Ausschnitt), 1698.
Zeitgenössischer Kupferstich
Gedruckt auf säurefreiem und alterungsbeständigem Papier
Printed in Germany
ISBN 978 3 406 66925 5

www.chbeck.de/nachhaltig
produktsicherheit.beck.de

Inhalt

Einleitung 7
I. Vor Gericht 13
II. Der endliche Rechtstag 38
III. Auf dem Pranger 62
IV. Der Arme Sünder vor dem Tod 81
V. Auf dem Schafott: Verbrechen und Strafen 102
VI. Hinrichtungsrituale: Von der Reinigung zur Abschreckung 121
VII. Volk und Gericht 145
VIII. Ars moriendi: Die Liturgie des gewaltsamen Sterbens 161
Schluß 180

Kriminalstatistische Auswertungen 187
Anmerkungen 194
Literatur in Auswahl 232

Gott ehret das Schwert so hoch, daß er's sein eigen Ordnung heißt, und will nicht, daß man sagen solle, Menschen haben es erfunden oder eingesetzt. Denn die Hand, die solch Schwert führet und würget, ist alsdann nicht mehr Menschen Hand, sondern Gottes Hand, und nicht der Mensch, sondern Gott hänget, rädert, enthauptet, würget und krieget, es sind alles seine Werke und Gerichte. *Luther, 1526*

Die Todesstrafe ist für den größten Teil der Zuschauer weiter nichts als ein blutiger Aufzug, ein Menschenopfer, ein Schauspiel für Müßige und etliche die Veranlassung eines mit Unwillen vermischten Mitleidens. Diese beiden Leidenschaften beschäftigen den Zuschauer weit mehr, als daß sie ihm den heilsamen Schrecken einjagen sollten, welches die Gesetze durch Lebensstrafen zu bewirken suchen. *Beccaria, 1764*

Einleitung

Wenn wir uns das vormoderne traditionelle Strafsystem vergegenwärtigen, wie es allenthalben in Europa vom Spätmittelalter über die Zeit der Aufklärung hinaus bis ins frühe 19. Jahrhundert praktiziert wurde, stellt es sich uns als ein Theater des Schreckens dar mit seiner Grausamkeit und Rohheit sowie mit seinen abergläubischen Ritualen und dem makabren Zeremoniell, in das die Strafhandlungen eingebunden waren. Wir haben Schwierigkeiten, uns vorzustellen, daß diese öffentlichen Strafaktionen – mit den Ehrenstrafen, den Strafen am Körper in Form von Verstümmelungen und Brandmarkung und mit den verschiedenen Hinrichtungsarten wie dem Köpfen und Hängen, aber auch dem Rädern, Verbrennen oder Lebendigbegraben – in der vormodernen Gesellschaft eine solche Attraktivität besaßen, daß sie nicht nur viel Volk von weither anlockten, sondern von der Obrigkeit bewußt als Volksfeste inszeniert wurden. Öffentliche Strafaktionen bildeten aber einen wichtigen Bestandteil öffentlicher Kultur in jeder traditionalen Gesellschaft und damit auch in unserer Vergangenheit. Sie demonstrierten allen, was ein Vergehen oder Verbrechen war – sei es als Verstoß gegen die soziale, moralische oder auch religiöse Ordnung – und wie dies wiedergutzumachen sei, je nach Schwere durch Ehrensanktionen, eine körperliche Brandmarkung, die zumeist den sozialen Ausschluß bedeutete, oder gar eine rituelle Tötung in aller Öffentlichkeit. Da es viele todeswürdige Verbrechen gab, waren öffentliche Hinrichtungen ein zwar mit relativ großem Aufwand begangenes, aber zugleich doch häufiges Ereignis. Es gab kaum jemanden, der es nicht zumindest einmal in seinem Leben mitangesehen hätte.

Um diese komplexe und uns fremde Welt verständlich zu machen, müssen wir uns zunächst befreien von unserer Vorstellung von Grausamkeit, die seit der Aufklärung als das Kennzeichen der alten Gerichtsbarkeit angesehen wurde. Zweifellos war das alte Strafwesen grausam. Aber Freiheitsstrafen waren unbekannt und polizeiliche Kontrollen waren undurchführbar. Zudem strebte das alte Recht nicht die Besserung des Delinquenten an, sondern die Wiederherstellung des Rechts mittels Zufügung körperlicher Pein an demjenigen, der die allgemein anerkannte Ordnung verletzte. Deswegen mußten aus Sühne-, Wiedergutmachungs- und Abschreckungsabsichten die Strafen so gräßlich sein, wie die Vergehen schrecklichen Schaden angerichtet hatten. Sonst hätten die Strafen ihren eigentlichen Sinn verfehlt. Außerdem waren die Strafen, besonders die Körperstrafen und die gräßlichen Todesstrafen, im allgemeinen alles andere als Akte bloßer und spontaner Willkür. Sie unterlagen einem genau festgelegten alten Ritual, das nicht beliebig verändert werden konnte, erlangten erst durch das Ritual Rechtsverbindlichkeit und standen unter starker Kontrolle sowohl von seiten der Obrigkeit wie des Volkes – mit unterschiedlichen Akzenten freilich –, so daß unmittelbare Racheakte ebenso ausgeschlossen waren, wie es immer auch einen gewissen Schutz für den Delinquenten gab. Zwar existierten durchaus entsetzliche Praktiken, aber sie waren nicht die Regel und sind nur in wenigen Fällen belegbar. Im Gegenteil, man ließ im Zuge einer häufig geübten Begnadigungspraxis oft Gnade vor Recht ergehen, und seit dem 17. Jahrhundert treten sogar die großen Strafaktionen so in den Hintergrund, daß sie gerade wegen ihres seltenen Stattfindens so ungewöhnliche Aufmerksamkeit erregten. Angedroht wurden die grausamsten Strafen allerdings noch lange. Doch von Rohheit im heutigen Sinn kann ebensowenig die Rede sein wie von blinder Gewalt, die im Strafzeremoniell zum Durchbruch gekommen wäre.

Eng damit in Verbindung steht, daß aus der frühen Neuzeit, d. h. aus der Zeit des peinlichen Strafrechts, eine für unsere Vorstellung unglaublich hohe Anzahl von Hinrichtungen belegt ist. Städte führten bis zum Ende des 18. Jahrunderts regelrechte Listen ihrer ‚Erfolge'. Dagegen kann das Mittelalter durchaus ‚human' genannt werden, da hier vielfach die Möglichkeit bestand, ‚Verbrechen' mit Geldleistungen abzugelten. Unter den Todesstrafen dominierten allerdings keineswegs die gräßlichen Strafen wie die Vierteilung, das Verbrennen oder Rädern. Diese gab es ohne Zweifel auch, die beiden letzten Formen sogar reichlich. Die quantitativ am meisten verhängten Strafen für todeswürdige Verbrechen waren die Enthauptung und das Hängen. Es ist auch keineswegs so, daß alle Fälle, die vor das Malefizgericht gebracht wurden, notwendig und zwangsläufig mit einer Hinrichtung endeten. Häufig wurden sie nur mit Ehren- oder Körperstrafen geahndet – relativ wenig mit Freiheitsentzug oder Geldstrafen. Die Ehren- und Körperstrafen nahmen sogar zum 18. Jahrhundert hin im Verhältnis zur Todesstrafe zu. Die frühneuzeitlichen Gerichte kannten eine Fülle von Strafmöglichkeiten, die den unterschiedlichsten Delikten ‚gerecht' werden konnten und unter denen die Hinrichtung nur eine war. Diese Reaktionen korrespondierten mit der obrigkeitlichen und gesellschaftlichen Einschätzung der Verbrechen, die in einem steten Wandel begriffen war. Zweifellos gab es in der frühen Neuzeit eine größere Zahl von Gewaltverbrechen bezogen auf die Bevölkerungszahl als heute, und im 16. Jahrhundert wiederum mehr als im 18. Jahrhundert. Die meisten der vor Gericht gestellten Delinquenten waren nicht Hexen, Ketzer oder Mörder, sondern Räuber und Diebe, und diese wurden vorrangig mit dem Schwert oder Strang hingerichtet. Die Gräßlichkeit des frühneuzeitlichen Strafsystems muß also sehr differenziert betrachtet werden und ist ohne eine gesellschaftliche Bewertung der Verbrechen nicht möglich.

Schließlich war der offizielle Initiator und Träger der frühneuzeitlichen Strafaktionen ohne Zweifel seit dem 16. Jahrhundert die richterliche Obrigkeit. Sie hielt Gericht und verkündete das Urteil, dem das Volk nur zuzustimmen hatte. Dennoch war das Volk nicht nur Objekt der Veranstaltungen in der Weise, daß ihm die Strafe zur Abschreckung vorexerziert wurde. Indem alle Strafen öffentlich vollzogen wurden, damit sie rechtens, unbezweifelt waren und allgemeine Anerkennung fanden, war das Volk doch zugleich zum Mitvollzug der Strafe aufgefordert; es sollte die Rechtsgültigkeit bezeugen, was ihm aber zugleich die Möglichkeit gab, die Strafpraktiken gemäß seinem Interesse zu kontrollieren. Die Obrigkeit konnte nur so strafen, wie das Urteil Anerkennung fand. Daß bei der Beurteilung von Verbrechen und Strafen bedeutsame Akzentverschiebungen stattfanden, versteht sich; während die Obrigkeit zunehmend die Hinrichtung vor allem zu einer Machtdemonstration ausbaute und dem Volk keine Mitwirkung mehr gewähren wollte, gestaltete das Volk seinerseits die Straffeste und Hinrichtungen geradezu zu Volksfesten, bei denen es nicht nur Zeuge der Abstrafung eines Verbrechers war, sondern Teilnehmer eines Opfergangs, der die Gesellschaft reinigte. Es war dementsprechend auch nicht das Volk, das schließlich die öffentlichen Strafaktionen aufgab, sondern die Obrigkeit, als sie die Wirkungslosigkeit der Abschreckung erkannte. Öffentliche Strafschauspiele waren zugleich Machtdemonstration wie quasi religiöse Volksfeste. Wenn im 18. Jahrhundert Hinrichtungen vor allem nur noch als Schauspiele für Müßiggänger gesehen wurden, nur mehr als Gruseltheater für das einfache Volk, so verkannten die Kritiker, daß die Teilnahme für viele noch immer ein Akt zur Wiederherstellung einer durch ein Verbrechen verletzten Welt einerseits, und die „Feier" des religiösen Opfergangs eines reumütigen Sünders andererseits war.

Schwierigkeiten, dem Thema sich zuzuwenden, bereiten nicht nur Voreingenommenheit oder Fehleinschätzungen, weit gravierender und objektiv begründeter sind die Probleme, die sich aus unseren Vorstellungen von Verbrechen und Strafen ergeben, aus Begriffen also, die einem modernen Rechtsverständnis entnommen sind und nur bedingt der Wirklichkeit in der frühen Neuzeit gerecht werden. Die frühneuzeitliche Gesellschaft kennt nämlich zum einen keinen eindeutigen Begriff von Verbrechen, die Vorstellung eines ‚öffentlichen' Verbrechens hat sich überhaupt erst herausgebildet. Zwar gibt es allgemeine Vorstellungen darüber, was ein todeswürdiges Verbrechen war – die Quellen sprechen allerdings zumeist von Missetat oder Untat –, aber die Qualifizierung schwankt sehr, so daß es im einzelnen von ‚gewöhnlichen' Delikten nicht eindeutig zu unterscheiden ist. Zum anderen umfaßt die Skala schwerer Verbrechen weitaus mehr Verbrechenstypen, als die bürgerliche Rechtsordnung sie heute kennt – neben den sozialschädigenden Vergehen wie Mord, Diebstahl oder Brandstiftung werden gleicherweise als schwere Verbrechen religiös-kirchliche Delikte wie Hexerei, Ketzerei oder Gotteslästerung, aber auch die sittlich-moralischen Verbrechen wie Ehebruch, Unzucht oder Blutschande geahndet. Was jeweils als Verbrechen, zumal als todeswürdiges Verbrechen, bewertet wurde, war abhängig vom gesellschaftlichen Normensystem, und dieses wiederum wurde von den regionalen Gerichten in Übereinstimmung mit dem traditionellen Rechtsbrauch nicht immer gleich in Anwendung gebracht. Die frühneuzeitliche Verbrechensvorstellung jedenfalls ist weitgefaßt und kann nur näher aus der konkreten Strafpraxis bestimmt werden.

Beträchtliche Unklarheiten bestehen aber auch über den Begriff der Strafe; der Begriff ist zwar bekannt, aber was die Zeit darunter verstand, ist schwer zu unterscheiden vom Phänomen der sozialen Sanktion einerseits und der Rache einer Gemeinschaft andererseits. Das Verhängen von Strafen lag zwar bereits bei der richterlichen Obrigkeit, aber ihre Strafpraxis reflektierte noch so stark Gruppeninteressen, daß sie kein gleiches Maß kannte, sich vielmehr dominant gegen Fremde und Unterschichten richtete. Sie hatte auch nicht primär den Täter im Auge, sondern allein die Tat – die auszumerzen das Ziel war –, so daß man nicht eindeutig von einer öffentlichen Strafe in unserem Sinn sprechen kann. Zwar gab es durchaus normative Rechtsvorstellungen in einer Vielzahl territorialer Rechtskodifikationen, doch die Strafpraxis, wie sie in den vielen bekannten Abstrafungsfällen greifbar ist, folgt einer eigenen Logik, in die nur so viele abstrakte Strafvorstellungen aufgenommen wurden, als die noch regional gültigen traditionellen Rechtsvorstellungen des Volkes und die rechtswirksam werdenden sozialen Interessen einer Gerichtsgemeinde nötig machten. Nicht zuletzt kennzeichnen die vormoderne Strafpraxis unterschiedlichste Strafformen, die zudem sehr uneinheitlich gehandhabt wurden: eben soziale Sanktionen, die das Verbrechen am Verbrecher bloßlegten, dann Brandmarkungen, die den sozialen Ausschluß aus einer Gemeinschaft bedeuteten, und schließlich Tötungen, die die Vernichtung eines Missetäters bzw. seiner Tat bezweckten, wobei nicht das Ausmaß, sondern die Art der Strafe auf das Verbrechen hindeutete und es somit symbolisch auslöschte.[1]

I.
Vor Gericht

Vor das Malefizgericht wurde jeder gestellt, der unter dem Verdacht eines schweren Verbrechens aufgegriffen bzw. gefangengenommen worden war. Das Malefizgericht gab es als juristische Institution in Städten und Territorien, konnte aber in seiner Zusammensetzung wie in seinen Prozeßgewohnheiten sehr unterschiedlich sein.[1] Vor seinen Schranken nahm das Gerichtsverfahren seinen Anfang, das relativ komplizierten, doch festen Regeln unterworfen war. So sehr es dabei zu endlos sich hinziehenden Prozessen, zu unmenschlichen Situationen und auch zu Fehlurteilen kommen konnte, liefen die Verfahren doch keineswegs willkürlich oder etwa im Zeichen schrankenloser Rachsucht ab. Der Delinquent hatte zwar nur wenige Rechte, war aber doch nicht einfach dem Richter oder gar dem Scharfrichter ausgeliefert, selbst wenn er der Folter unterworfen wurde. Dabei ist auch noch zu beachten, daß die frühneuzeitliche Gerichtspraxis, so wie sie in der peinlichen Gerichtsordnung Karls V., der Carolina, von 1532[2] konkret greifbar ist, den Rechtsfindungsprozeß rigoros von der Verurteilung und Bestrafung trennte. Während die Urteilsfindung und -sprechung ausschließlich zu einer Angelegenheit der obrigkeitlichen Gerichtsgewalt unter Ausschluß der Öffentlichkeit wurde, wurde die Verurteilung öffentlich verkündet und die Bestrafung sogar im Beisein eines großen Publikums vollzogen.

1.

Nur ein Bruchteil der verübten Missetaten konnte in der frühen Neuzeit gesühnt werden. Das lag daran, daß überhaupt nur angezeigte und von Amts wegen verfolgte Verdächtige gefaßt werden konnten, dies aber an einer ganzen Reihe von Hindernissen scheitern konnte. Diese Erschwernisse für die Verhaftung wurden zwar mit der Zeit geringer, blieben aber im wesentlichen bestehen. So machte man es einmal einem Ankläger seit der Durchsetzung des sogenannten Inquisitionsverfahrens nicht leicht, einen Beschädiger zu überführen. Amtliche Stellen verdrängten den Kläger. Dann gab es vielfältige Fluchtmöglichkeiten in andere Territorien, die alle auf ihre Rechtshoheit pochten und eine Verfolgung auf ihrem Gebiet fast unmöglich machten, und schließlich stand kein brauchbarer ‚polizeilicher Erkennungsdienst' zur Verfügung.[3] Als Täter deswegen unbehelligt zu bleiben, war einerseits leichter als heute, andererseits aber waren die Lebensverhältnisse in der frühen Neuzeit so eng, daß jeder jeden zu kontrollieren vermochte. Verdächtige Handlungen konnten allzuschnell ins Gerede und zur Anzeige führen; eine Missetat konnte dementsprechend sehr leicht entdeckt werden.

Abb. 1: Raubüberfall in Seeon/Bayern 1769. Aus: Wohlverdientes Todesurtheil nebst einer Moralrede des Joseph Unterrheiner (1769), Kupferstich von Jungwirth (Hauptstaatsarchiv München)

Der einfachste Fall für die Strafverfolgung war der auf frischer Tat ertappte Verbrecher.[4] Wenn einer auf der Straße oder in einem fremden Haus als Mörder oder Räuber beobachtet wurde, konnte er sofort verhaftet und verurteilt werden. Dies traf aber nur für einen Teil der Delinquenten zu. Viele Fälle von Verfolgung gingen auf eine Anzeige zurück, für Taten vor allem, deren Spuren schnell verwischt werden konnten bzw. keine unmittelbar sozialen Folgen hatten, aber von anderen gesehen wurden.[5] Es handelte sich hier etwa um Kindsmord und Sittlichkeitsdelikte; vor allem auch die Hexenprozesse gingen auf Anzeige zurück. Es bestand in vielen Fällen Anzeigepflicht, und die Obrigkeiten unterhielten ein Denuntiantentum, das für die Anzeigen sogar bezahlt bekam. Nun galt zwar eine Anzeige nicht von allen Zeugen gleich viel, der Zeuge mußte ‚ehrbar' sein und, falls die Anzeige als Verleumdung entlarvt wurde, mußte er mit Strafe rechnen;[6] doch schloß dies nicht aus, daß die Obrigkeit sich auch recht dunkler Quellen bediente.

Schwieriger wurde es, wenn kein unmittelbarer Zeuge vorhanden war, die Tat heimlich geschah, dann mußte nach verdächtigen Personen gesucht werden. Die Carolina hielt eine Verhaftung dann für erforderlich und ausreichend begründet, wenn der Beschuldigte „durch gemeynen Leumut berücktiget, oder andere glaubwirdige anzeygung verdacht und argkwenig" erregt hat.[7] Leicht zu verhaften waren deshalb gemeinhin „verwegene oder leuchtfertige person von bösem leumut und gerücht"; sie waren nicht nur immer verdächtig, sondern ihre irrtümliche Gefangensetzung schadete auch der Obrigkeit nicht. Anders war dies bei ehrbaren Personen; hier wurde es als Mißbrauch angeklagt, wenn „durch die oberkeyt etwann leichtlich auch erbare personen on vorgeend berüchtigung, bösen leumut und andere gnugsam anzeygung angegriffen und inn gefengknuß bracht werden, und inn solchem angriff etwann durch die oberkeyt geschwindtlich und unbedechtlich gehandelt, dardurch der angegriffen an seinen ehren nachtheyl erleidet".[8] Soziale Unterschiede traten also in der Behandlung vor Gericht kraß zutage.[9]

Ein besonderes Problem stellte sich, wenn der Täter bekannt war, aber geflohen war bzw. sich in der Stadt versteckt hielt. In diesem Fall wurde an die Anzeigepflicht aller erinnert, Gasthäuser und andere verdächtige Orte wurden durchstöbert, außerdem wurden die Torwachen angehalten, die hinausgehenden Personen zu kontrollieren. Nicht selten fahndete man durch öffentliche Bekanntmachung unter Trommelschlag.[10] Dabei wurde die Person beschrieben, in manchem Fall sogar ein Steckbrief ausgeteilt.[11] Als ein Nürnberger Bürger 1546 nach einer Mordtat untertauchte, wurde sein Name am folgenden Tag vom Rathaus heruntergerufen. Wer den Täter fände, sollte eine Belohnung von 100 fl. erhalten, wer ihn aber beherberge, ihm zu essen und trinken gebe, der sollte für den Täter gehalten werden.[12]

„Auf Befehl S. T. des Jüngeren Herrn Bürger Meisters circulierte nachstehendes Schreiben, eine Weibs-Person betreffend Nahmens Susanna Brandtin, von hier gebürtig, circa 2 à 23 Jahr alt, trägt eine Berliner flanellenern gewürfelten Rock und braunlicht rothen kattunenen Jack, und einen weisen Schürtz, von Statur lang und schmal, welche im Betreffungsfall sogleich arretirt und dem Jg. H. Bgmstr. gemeldet werden soll".

Steckbrief der Kindsmörderin Susanne Brandt, Frankfurt 1771.[13]

Fast hoffnungslos war es, eines Missetäters habhaft zu werden, wenn er aus einer Stadt geflohen, d. h. in ein anderes Hoheitsgebiet übergewechselt war; denn es setzte eine so umfängliche Verhandlung voraus, um eine Verhaftung und Auslieferung zu erreichen, daß sich dem Missetäter meist die Chance bot, ganz zu entkommen. Eine Ausnahme bildeten die oft vielenorts bekannten Räuber und Mörder, wenn sie steckbrieflich gesucht wurden, eine hohe Prämie ausgesetzt war und alle Gerichtsinstitutionen aktiviert wurden. Die Gefangennahme der bekannten Räuber Nickel List und Lips Tullien wäre ohne eine derartig koordinierte Aktion nie möglich gewesen, und diese konnte wiederum erst im späten 17. Jahrhundert zustande kommen. Als Nickel List, der einen Kirchenraub in Lüneburg begangen hatte, in Hof gefaßt wurde, wurde er zur Überweisung nach Celle von einer großen Eskorte abgeholt. Man befürchtete unterwegs Überfälle und mußte deswegen sogar einige Manöver vortäuschen. So kostspielig dieses Unternehmen war, so unterstützten doch die Obrigkeiten die Auslieferung. Gewisserweise zur Warnung an alle wirklichen und potentiellen Verbrecher wurde der Gefangene im offenen Karren, an eine Bank geschmiedet, durch die Lande geführt.[14]

Einen zwar nicht ganz normalen, aber höchst aufschlußreichen Fall aus dem Jahre 1635/7 stellt das Ermittlungsverfahren gegen den Erzdieb Barthel Grünich aus Frankfurt dar, das sowohl die Schrecken wie auch die Härte des Vorgehens deutlich macht.[15]

Aus dem Römer waren 1635 Schmucksachen und Ehrengaben von außerordentlichem Wert gestohlen worden. Obwohl die Stadt alles daransetzte, die Schätze wieder zurückzubekommen – sie selbst geriet durch das „Bubenstück" in öffentlichen Mißkredit –, blieb der Fall jahrelang unaufgeklärt. 1637 tauchten erstmals einige Goldstücke auf, die der Münzmeister einem Juden abgenommen hatte. Er konnte sie als Teil des Diebesgutes identifizieren. Der Jude verwies auf einen Barbierjungen, von dem er sie erhalten haben wollte. Der Junge fand sich. Zunächst gab er an, daß er das Gold von seinem Meister erhalten habe. Da der Meister aber von nichts wußte, mußte der Lehrling im Gefängnis gestehen, daß er das Gold im Bettsack gefunden habe, auf welchem ein Weißbinder aus Sachsenhausen nach der Behandlung durch den Barbiermeister geschlafen hatte. Dieser Weißbinder, Barthel Grünich, war dem Rat bekannt und wurde vor einen Ausschuß des Rats geladen. Zunächst wollte er sich an nichts erinnern können. Dann, als man ihm die Aussage des Barbierjungen vorhielt, gestand er, das Gold von einem Marketender gekauft zu haben. Nachdem Barthel Grünich inhaftiert worden war, wurde auch seine Ehefrau verhört, denn sie schien nicht minder verdächtig. Sie bestätigte aber nur die Aussage ihres Mannes. Eine Hausdurchsuchung verlief ergebnislos. Dafür gab ein Anverwandter Grünichs, dem dieser einen Teil der Beute verkauft hatte, seinen Teil zurück, was als Beweis gegen den Verdächtigen gewertet wurde. Als alles Suchen nicht weiterführte, wurden alle Juden der Stadt aufgefordert, die von Grünich erworbenen Wertsachen abzugeben. Während bald ein Teil des Diebesgutes zusammengetragen wurde, entfloh Barthel Grünich aus Angst vor einem weiteren Verhör und einer sicher folgenden Verurteilung mit Hilfe seiner Kinder aus dem Gefängnis. Dies veranlaßte den Rat, die Ehefrau nicht nur sofort zu verhaften – ebenso auch die Kinder –, sondern sie auch peinlich zu verhören. Derart aufwendige Ermittlungsverfahren konnte sich ein Gericht allerdings nur in spektakulären Fällen leisten. Erst jetzt gestand die Frau, beim Diebstahl mitgeholfen und das Diebesgut verborgen zu haben. Das letzte stimmte allerdings nicht, denn als die Examinatoren nach Sachsenhausen zum angegebenen Versteck fuhren, fanden sie nichts. Die Frau war so verzweifelt, daß sie auf dem Rückweg nach Frankfurt unterwegs in einen Brunnen sprang. Sie konnte zwar wieder herausgeholt werden, mußte aber in ein Spital eingeliefert werden. An weitere Verhöre war zunächst nicht zu denken. Inzwischen war ihr geflüchteter Ehemann aber in Höchst gefaßt worden. Man hatte nichts unterlassen, seiner habhaft zu werden. Zwar lag Höchst in einem anderen Territorium – es gehörte zu Mainz –, aber der Mainzer Kurfürst, an den man sich persönlich wandte, war bereit, den Verhafteten „aus nachbarlichen Wohlwollen" auszuliefern. Mainz verlangte nur die Erstattung der Unkosten für die Haft. An der Stadtgrenze wurde Grünich dem Ratsschreiber, der mit großem Aufgebot erschienen war, übergeben: „Bey welcher Liefferung dann eine sehr grosse Menge Volcks, so mit hinausgegangen, gewessen und sonsten auch in der Statt auff der Gassen, da er durchgeführt worden, auffgewartet und diesen grossen Haupt- und Erzdieb sehen wollen, dergleichen zuvor niemals mehr beschehen und gehört worden".[16] Als Grünich keinen Grund zum Leugnen mehr sah, bekannte er sich voll zur Tat, nur seine Frau suchte er noch zu schützen. Wo das Diebesgut allerdings verblieben war, konnte auch er nicht angeben. Im Urteil wird der Diebstahl einem Kirchendiebstahl gleichgestellt und zugleich als vorsätzliche Verletzung des Bürgereids verstanden. Barthel Grünich wurde deshalb auf dem Schinderkarren vor dem Römer zuerst die rechte Hand abgeschlagen, dann wurde er mitten im Kreuz des Galgens aufgehängt und seine Hand, auf eine Eisenstange gesteckt, über ihm befestigt, anderen zum abscheulichen Exempel. Auch seine Frau wird für schuldig erkannt, aber nicht gehenkt, sondern am selben Tag mit dem Schwert enthauptet. Als Zeichen ihrer schändlichen Tat wird ihr Leichnam unter dem Galgen verscharrt. Nachdem auch die Helfershelfer, allerdings mit gelinderen Strafen, verurteilt waren, schien der Fall abgeschlossen zu sein. Der Rat hatte zwar nicht alle Schmucksachen zurückerhalten, dafür aber allen dokumentiert, wie er gegen derlei Verbrechen künftig vorzugehen gedachte. Aber noch einmal wurde der Rat an die Untat von Barthel Grünich erinnert. Drei Monate nach der Hinrichtung hatten Unbekannte – es wird angenommen, daß es die Kinder und Verwandten des Toten waren – den Leichnam vom Galgen heruntergerissen, um das Bild der Schande zu tilgen. Der Rat befahl darauf dem Scharfrichter, den abgerissenen Körper wieder am Galgen aufzuhängen, auf daß das Bild des Schreckens noch lange sichtbar bleibe.

Eine Grenze erfuhren die Gefangennahme und strafrechtliche Verfolgung durch das traditionelle Asylrecht.[17] Vor allem Kirchen und Klöstern, aber hin und wieder auch weltlichen Institutionen wie Gasthäusern, wurde im Mittelalter das Recht zugestanden, als Freistätten dem Missetäter Schutz vor Verfolgung zu gewähren. Ihre ursprüngliche Bedeutung bestand darin, einen Totschläger vor der unmittelbaren Rache bzw. Blutrache der Angehörigen des Getöteten zu schützen und damit ein ordentliches Gerichtsverfahren zu garantieren oder die strengen Strafpraktiken zu mildern. Zumeist war das Asylrecht auf Fälle ‚ehrlicher Sachen', d.h. auf Totschlag, beschränkt, wohingegen Diebe, Mörder, Kirchenräuber und auch Ketzer ausgeschlossen sein sollten. Die Kirchen verteidigten recht hartnäckig ihr Asylrecht, das die weltliche Obrigkeit seit dem 15. Jahrhundert zurückzudrängen suchte. Als die Strafverfolgung von der Obrigkeit monopolisiert wurde, erschien die alte Institution des Asylrechts zunehmend überflüssig. Man schränkte das Recht zunächst auf einige wenige Fälle ein, dann verkürzte man die Fristen, bis man im 16. Jahrhundert zusehends geflohene Missetäter sogar gewaltsam aus Kirchen und Klöstern herausholte. Während beispielsweise Frankfurt relativ rigoros das Asylrecht abschaffte, obwohl es auch hier immer wieder, sogar bis 1685, geltend gemacht wurde,[18] beließ Bern die alten Rechte der Kirche trotz Reformation und Säkularisation. Noch 1666 bestätigte der Rat von Burgdorf in der Nähe Berns dem Klosterhaus das Asylrecht, ja gewährte auch einer weltlichen Institution, in diesem Fall dem Gasthof von Fraubrunnen, noch 1738 das Asylrecht.[19] Bedeutsam war jedoch insgesamt das Asylrecht in der frühen Neuzeit nicht mehr, wir finden nur schwache Spuren. In dem Augenblick, wo die Rache einer Familie nicht mehr die zentrale Rolle spielte, sondern amtliche Stellen die Verfolgung wahrnahmen, gab es als Ausgleich zum harten Strafsystem andere Milderungsmöglichkeiten. Die Chance eines Missetäters, im Schutz der Kirche dem Gericht bzw. einer harten Strafe zu entgehen, wurde nun dadurch aufgefangen, daß durch Fürsprecher eine unmittelbare Korrektur der Urteile in Form einer Milderung, Abschwächung oder Begnadigung möglich wurde. Dies war schließlich der einzige Weg einer Beeinflussung des Gerichts, der offiziell akzeptiert wurde. Eine unmittelbare Liquidierung brauchte ein Missetäter auch nicht mehr zu befürchten. Das hinderte nicht, daß verfolgte Übeltäter hin und wieder dennoch den Schutz einer Freistätte suchten.

2.

Wenn jemand auf frischer Tat ertappt oder als höchst verdächtig aufgegriffen wurde, brachte man ihn umgehend in ein Gefängnis. Das gilt zumindest für schwere Delikte. In anderen Fällen begnügte man sich mit einer einfachen Arretierung oder mit der Überführung in ein ‚Schuldgefängnis', das räumlich von den eigentlichen Lochgefängnissen getrennt war.

Gefängnisse der frühen Neuzeit sind nicht vergleichbar mit den Gefängnissen von heute.[20] Sie dienten in der Regel nur zur Verwahrung eines Verhafteten bis zur Urteilsvollstreckung. Zwar gab es auch Gefängnisstrafen, d.h. eine Verurteilung zu mehrjährigem oder sogar lebenslänglichem Gefängnis, sie spielten aber in der frühneuzeitlichen Strafpraxis nur eine geringe Rolle. Was seit dem 17., vor allem seit dem 18. Jahrhundert, als Arbeits- und Zuchthaus entstand, war nicht identisch mit dem alten Gefängnis, sondern sollte als erste Besserungsanstalten dienen.[21]

In der Carolina heißt es, es ist „sonderlich zu merken, daß die gefengknuß zu behaltung, und nit zu schwerer geverlicher peinigung der gefangen sollen gemacht und zugericht sein".[22] Aber die Wirklichkeit des Kerkeraufenthaltes entsprach dieser Forderung keineswegs, sie war insgesamt schlimm und traf einen Gefangenen in der Regel so hart, daß sie als Strafe, ja als Körperstrafe angerechnet werden konnte. Das Gefängnis war sowohl ein Verwahrungsort als auch ein Ort körperlicher Pein, und das nicht nur, weil dort auch die Folter vollzogen wurde. Die Gefängnisse waren Symbol des Schreckens nicht anders als die öffentlichen Hinrichtungsstätten auch. Im hermetisch abgeschlossenen Gefängnis mit seinen dicken Mauern mußte ein verdächtiger Missetäter den Ausgang des Prozesses ohne Außenkontakte abwarten, ohne jemals über seine Chance, wieder auf freien Fuß zu kommen, klar unterrichtet zu werden. Er konnte allein untergebracht werden oder mit anderen, etwa mit einem Gewaltverbrecher oder Gotteslästerer, einem Münzfälscher oder Zauberer zusammengepfercht in eine Zelle gesperrt sein. Die Gefängnisse waren in der Regel in Stadttürmen untergebracht, bevorzugt wurden in den Städten die Keller der Rathäuser oder eine Festung bzw. Burg. Bekannt waren die Ratsgefängnisse in Nürnberg und Regensburg, dunkle Verließe, die lange als Symbole der alten Strafordnung galten.[23] Sie waren ein sicheres Gewahrsam, die dicken Mauern machten Ausbrüche fast unmöglich, selbst Schreie drangen nicht nach außen. Während oben im Rathaus, dem Symbol von Recht und Ordnung, ein munteres Leben herrschen konnte – denn dort fanden nicht nur Ratsversammlungen, sondern auch die großen städtischen Feierlichkeiten statt –, harrten unten in den dunklen Kellern Verhaftete, unter Folter Gequälte und Verurteilte auf den Tod.

Die Gefangenen waren meistens in kleinen Zellen untergebracht, nicht selten angeschmiedet an Wände oder auf dem Boden. Die Räume waren oft nicht nur dunkel, sondern auch dreckig, feucht und ungelüftet, im Winter schlecht oder nicht beheizt. Das Stroh wurde nur selten erneuert. Ungeziefer und Unrat machten den Aufenthalt zur körperlichen Qual.[24] Zwar regelte eine Ordnung das Leben in den Kerkern, die ein Überleben garantieren sollte. Aber wie sie gehandhabt wurde, lag im

Ermessen des Gefangenenwächters. Eine Kontrolle oder Beschwerdemöglichkeit gab es nur in extremen Fällen, wenn ein Häftling Selbstmord beging oder mit oder ohne Bestechung fliehen bzw. ausbrechen konnte. Obwohl der Aufenthalt, soweit dies möglich war, von dem Verhafteten selbst bezahlt werden mußte, hing es vom Ermessen des Wächters ab, was er ihm zukommen ließ. Wurde einer krank, konnte er in ein Spital gebracht werden, aber die meisten kamen als gezeichnete Menschen, „wo nicht ganz, doch halb töricht, mißtröstig und verzagt“ wieder ans Tageslicht.[25] Aber die Schäden an Leib und Seele – so offenkundig sie waren – durften andererseits auch wieder nicht so groß sein, daß dadurch die Verhöre litten, eine Folter nicht mehr durchführbar war bzw. der verurteilte Delinquent aufs Schafott getragen werden mußte. Die Bedrohlichkeit der Gefängnisse sollte der vorgeworfenen Missetat entsprechen und durfte dem Gefangenen Angst einflößen – ihn aber nicht vernichten. Er sollte ja die Wahrheit des Gerichts, seine Schrekken und seine Gerechtigkeit später öffentlich verkünden. Zwar gab es Klagen sowohl von Juristen, Besuchern wie von Häftlingen über die Zustände in den Gefängnissen, aber bis zum 18. Jahrhundert wurde an ihnen nichts Wesentliches verändert. Das lag nicht nur an den fehlenden Geldmitteln, sondern am bewußten Willen zur abschreckenden Wirkung, die vom Gefängnis ausgehen sollte. Vor allem galt, wie gesagt, das Gefängnis als Teil einer körperlichen Strafe, die beim Endurteil über einen Delinquenten sogar mitberücksichtigt wurde. Das Gefängnis sollte die Gefangenen an der Flucht hindern und einen reibungslosen Ablauf des Prozesses garantieren, zugleich aber auch den Gefangenen in seinem Willen so schwächen, daß er, ohne Selbstmord zu begehen, sich dem Urteil beugte. Er sollte zermürbt werden, ohne aber die Befähigung zu verlieren, seine Schuld bewußt zu bekennen, denn ohne dieses Bekenntnis war kein Urteil gültig. Eine schrankenlose Willkür war somit ausgeschlossen.

Ein Gefängnisaufenthalt war allerdings nicht für alle Missetäter gleich. Höhere Stände – soweit sie überhaupt und zumeist nur bei Hochverrat ins Gefängnis kamen – erhielten bessere Räume, wurden besser verköstigt und konnten hier und da

Besucher empfangen, während dagegen der ‚normale' Inhaftierte, vor allem der Vermögenslose und Fremde, nicht zuletzt aus Kostengründen auf alle Vergünstigungen verzichten mußte. „Ferner hat man auch die Personen, so gefangen gesetzt werden sollen, zu consideriren, denn anders wird ein Bauer oder sonst gemeiner Kerl, anders gestalt aber ein vornehmer, gelehrter und begüterter Mann oder auch wohl gar einer vom Adel tractiret".[26] Gefängnisse waren dementsprechend vorwiegend Stätten, in denen Gewaltverbrecher und arme Leute saßen. Wenn diese allerdings das Gefängnis oft auch ohne große Schäden verließen, ja manche sogar damit protzten, diese oder jene Pein überstanden zu haben, so lag dies an ihren eigenen harten Lebenserfahrungen.[27] Vieler Leute Lebensverhältnisse, vor allem die der unteren Schichten, unterschieden sich nicht so wesentlich von dem Leben in einem Gefängnis. So war ein Gefängnisaufenthalt nicht auf jeden Fall und nicht für jeden lebensgefährdend. Wenn einer sich mit seinem Wächter gut verstand, konnte er hier eventuell sogar besser leben als in seiner kalten Hütte auf dem Lande und ohne ausreichende Ernährung.

Die Schrecken des Gefängnisses betrafen auch denjenigen, der unschuldig im Gefängnis saß, ja dessen Unschuld das Gericht später sogar bestätigen mußte.[28] In solchen Fällen rechtfertigte man sich damit, daß ohne diese Pein die Wahrheit seiner Unschuld nicht deutlich geworden wäre. Der Prozedur wurde ein reinigender Charakter zugesprochen. Damit allerdings keiner hinterher wegen schlechter Behandlung, Ungerechtigkeit oder zu langer Haftdauer Rache am Gericht übte – denn eine Beschwerdemöglichkeit gab es so wenig wie einen Schadensersatz –, mußte ein Gefangener, wenn er freigesprochen, begnadigt oder des Landes verwiesen wurde, Urfehde schwören, also schwören, keine Rache zu üben bzw. nicht wiederzukommen.

3.

Das Ermittlungsverfahren war ein wichtiger Teil des Prozesses. Wenn ein gefaßter Täter seine Schuld nicht sofort gestand, konzentrierte sich darauf das ganze Bemühen des Gerichts.[29] Denn ohne eindeutig belastende Hinweise konnte kein Geständnis, das für die Verurteilung nötig war, erreicht werden. Es reichten keine Zeugenaussagen oder noch so deutliche Indizien aus, um eine Strafe zu verhängen. Konstitutiv für die Abstrafung war in jedem Fall das Geständnis des Angeklagten. Wie schwierig dies nun zu erreichen war, offenbaren die Akten, und wie wenig trotz allen Aufwandes letztlich der Wahrheit gedient wurde, zeigen die Fälle, bei denen Unschuldige verurteilt, Schuldige viel zu streng bestraft oder freigesprochen wurden. Oft waren es mehr die Nerven und die Zahl der Fürsprecher, die einer aufbringen konnte, die über Leben und Tod entschieden, als die Logik der Beweisführung zur Wahrheitsfindung. Aber es gab keine Möglichkeit, die Probleme mit den zur Verfügung stehenden Mitteln anders zu lösen.

Nachdem ein Verdächtiger gefaßt und verhaftet worden war, wurde er sogleich verhört, zumeist bereits im Gefängnis, vor allem bei schweren Vergehen, die ja hier allein interessieren. Das erste Verhör nahm oft nur ein Gerichtsschöffe oder Gerichtsdiener vor. In der Regel tagten dann allerdings ein Richter, zwei Gerichtsschöffen und ein Schriftführer im Rathaus, in der Gerichtsstube oder in einem eigenen Raum des Gefängnisses. Dies sollte die Objektivität der Prozeßführung garantieren, dann aber auch den Angeklagten einschüchtern. Das Protokollieren aller Fragen und aller Antworten war konstitutiv für den geheimen Prozeß – öffentliche Sitzungen gab es ja seit der Einführung des Inquisitionsverfahrens nicht mehr. Hatte man Aussagen protokolliert, konnte man später auf sie zurückgreifen und übergeordneten richterlichen Behörden Bericht erstatten. Denn die entscheidenden Gerichtsurteiler kannten den Missetäter nicht – sahen ihn vielleicht erstmals beim endlichen Rechtstag, d.h. bei der öffentlichen Urteilsverkündung –, wollten und mußten deswegen über alles ausreichend informiert werden. Dasselbe gilt auch für die juristischen Gutachter, die einheimischen wie die auswärtigen, die in schwierigen Fällen um Rat gefragt wurden. Sie mußten sich in ihrem Urteil oder Ratschlag auf das Protokoll verlassen können.

Die Frager wurden instruiert, alles, auch angeblich Nebensächliches, zu berichten und sorgfältig und ‚vernünftig' zu fragen. An ihre Gründlichkeit und ihr Gewissen wurde appelliert, hartnäckig wie nachgiebig zugleich zu sein, um ein Optimum an weiterführenden Antworten vom Missetäter zu erhalten.[30] Das Verfahren kam einem komplizierten ‚Zweikampf' zwischen Angeklagtem und Richter gleich. Dabei interessierte der Missetäter nicht als Person, weder seine Motive noch sein Milieu, so sehr derlei Informationen in die Aussagen eingingen. Im Mittelpunkt aller Fragen stand die Rekonstruktion des Verbrechens. Ziel der Befragung war es auch nicht, einen gefangenen Missetäter womöglich zu entlasten, sondern immer nur, ihn der Tat zu überführen, d.h. möglichst ein freies und ungezwungenes Geständnis zu erhalten.

Es gab verschiedene Wege, dieses zu erlangen. Die Folter wurde nicht sofort eingesetzt – mit ihr zögerte das Gericht so lange, bis kein anderer Weg mehr übrig blieb, etwa bis ausreichende Indizien vorhanden waren, ohne daß aber ein Geständnis vorlag. Für die Folter bedurfte es in jedem Fall der ausdrücklichen Genehmigung der Obrigkeit.[31] Manchmal mußte eine juristische Fakultät eigens wegen ihrer Zulässigkeit befragt werden. Standen Zeugen zur Verfügung – dies betrifft vor allem jene Fälle, wo eine Anzeige vorlag –, hing es vom Geschick der fragenden Gerichtspersonen ab, den Missetäter zu einem Geständnis zu überreden; dafür scheute man keine Suggestivfragen – so sehr diese offiziell verboten waren – oder Gegenüberstellungen mit den Zeugen. Erst wenn ein Angeklagter trotz der Aussagen zweier Zeugen nicht gestehen wollte und ein zweites Verhör ergebnislos verlaufen war, konnte die Folter angedroht, dann notfalls auch angewandt werden. Da ein Missetäter wußte, daß in diesem Fall die Folter die ‚Wahrheit' erzwingen konnte, hatte die Vorstellung von zwei Zeugen meistens Erfolg. Die Zeugen sollten allerdings das 20. Lebensjahr erreicht haben und glaubwürdig sein, als unparteiisch gelten und nicht von Haß geleitet sein.[32] Daß die Qualität der Zeugenaussage im konkreten Fall nicht immer den Anforderungen entsprach, ist bekannt. Legte einer kein freiwilliges Bekenntnis ab, sondern mußte ihm dieses unter der Folter herausgelockt werden, so hatte er als ‚hartnäckiger' Delinquent mit einer Strafverschärfung zu rechnen. Hielt er allerdings der Tortur stand, mußte er freigelassen werden.

Schwieriger war es für das Gericht, wenn kein Zeuge da war, das Gericht also allein auf indirekte Beweisführung angewiesen war. Die Carolina hatte zwar eine erste Indizienlehre aufgestellt, mit deren Hilfe ein Missetäter überführt werden konnte, sie half aber nur bedingt, einen Delinquenten zum Geständnis zu bewegen. Welcher Mißbrauch damit getrieben werden konnte, wissen wir aus den Hexenprozessen. Man scheute zwar keine Mühe, z.B. bei Mord den Getöteten von einem Arzt untersuchen zu lassen, nach Mitwissern zu fahnden, vor allem bei Kindsmord genaue Untersuchungen einzuleiten oder bei Diebstahl das gestohlene Gut ausfindig zu machen, d.h. jeder einzelnen Spur nachzugehen, soweit dies möglich war, aber insgesamt hätte das Indizienverfahren in der frühen Neuzeit ohne die Drohung der Folter kaum zu Ergebnissen geführt. Die Möglichkeit zur Folterung war gegeben, wenn ein Verdächtiger einen bösen Leumund besaß, mit verdächtigen Personen Umgang pflegte, am Tatort gesehen worden oder unmittelbar nach einer Missetat flüchtig war oder wenn ein Beschädigter ihn als Täter eidlich überführte.[33]

Das Indizienverfahren des peinlichen Gerichts war bereits recht rational organisiert, was aber nicht ausschloß, daß noch lange Elemente der alten Gottesurteile nachwirkten.[34] Die Überzeugung, daß Gott unmittelbar in die Gerichtspraxis eingreifen könne, war weit verbreitet, selbst bei Richtern. Einmal ist die sogenannte Bahrprobe zu nennen, nach der man denjenigen als Mörder überführen konnte, bei dessen Berührung der Getötete Veränderungen (Anlaufen, Bluten) zeigte. In Luzern wurde (1503) ein verdächtiger Mörder auf den Friedhof geführt, auf dem seine Frau bereits 20 Tage bestattet gewesen war, und mußte mit zwei Fingern der rechten Hand ihre Brust berühren, während er seine andere auf sein Herz zum Schwur legen mußte. Als darauf ihre Wunden bluteten, wurde der Angeklagte als Mörder identifiziert und aufs Rad geflochten.[35] Bekannter, aber auch verbreiteter waren in der frühen Neuzeit die sogenannten Hexenproben, die vor allem als Mittel zur Überführung einer Hexe dienten. Bei der Nadelprobe stach der Scharfrichter mit einer Nadel in ein Muttermal oder in andere Hautauswüchse. Trat kein Blut heraus, galt die Schuld als erwiesen. Die Waagenprobe ist nur belegt aus Holland. War eine der Hexerei verdächtige Person auf einer Waage leichter, als man sie vorher aufgrund ihrer Körpergröße eingeschätzt hatte, galt der Beweis für ihre Schuld als erbracht. Am bekanntesten ist die Wasserprobe. In Lemgo wurden 1583 drei Frauen ausgezogen und an Händen und Füßen so eng gebunden, daß sie sich nicht bewegen konnten. Darauf wurden sie „im Beisein etlicher tausend Menschen" mit einem Strick ins Wasser geworfen, „eine jede dreimal, aber gleich wie ein Holz oder Block sind sie abgeschwommen und keine untergegangen". Sie galten damit als schuldig. Das Wasser wollte die Sünder abstoßen. Bis ins 18. Jahrhundert hinein ist die Wasserprobe belegt, wurde dann aber als ein abergläubischer Brauch nicht nur sukzessive verworfen, sondern sogar bestraft. Diese Proben galten als ausreichende Indizien für die Zulässigkeit der Folter, sind aber nur bei Hexenprozessen belegt.[36] Es mußten also ausreichende Verdachtsgründe bestehen und diese durch die Obrigkeit oder einen Rechtsausschuß bestätigt sein, damit mit Folter gedroht werden konnte.

Aufgrund von Zeugenaussagen gaben es die meisten Missetäter auf, sich zu verteidigen; wenn es sich um mißliebige Leute handelte, war es auch nicht schwer, entsprechende Leumundzeugen zu finden. Anders war es bei den Indizienverfahren. Hier gab es für Unschuldige wie für Schuldige Chancen zu entkommen. Nur wer von den Verhören, die sich oft über lange Zeit hinstreckten, zermürbt war, gab möglicherweise auf. Wenn einer aber verstockt oder sich nicht sicher war, ob das Gericht nun ausreichende Indizien besaß oder nicht, führte die Folter meist zu einem Geständnis. Oft genügte bereits ihre Androhung. Insofern waren gütliche und peinliche Verhöre letztlich nicht strikt zu trennen. Es gab viele erfolgreiche Verhöre ohne Folter, aber ob die Geständnisse wirklich freiwillig erfolgten, sei dahingestellt. Nur allzu genau wußte jeder, was die Folter bedeutete. Dies schloß allerdings nicht aus, daß ein Angeklagter bei geringen Indizien auch ungestraft davonkommen konnte. Das hing ab von seiner Verfassung, von seinem Stand, von den Folterknechten und den Anweisungen des Gerichts. Nicht einmal bei Hexenprozessen war der Ausgang klar, obwohl natürlich das Gericht, wenn es die Folter einsetzte, sich selbst unter den Druck setzte, Recht zu behalten.

Die Aufdeckung des Verbrechens, die Wahrheitsfindung also, war ein so bedeutsamer Akt, daß er, wie gesagt, dem Frager nicht allein überlassen wurde. Die Verhörenden mußten nicht nur der Obrigkeit über alle Vorkommnisse und Antworten des Delinquenten berichten, man gab ihnen sogar Fragebögen in die Hand, nach denen sie vorzugehen hatten. Sie dienten dazu, die Wahrheit über das Verbrechen ausfindig zu machen und den Verdächtigen zu überführen. Tatmotive wurden zwar angesprochen, auch nach Herkunft und Milieu fragte man, aber nur um darin Hinweise für das Verbrechen zu finden. Das Verhör lief so lange, bis der Tatbestand endgültig recherchiert war oder der Delinquent aufgab. Jeder Schritt wurde aufs sorgfältigste erwogen, mit Juristen beraten. Die vielen Fragenkataloge und -schemata für die Verbrechen verschiedenster Art sind bis heute erhalten. Die bekanntesten stammen aus den Hexenprozessen, hier war das Verfahren so normiert, daß das gleiche Fragenschema in unterschiedlichsten Fällen und in verschiedensten Regionen Anwendung fand.[37] Untersucht man die Fragen, so staunt man über die Gelehrsamkeit und Systematik. Die kombinatorische Geschicklichkeit der Zeit ging ganz in sie ein. Ihre Rationalität steht in einem erstaunlichen Gegensatz zur Primitivität der Zelle, in der der Delinquent während des Prozesses verblieb. Die Fragen sollten die Objektivität und Unparteilichkeit dokumentieren; nicht derjenige, der mit dem Missetäter konkret Umgang hatte, entschied, wie er in seiner Befragung weiterkam, sondern ein von Juristen ersonnenes rationales ‚Spiel' war ihm Anleitung. Man strebte nur eine Beweisführung an, die in sich geschlossen war und dabei ein Verbrechen enthüllte. Die erhaltenen Fragenkataloge enthalten wenigstens 30 Fragen, meistens vermerken sie mehr, nicht selten wurden über 100 Fragen gestellt. So erstaunlich ihre Rationalität ist, so wenig konnten sie dem einzelnen Fall nach unserer Vorstellung gerecht werden. Die standardisierten Fragestellungen reflektierten bald nur noch so wenig den konkreten Fall, maßen nach einem Lehrbuchmuster, das eine perfekte Vorstellung von einem Verbrechen mit allen Variationen kennt, daß schließlich auch nur diesem Muster entsprechende Antworten möglich waren. Und wo die Fragen keinen Sinn mehr hatten oder das Gedächtnis die Leute im Stich ließ, setzte dann die Folter ein. Besonders groteske Formen nahmen Fragen und Führung des Verhörs im Hexenprozeß an; sie entsprachen zwar nicht dem Schema der durchschnittlichen Prozesse, an ihnen aber wird die Irrationalität eines verwissenschaftlichten Verfahrens besonders sichtbar.

4.

War ein Inhaftierter nicht durch gütliche Verhöre zum Geständnis zu bewegen oder durch die Kerkerhaft so zermürbt, daß er aufgab, ob er nun schuldig war oder nicht, setzte man gegen ihn die Tortur ein, die so lange gesteigert werden konnte, bis endlich ein Geständnis erzielt war. Die Folter gehört zum Inbegriff der Inhumanität des alten Strafsystems.[38] Allzu leicht wurde sie als eine Methode richterlicher Willkür bzw. als Ausdruck eines unkontrollierten Sadismus der Scharfrichter angeprangert. Tatsächlich aber geht die Folter keineswegs auf die persönliche Rachgier der Folterknechte zurück. Sie war ein von allen öffentlichen Institutionen der Kirche und des Staates anerkanntes Mittel zur Wahrheitsfindung, das konsequent der Logik des frühneuzeitlichen Inquisitionsverfahrens entsprang. Was bereits allgemein vom Kerker gesagt wurde, gilt besonders von der Folter. Sie sollte das Böse im Menschen bezwingen und die Wahrheit über das Verbrechen ans Licht bringen.

Die Folter hat ihren Ursprung nicht im germanischen Recht. Sie verbreitete sich im Zuge der Rezeption des römischen Rechts und fand eine erste Anwendung in den Ketzer- und Hexenprozessen.[39] Hier wurde sie zum entscheidenden Instrument des Kampfes gegen den Satan. Sukzessive drang sie dann in alle Verfahren gegen schwere Verbrechen ein, auf die das Inquisitionsverfahren angewandt wurde. Das Maß und den Umgang regelten lange die einzelnen Richter, und so kam es zu einem ungeheuren Mißbrauch der Folter. Erst die Carolina (1532) gab der Tortur eine gesetzliche Regelung.[40] Wie sich die Richter und richterliche Obrigkeit allerdings daran hielten, war Sache ihrer Interessen, nicht nur als richtende Obrigkeit aufzu-

Abb. 2: Folter. Bamberger Halsgerichtsordnung (1508)

treten, sondern auch Gerechtigkeit zu wahren. Auf jeden Fall erfuhr die Tortur durch die Carolina eine allgemeine Mäßigung, zugleich aber führte die Kodifikation auch zu einer generellen Verschärfung der Gerichtsverfahren. Die Folter erwies sich als ein höchst ambivalentes Mittel, worauf schon früh viele Kritiker hingewiesen haben, ohne die Folter deshalb grundsätzlich abzulehnen. Vor dem 18. Jahrhundert dachte niemand daran, die Folter abzuschaffen, und bis man zu Ende des 18. Jahrhunderts darauf verzichten konnte, mußte sich das ganze Strafverfahren ändern.

Für das Verfahren ohne Kläger war die Folter ein anerkanntes Mittel, das freilich vorsichtig gehandhabt werden mußte, wenn es der Wahrheitsfindung dienen sollte. Diese Vorsicht hinderte nicht, daß vor allem in Hexenprozessen das in der Carolina festgesetzte Maß weit überschritten wurde. Nach der Carolina mußte die Schuld so gut wie bewiesen sein, bevor die Folter zur Erlangung des Geständnisses eingesetzt werden durfte. Deswegen gingen sie und ihre Verteidiger nicht davon aus, daß die Folter Unschuldige zu falschen Aussagen veranlassen könnte. Die Carolina kannte genaue Vorschriften, die eingehalten werden sollten; solange unsicher war, ob die Folter überhaupt angewandt werden konnte oder durfte, sollten Gerichtshöfe und juristische Fakultäten um Rat gefragt werden. Und das tat man auch recht häufig.[41] Aber daß durch diese Vorsichtsmaßregel tatsächlich eine Mäßigung eintrat, kann nicht behauptet werden. Bis ins späte 17. Jahrhundert kannten Gerichte keine Skrupel, die Folter zu empfehlen. Die verheerenden Folgen einer Folterung konnten sie aus der Ferne meist überhaupt nicht abschätzen.

Insgesamt sollte die Folter nach Ermessen eines „guten, vernünftigen Richters" vorgenommen werden und der Verdächtige je nach Stärke des Argwohns oft oder weniger häufig gefoltert werden.[42] Das klang ganz sinnvoll unter der Bedingung des Inquisitionsverfahrens. Doch was vernünftig war, konnte kaum kontrolliert werden. Wenn die Folter über das Maß hinausging, hatte man kein anderes Kriterium als die Erfahrung, daß ein Delinquent womöglich an ihr sterben konnte. Die Folter wurde in einem eigenen, diesmal hell erleuchteten Raum durchgeführt. Empfohlen wurde ein abgelegener Raum, „da die Leuthe nicht hinkommen, oder zulauffen können, aus Neugierigkeit zu hören, was die Gefangenen bekennen, um hernach alles auszutreischen und noch mehr dazu zu liegen".[43] Gegenwärtig sollten sein ein Richter, zwei Schöffen und ein Schriftführer, gegebenenfalls stand auch ein Arzt bereit, um die Belastbarkeit eines Missetäters zu überprüfen. Die Folterung selbst führte der Scharfrichter aus, der für jede Aktion eine eigene Vergütung erhielt. Hier in der Folterkammer trat der Henker erstmals in Aktion und lernte sein Opfer kennen.

Bei der Folter ging man stufenweise vor. Es gab zwar viele Theorien der Folter, ebenso viele Praktiken, je nach Region und Tradition. (Eine Flut von Literatur war dem peinlichen Strafsystem gewidmet und suchte es auf eine rationale Basis zu stellen.) Im großen und ganzen kannte man drei Stufen, von denen die letzte wiederum in drei Grade untergliedert werden konnte.[44] Zu Beginn, als erste Stufe, stellte der Scharfrichter seine Instrumente bloß vor. Durch den Anblick der Folterwerkzeuge und ihre Erklärung suchte der Richter den Beschuldigten zum Geständnis zu bewegen. Vielfach tat dies auch die gewünschte Wirkung. Nutzte jedoch diese Drohung mit der Folter nicht, dann schritt man in der Regel zur zweiten Stufe. Der Verdächtige wurde entkleidet, und es wurden ihm Daumenstöcke oder/ und Beinstöcke angelegt, ohne aber zunächst mit ihnen Schmerzen zu verursachen. Die Nacktheit allein wirkte oft demoralisierend. Viele Delinquenten gaben in dieser Situation bereits ihren Widerstand auf. Machte diese Probe noch keinen Eindruck auf den Missetäter, schritt man zur dritten Stufe, zur peinlichen Befragung selbst. Sie kannte mehrere Grade, zumeist drei; oft wurde mit dem Daumenstock begonnen. Es waren dies flache Eisenstücke, zwischen die die Daumen gelegt und zusammengepreßt wurden. Zur Steigerung der Schmerzen konnte der Henker noch auf die Eisenplatten schlagen. Dasselbe unternahm man mit den Beinen. Die Beinschrauben waren genauso konstruiert wie der Daumenstock. Grenzenlos waren die Möglichkeiten, bei diesem Grad zusätzliche Schmerzen zuzufügen. Den zweiten Grad bildete das Aufziehen auf eine Leiter. Der verdächtige Missetäter wurde auf eine Leiter gezogen, die Fußgelenke waren unten festgebunden, während die gebundenen Händen solange, oft rückwärts über den Kopf, hochgezogen wurden, bis die Arme ausgerenkt waren. Diese Qualen konnte man noch dadurch vermehren, daß man die Füße mit Gewichten beschwerte und den Delinquenten kurze oder lange Zeit hängen ließ. Als die schwerste Marter galt der dritte Grad, der höchst variabel sein konnte. Der Delinquent wurde auf einen (spanischen) Bock gesetzt und ausgepeitscht, sein Körper mit Schwefelhölzern verbrannt, oder es wurden Kienspäne unter die Fingernägel getrieben. Hier kannte die Phantasie der Scharfrichter und Richter keine Grenzen. Viele Abscheulichkeiten sind belegbar, vor allem aus Hexenprozessen, in denen man besonders hartnäckige Delinquenten vor sich zu haben glaubte, wobei man die zugefügte Marter als Kampfmittel gegen den Teufel verstand, den auszutreiben das Gericht sich zur Aufgabe gesetzt hatte.

Viele Beschuldigte gaben bei der Marter des ersten oder zweiten Grades auf. Wer allerdings alle Grade bzw. das für sein Delikt vorgeschriebene Maß überstand, ohne ein Geständnis abzulegen, mußte als unschuldig befunden freigelassen werden. Bei Diebstahl etwa war das Maß entschieden geringer als bei Hochverrat oder Hexerei. Falls sich einer als unschuldig erwies, wurde er allerdings nicht entschädigt, im Gegenteil, weil er bereits einen Makel davongetragen hatte – die Folter machte in der Regel unehrlich, da die Person ja vom Scharfrichter berührt wurde –, blieb er aus der Gemeinschaft ausgeschlossen, zumeist mußte er nicht nur die Stadt verlassen, sondern auch schwören, daß er sich wegen der Kerkerhaft und der Folter nicht rächen werde. Während der Folter selbst, die insgesamt sehr lange dauern konnte, sollte das Verhör unterbrochen werden, wiewohl das Protokoll alle Regungen des Gepeinigten zu notieren hatte. Das Verhör wurde erst nach einer Pause wieder aufgenommen. Ein unmittelbar während der Folterung geäußertes Geständnis galt als wertlos, es mußte sozusagen aus freien Stücken gegeben werden. Dies führte allerdings dazu, daß der Widerruf eines während der Folterung gelieferten Geständnisses meist nur eine neue Folter nach sich zog.[45]

Die Menschen reagierten auf die Folter sehr unterschiedlich, wobei sich die Männer nicht unbedingt als stärker erwiesen. Es gab Zusammenbrüche, nicht selten wurde ein Arzt gerufen, es gab Verletzungen, die der Henker nach der Folter auszukurieren hatte, aber auch mutiges und trotziges Durchhalten. So bekannte ein Kirchenräuber 1698, daß er wohl „Lust hätte, ein Gängschen auf der Folter abermahls zu wagen, es thäte im Anfang ein bisgen weh, hernach aber achtete man's nicht mehr. Er wolte sich wohl zween ganzer Tage von Morgen bis in den Abend torquiren lassen, und einen dichten derben Staup-Besen dazu aushalten, wenn er damit sein Leben retten könnte".[46]

„Wird gebunden, winselt: ‚Kann's nicht sagen, soll ich lügen? … O weh, o weh, liebe Herren'. Bleibt auf der Verstockung.

Der Stiefel wird angetan und etwas zugeschraubt. Schreit: ‚Soll ich denn lügen, mein Gewissen beschweren? Kann hernach nimmer recht beten!' Stellt sich weinend, übergeht ihr aber keine Auge. ‚Kann wahrlich nicht und wenn der Fuß herab müßte!' Schreit sehr: ‚Soll ich lügen? Kann's nicht sagen!' Ob zwar stark angezogen, bleibt sie doch auf einerlei. ‚O ihr zwingt Einen!' Schreit jämmerlich: ‚O lieber Herr Gott!' Sie wollt's bekennen, wenn sie nur wüßte. Man sage doch, sie sollte nicht lügen! Wird weiter zugeschraubt. Heult jämmerlich: ‚Ach liebe Herren, tut mir nicht so gar weh! Wenn man euch aber eins sagt, wolt ihr gleich wieder ein anderes wissen.'"

Aus einem Torturprotokoll aus Eßlingen vom 14. 9. 1662.[47]

Es gibt eine Fülle von Folterbeschreibungen, doch haben nur die wenigsten Delinquenten alle Grade einer Folter überstanden, die meisten Torturen mußten abgebrochen werden. Hierbei spielte allerdings nicht nur die Angst vor weiterer Qual eine Rolle. So wie einige, denen man ihre Aussage nicht glauben wollte, auf eine Folter drangen,[48] um ein Zeugnis ihrer Unschuld abzulegen, gab es nicht wenige, die wußten, daß mit der Folter ihr Leben sowieso verwirkt war. Als eine Frau 1671 in St. Gallen gefoltert wurde, schrie sie, man solle sie nur gar töten, jetzt sei sie doch für ihr Lebtag „henkermäßig".[49] Ein Gefängnisaufenthalt konnte noch verschmerzt werden, vor allem machte er nicht unbedingt ehrlos, aber eine Folter schloß, wie bereits angedeutet, die Rückkehr in das normale Leben meistens aus. Manche gaben auf, weil sie in der Todesstrafe kein schlimmeres Übel mehr sahen, wenn sie nur so schnell als möglich vollzogen wurde. Hier liegt einer der Gründe, warum viele die Todesstrafe als einen befreienden Akt erlebten, vor allem, wenn ihnen die Tortur in der Weise angerechnet wurde, daß sie einen einfachen Tod erleiden durften. Manche versuchten auch, sich selbst umzubringen, nicht nur um weiterer Tortur zu entgehen, sondern um überhaupt ein Ende zu machen. Selbstmord galt allerdings nicht nur als ruchbar, sondern konnte auch das Gericht in ein schlechtes Licht setzen. Wenngleich das Gericht keine Scheu kannte, einen als Bösewicht oder gräßlichen Missetäter eingeschätzten Verbrecher körperlich zu peinigen, mußte alles vermieden werden, was zu Krankheit, körperlicher Verstümmelung oder zum Selbstmord führte. Dies hätte dem Anspruch der Wahrheitsfindung widersprochen, um dessentwillen das Gericht sich stunden- und tagelang zusammensetzte. Deswegen war die Tortur wie der Prozeß trotz aller Gräßlichkeiten letztlich ein ambivalentes Spiel. Es mußte einerseits alles darangesetzt werden, die Wahrheit des Verbrechens zu offenbaren und die Hartnäckigkeit des Delinquenten zu brechen, so daß man deshalb nicht selten die Grenzen des Erlaubten wie Zumutbaren überschritt. Andererseits durfte der Gefolterte keinen Schaden erleiden, d.h. wenn er krank wurde, mußte die Folter unterbrochen und womöglich eine Einweisung in ein Spital angeordnet werden. Nach der Genesung allerdings setzte die Folter wieder ein. Erlitt ein Delinquent körperliche Verletzungen, mußte ein Arzt ihn heilen, vor allem waren es die Scharfrichter selbst, die sich nicht nur darauf verstanden zu peinigen, sondern auch die Körper für die nächste Folter wiederherzustellen. Zu Tode kommen durfte einer so wenig wie einen Selbstmord verüben, weshalb er in den kritischen Stunden stets kontrolliert und ihm sogar Vergünstigungen zugesprochen wurden. Das alles schloß freilich nicht aus, daß objektiv jedes Maß verletzt wurde und die Tortur häufiger falsche Geständnisse produzierte, als die Wahrheit förderte. Hier setzte auch später die Kritik von Augenzeugen ein, die wie Friedrich von Spee berichteten, daß Gefolterte falsche Aussagen machten, um der Pein zu entkommen.[50] Es bedurfte noch Jahrzehnte der Belehrung, bis man die Folter als ein ungeeignetes Mittel erkannte, um die Wahrheit zu finden, den Anspruch der Gerechtigkeit zu erfüllen und die Schuldigen zu überführen. Es war dann auch erst das aufgeklärte Jahrhundert, das sukzessive gegen die Anwendung der Folter vorging. Im 18. Jahrhundert wurde die Folter nur noch in wenigen Fällen angewandt – auch wenn die bayerischen und österreichischen Strafrechtsordnungen des 18. Jahrhunderts sie noch gerade neu begründet hatten[51] –, verboten bzw. aufgehoben wurde sie in Preußen bereits 1754, in Sachsen 1770, in Österreich 1776, in Bayern und Württemberg aber erst 1809, in Gotha 1828.

Die Folter war ein allgemein anerkanntes Instrument zur

Wahrheitsfindung. Konstitutiv dem Inquisitionsverfahren mitgegeben, entsprang sie dementsprechend nicht privater Willkür oder blutiger Rachgier, sondern galt für alle, denen ein schweres Delikt vorgeworfen wurde. Freilich waren entsprechend alter Rechtsvorstellungen Jugendliche, Kranke, Irre, Alte und schwangere Frauen von der Folter ausgeschlossen.[52] Tatsächlich aber, wenn man die wenigen Ausnahmen etwa bei Hochverrat oder Hexerei beachtet, bei denen auch ehrbare Männer oder ehrbare Frauen gefoltert wurden, offenbart sich die Folter und damit das peinliche Strafverfahren primär als ein System, das gegen sozial schwache Schichten eingesetzt wurde.

5.

Ziel des ganzen Prozeßverfahrens war es, einmal den tatsächlichen Hergang des begangenen Verbrechens aufzuklären, zum anderen den gefaßten Verdächtigen als Missetäter zu überführen, das heißt, ihn zu einem Geständnis zu bewegen. Zeugenaussagen und Indizienbeweise allein genügten nicht, jemanden zu überführen und zu bestrafen, dazu berechtigte nur das Bekenntnis des Täters. Dem Zweck, dieses zu erlangen, dienten alle Anstrengungen und Mittel. Das Geständnis konnte mündlich oder schriftlich abgelegt werden. Entweder notierte es der Protokollant am Schluß des Verhörs oder er ließ den Missetäter ein eigens abgefaßtes Geständnis unterschreiben. Das Geständnis war nötig für die Urteilsbildung, an der ja auch Personen beteiligt waren, die beim Verhör nicht mitwirkten, bzw. um später auftauchende Zweifel auch von Außenstehenden zu zerstreuen. Oft wurde es am ‚endlichen Rechtstag' wiederholt.

Das Geständnis war ein wichtiger Akt, der ‚frei' und ‚ungezwungen' sein mußte.[53] Deswegen mußte auch ein unter der Folter erpreßtes Geständnis nach der Tortur wiederholt werden. Ein Urteil konnte erst rechtskräftig ergehen, wenn das Bekenntnis frei und ungezwungen aufgrund eigener Einsicht erfolgte, so sehr diese Freiwilligkeit und Einsicht durch den Zwang der vorausgehenden Folter bewirkt sein mochten. Das Geständnis offenbarte die Wahrheit und beendete den ‚Zweikampf' zwischen Angeklagtem und Richter. Die Frage nach möglicher Unschuld wurde kaum gestellt, auch bestand wenig

Zweifel, daß das Gericht irren könnte. Solange das Gericht nur mit Zeugen und Indizien den Angeklagten überführte und zu einem Geständnis bewog, scheint dies plausibel. Problematischer wurde dies aber, wenn die Folter eingesetzt wurde.

Wer trotz Zeugen und Indizien nicht gestand, konnte auch unschuldig sein. Waren im alten mittelalterlichen Verfahren noch beide Parteien gleich stark, der Angeklagte daher nicht rechtlos, so verschob sich dieses Verhältnis im Inquisitionsverfahren zugunsten des Richters. Der Angeklagte konnte sich dem Druck des Gerichts zwar noch entziehen, indem er trotz allem nicht gestand, also hartnäckig alle Folter über sich ergehen ließ, verzweifelte, starb oder Selbstmord beging. Vor allem konnte ein Angeklagter noch am endlichen Rechtstag oder unmittelbar vor der Hinrichtung widerrufen. Dann konnte die Folter nochmals einsetzen, oder, was später häufiger geschah: das Gericht akzeptierte den Widerruf nicht mehr.[54] Dies war aber auch alles, was von den alten Rechten des Angeklagten übriggeblieben war; insgesamt blieb das Gericht stets stärker. Einen Selbstmord konnte das Gericht verschleiern mit der Verderbtheit des Angeklagten, in dem der Teufel am Werke gewesen sei; schwierig war es, wenn man einen als unschuldig befunden entlassen mußte. Man rechtfertigte sich damit, daß ohne Prozeß die Unschuld nicht klar hätte zutage treten können.

II.
Der endliche Rechtstag

1.

Gestand ein Delinquent seine Tat vor Gericht, kam es zur Urteilsbildung, zu einem nicht minder komplizierten Verfahren wie dem Prozeß selbst. Seit dem 16. Jahrhundert hatten die Gerichte diesen Teil des Verfahrens nicht mehr selbst in der Hand.[1]

Richten und Urteilen wurden getrennt. Im Territorialstaat zog der Fürst sukzessive alle Malefizurteile an seine Gerichtshöfe, bzw. in den Städten stand dem Rat die Urteilshoheit zu, zum Teil von Anfang an. Alle Aussagen des Angeklagten und der Zeugen wie auch das Geständnis wurden nicht nur zur Überprüfung, sondern zur Urteilsbildung eingereicht. War der Fall eindeutig und klar, entschieden die souveränen Herren schnell. In komplizierten Fällen hingegen, wozu bald alle Malefizfälle gerechnet wurden, holten die peinlichen Gerichte Rechtsgutachten ein, von einem Syndicus, von juristischen Fakultäten oder auswärtigen Gerichtshöfen, manchmal sogar von mehreren. Alle strittigen Punkte wurden durchdiskutiert; dabei orientierte man sich allgemein nicht nur am traditionellen Recht, die Carolina galt da nur als Richtschnur, sondern holte auch Rat bei den Rechtswissenschaften, ja berücksichtigte politische und religiöse Gegebenheiten der Zeit. Es wäre interessant zu analysieren, in welchen Fällen die auswärtigen Gutachter verschärfend und in welchen Fällen mildernd eingriffen. Da die eingeholten Gerichtsurteile, auf Recht und Ordnung pochend, letztlich nur Empfehlungen aussprachen – später verstärkte sich ihre Verbindlichkeit –, verblieb den Gerichten in der Anwendung anfangs noch ein großer Entscheidungsspielraum. Hatten ursprünglich sie selbst, genauer gesagt die Schöffen, in aller Öffentlichkeit über das Urteil zu befinden, wurde die Urteilsbildung nun zusehends zu einem Geschäft akademisch gebildeter Juristen und zur Sache eines geheimen Gremiums.[2] Eine gerechtere und objektivere Beurteilung sollte dadurch garantiert werden; da aber die Juristen den Malefikanten nicht in persona kannten und sich auf die Protokolle verlassen mußten, diese aber in seltenen Fällen ausreichende Informationen boten, war eine Fehlbewertung letztlich ebensowenig ausgeschlossen wie im alten Verfahren. Der alte Zweikampfcharakter zwischen Richter und Delinquenten wurde aber vollends verdeckt.

Aufgabe der Richter, Urteiler und Juristen war es, das Strafmaß in aller Objektivität festzulegen. So wenig man im Prinzip die sozialen und psychologischen Voraussetzungen berücksichtigte, also unabhängig vom Besonderen, Individuellen urteilen wollte, spielten doch bestimmte Umstände eine nicht geringe Rolle. Einmal sollten Jugendliche und alte Leute, Kranke wie Irre mit mehr Nachsicht beurteilt werden.[3] Wir haben genügend Urteile, in denen dieser Grundsatz nicht beachtet wurde, vor allem bei den Hexenprozessen, aber es gibt auch viele Zeugnisse einer deutlichen Berücksichtigung altersspezifischer und gesundheitlicher Faktoren. Eigene Gutachten wurden dazu angefordert. Ebenso wurde die soziale Herkunft berücksichtigt; soweit Adelige und ehrbare Bürger überhaupt vor das Malefizgericht gestellt wurden, konnten sie mit einem grundsätzlich milderen Umgang rechnen.[4] In voller Härte traf das Urteil mehr oder weniger nur das niedere Volk oder Fremde. Die Ehre einer Person entschied nicht selten darüber, ob sie überhaupt verurteilt wurde bzw. wie hart das Urteil ausfiel. Berücksichtigung fand dann aber auch das Verhalten eines Delinquenten im Prozeßverfahren. Jeder, der sich gefügig zeigte, rasch seine Untat bekannte und sich zudem als reumütiger Sünder darstellte, konnte trotz schwerster Verbrechen mit einem milderen Urteil rechnen als ein hartnäckiger Delinquent, der alle Schliche ausnutzte, das Gericht zu umgehen, falsche Angaben machte, ja sich wehrte, ob er nun schuldig war oder nicht. Mochte man seine Hartnäckigkeit auch auf Einwirkungen des Teufels zurückführen, so traf ihn dann doch das volle Maß der Strafe.

Jedenfalls wurde genau überlegt, welche Strafe ein Delinquent erhielt. Schließlich spielte es auch eine Rolle, ob ein Ma-

Abb. 3: Justitia. Allegorische Darstellung der Gerechtigkeit. Kupferstich von Pieter Breughel d.Ä. (1525–1569)

lefizverbrechen zu der Zeit der Abstrafung in der Gesellschaft verbreitet war oder nicht. Kriminalpolitische Erwägungen kamen im 17./18. Jahrhundert zusätzlich ins Spiel.[5] Wenn ein Verbrechen, sowohl sozialer wie religiöser oder sittlicher Art, quantitativ bedrohlich zunahm, wurde oft nicht nur das volle Maß der Strafe angewandt, sondern es gab sogar beträchtliche Strafverschärfungen. Wir kennen dies im Zusammenhang der Bekämpfung von Hexerei, Sodomie und Raub.[6] Denn die Richter bestanden stets auf dem Abschreckungseffekt der Strafe, was nicht ausschloß, daß die Gerichte oder die Gutachter sich auch gnädig zeigen konnten. Abschreckung und Gnade, beides konnte gleicherweise den ja letztlich Herrschaftsinteressen vertretenden Gerichten recht sein. Beide Urteile konnten der eigenen Machtstellung bzw. der Einschüchterung des Delinquenten dienen.

Es war besonders schwierig, ein gerechtes wie abschreckendes Urteil zu finden, wenn einem Delinquenten mehrere Untaten vorgeworfen wurden, was nicht selten der Fall war. Da man bis ins 18. Jahrhundert hinein nicht nur im Volk, sondern auch bei den Richtern davon überzeugt war, daß in jeder Strafe das Verbrechen noch sichtbar werden müsse, sollte es um die Offenlegung der Wahrheit des Verbrechens gehen. Aufgrund dieses Umstands kam es zu den seltsamsten Kombinationen von Strafen, je nachdem, ob einer des Diebstahls und Mordes, des Ehebruchs und Diebstahls, der Hexerei und des Betrugs angeklagt wurde, und dies jeweils mit Hilfe von Gnadenakten oder Verschärfungen. So empfahlen die Juristen Verbindungen von Schwertstrafen mit dem Verbrennen, mit dem Kopfspießen und sogar mit dem Rad, aber nicht minder auch nur Landesverweisung in Kombination mit Rutenschlägen oder Pranger. Malefizverbrechen wurden keineswegs immer mit dem Tode bestraft, ja seit dem 17. Jahrhundert nimmt die Zahl der reinen Kerkerstrafen zu. Selbst Freisprüche kamen vor.[7]

Die Urteile, wie sie schriftlich formuliert wurden, folgten höchst unterschiedlichen Mustern, zum 18. Jahrhundert hin ist allerdings eine Normierung festzustellen. Sie enthalten in der Regel einige Informationen zur Person, dann zum vorgeworfenen Delikt, das Bekenntnis des Delinquenten zu seiner Untat und die Angabe des Strafmaßes. Sie konnten kurz ausfallen oder lang.

„Nachdem E. E. Rath dieser Stadt, unsere Herrn, gegenwärtigen Hans Jacob Fabern, von Aurach aus dem Würtenberger Land, von Amts und Obrigkeit wegen allhier, darum gefänglich angenommen, und in das Loch führen lassen, daß er als ein schändlicher, vermehrter, eingewurzelter Dieb, sich eine gute Zeit, ohngeacht er sich mit seinen guten Handwerck ernehren können, auf allerleÿ Diebstahl geleget, dieselbe in grosser Anzahl und hohen Summen, durch Einsteigen, Einbrechen, und sonsten in andere Wege, wie er dazu kommen mögen, verübet ja zu Zeiten auch solche Sachen entwendet, die ihm selbst, als einen vermeinten getreuen Diener, anvertrauet worden, und in Summa sich solchergestalt gezeiget, daß einige Hoffnung seiner Besserung im geringsten nicht zu schöpfen. Immassen solches alles die eingenommenen Urkunden genug und seine selbst eigene gethane Bekändtnüß, so er vor der Heil. Reichs Bannrichter und zweyen geschwornen Schöffen, freÿ ledig und ungebunden gethan, in längern zu erkennen geben. Derswegen er dann in die Pöen der Rechten, und deß Reichs Halßgerichtsordnung gefallen, und Leib und Leben verwircket hat, demnach erkennen Meine Hn. die geschworne Schöpffen zu recht, daß gegenwärtiger Hans Jacob Faber, auf die gewöhnliche Rechtstatt geführet, und daselbst am Galgen, mit dem Strang vom Leben zum Todt gebracht werden soll, andern zu einen billichen Exempel, damit sich andere vor dergleichen höchst sträfflichen Mißhandlung desto besser zu hüten wissen.“

Todesurteil eines Diebes vom 11. 2. 1620 in Nürnberg.[8]

Gelehrte Gutachter hatte es schon lange gegeben. Sie hatten aber zunächst ausschließlich Gutachterfunktion und wurden erst allmählich die bestimmenden Figuren des Gerichts. Insofern spiegelt sich in den erhaltenen Urteilen in starkem Maße das gelehrte Recht wieder. Einschränkungen fanden diese Gutachter allerdings bald auch wieder dort, wo sich die Fürsten oder Stadtobrigkeiten das Recht über das Leben allein vorbehielten, was im 18. Jahrhundert allenthalben durchgesetzt wurde. Bedenken wir dies, so war insgesamt der Urteilsbildungsprozeß ein verschiedenste Interessen berücksichtigender Vorgang. Das eigentliche peinliche Gericht hatte das Ermittlungsverfahren in der Hand. Wenn es auch nach Vorschriften der Gelehrten vorging, konnte es doch lange seine eigenen Interessen einbringen. Dann kontrollierten Gremien gelehrter Juristen das Verfahren und schlugen Urteile vor, in die die ganze juristische Subtilität einging. Sie berücksichtigten zwar durchaus auch lokale und herrschaftliche Interessen, maßen aber letztlich nach einem abstrakten Recht, das Objektivität des Urteils und Abschreckungswirkung miteinander verband. Schließlich spielte beim Malefizprozeß die richterliche Obrigkeit mit ihrer Aufgabe der Machtsicherung durch Abschreckung oder Gnade eine Rolle. Sie konnte nicht nur in die Urteilsbildung eingreifen, sondern von ihrem Willen hing es ab, ob der Vorschlag der Juristen angenommen wurde. Insofern spiegeln die Urteile nicht nur Interessen der lokalen Gesellschaft wieder, sondern gleicherweise auch übergeordnete Herrschaftswünsche. Das Urteil wurde zumeist schriftlich aufgesetzt und stand bereits fest, bevor auf dem endlichen Rechtstag die öffentliche Verkündigung erfolgte.[9]

2.

Der Angeklagte hatte im Ermittlungsverfahren wie im Gerichtsprozeß selbst keinen eigentlichen Verteidiger, der etwa auf die besondere Verfaßtheit, die Lebensumstände hinwies oder gar um den Erweis der Unschuld seines Mandanten kämpfte.[10] Nicht der Angeklagte als Person und seine Motive interessierten primär, sondern weitgehend nur seine Tat, das Verbrechen, das jemand beging. Mit dem Geständnis erübrigte sich die Verteidigung. Das heißt allerdings nicht, daß der Angeklagte bzw. der Verurteilte notwendigerweise das volle Maß der für das begangene Verbrechen vorgesehenen Strafe erleiden mußte. Das alte Strafsystem kannte bei aller Strenge und Starrheit eine Anzahl strafmildernder Umstände, ja es ist nicht zu verstehen ohne das System des Gnadenbittens bzw. der Begnadigung, das keine periphere Erscheinung war, sondern zentral zum Rechtsverständnis der vormodernen Zeit gehörte.[11] Der grausamen Strafpraxis korrespondierte ein Gnade-vor-Recht-ergehen-

Lassen, das nicht nur die Härten des alten Strafsystems abmildern, sondern die persönlichen Verhältnisse des Delinquenten berücksichtigen konnte und sollte, aber deshalb mit unserem Verständnis von Strafe und Strafmilderung noch nichts gemein hat. Unter dieser Rücksicht war Untat keinesfalls gleich Untat.

Wie schon gesagt, berücksichtigte das Gericht bei der Urteilsbildung eine Reihe von Umständen: Alter, Krankheit, Schwangerschaft, sogar lange Gefangenschaft, harte Tortur, Hoffnung auf Besserung bei einem Delinquenten, reumütiges Verhalten und nicht zuletzt den familiären und sozialen Stand. Ob ein heimatloser Landstreicher wegen Mordes vor Gericht stand oder das Mitglied einer ansässigen angesehenen Patrizierfamilie, dieser Unterschied hatte klare Konsequenzen. Jedenfalls konnte ein Delinquent aufgrund dieser Umstände mit einer Strafmilderung rechnen. Diese fand allerdings nicht nach der Urteilsfindung bzw. Urteilsverkündigung statt, sondern das sog. Gnadenbitten war Teil des Gerichtsverfahrens selbst, wohingegen die eigentliche Begnadigung – soweit es sie überhaupt gab – erst nach der Verurteilung erfolgte, dazu zählen auch die verschiedensten Formen des ‚Losbittens'.[12]

Aufgrund verschiedener objektiver Tatbestände konnte ein Delinquent eine Strafmilderung erlangen, diese berücksichtigte das Gericht entweder eigenmächtig oder, was zumeist geschah, auf Veranlassung oder auf Fürbitten anderer, die Interesse an einer milderen Bestrafung des Delinquenten oder gar an einem Freispruch hatten. Es ging hier weniger um das Mitleid mit einem Angeklagten bzw. Verurteilten, als um die Abwehr einer Strafe, die nicht nur den Delinquenten, sondern auch seine Angehörigen oder Berufsgenossen treffen konnte. Jede unehrliche Strafe brachte Schande über die Familie, Gemeinde oder Zunft eines Täters. Als Fürbitter treten entsprechend der sozialen Situation des Delinquenten verschiedenste Gruppen auf: Familienangehörige, Verwandte, Freunde, aber auch ehrbare Bürger, Zunftgenossen, Geistliche, sogar ganze Gemeinden oder Vertreter von Städten und angesehene Adelige.[13] Je größer die Zahl der Fürbitter und je qualifizierter ihr sozialer Status war, um so größer war die Chance, eine Strafmilderung zu erlangen.

Diese Möglichkeit galt keineswegs nur für Einzelfälle, sondern sie ist reichlich belegt.

Aus der Fülle überlieferter Geschichten sind einige Fälle besonders hervorzuheben: 1578 sollte ein Bauer wegen Totschlags zum Tod verurteilt werden. Auf „große Fürbitt von stattlichen personen", besonders des damaligen Kaplans von St. Sebald in Nürnberg, wurde er nur des Landes verwiesen. Er mußte jedoch sein Hab und Gut verkaufen und die Geschädigten damit zufriedenstellen.[14] Als 1608 ebenfalls in Nürnberg ein Dieb zum Tod durch den Strang verurteilt werden sollte, erschienen vor Gericht im Rathaus Vertreter von 5 Gemeinden, ein Pfarrer, Vater und Mutter des Angeklagten, seine Geschwister und seine ganze ‚Freundschaft'. Wegen seiner Jugend und weil er 9 Wochen geduldig im Gefängnis gesessen hatte, begnadigte der Rat den Dieb aus „Mitleid".[15] Als 1725 in Zug (Schweiz) ein Landamann zum Tode verurteilt wurde, erreichte ein großes Aufgebot eine Begnadigung: die Frau des Angeklagten mit seiner Tochter, dann der Stadtpfarrer sowie 70 Elternpaare, deren Kinder der Landamann aus der Taufe gehoben hatte. Auf Knien erbaten sie Gnade.[16] Einen besonderen Fall stellt ein Beispiel von 1725 aus Rappersweyl dar. Zunächst hatten geistliche und weltliche Fürbitter um die Erhaltung des Lebens eines Delinquenten gebeten. Dann trat die Braut des Verbrechers auf. Sie bat nicht nur um die Aufhebung des Verbots, Waffen zu tragen, sondern sogar darum, ihr den „Hochzeiter" zu schenken. Das Gericht ging auf die Bitte ein, sie schenkte dem Paar sogar das Bußgeld von 50 fl. zur Aussteuer.[17]

Die Gnadenmöglichkeit kam allerdings nicht jedem Angeklagten gleichermaßen zugute. Mit zum Teil erheblichen Strafmilderungen konnten in der Regel die Einheimischen mehr als die Auswärtigen, ehrbare Bürger mehr als Bettler und Landstreicher rechnen, die ja kaum ein Aufgebot an ehrbaren Fürbittern aufbringen konnten. Nicht zuletzt waren auch mehr Frauen unter den Begnadigten als Männer. Als Schutzbedürftige fanden sie eher Milde als Männer.[18] Nicht weniger bezeichnend als diese Unterscheidung ist der Wandel des Fürbittensystems vom 16. bis 18. Jahrhundert. Die meisten spektakulären Fälle sind aus dem 16. Jahrhundert belegt, der Zeit vieler grausamer Strafhandlungen. Bekannt sind u.a. der Freispruch eines Mörders, den Ph. Melanchthon während eines Aufenthaltes in Nürnberg 1553 erwirkt hatte;[19] und die Fürbitte eines ungenannten polnischen Freiherrn in derselben Stadt, auf die hin 1576 eine Kindsmörderin begnadigt wurde.[20] Spektakulär sind auch die Fälle, bei denen Fürsten, vor allem Könige und Kaiser, beim Einzug in eine Stadt Freisprüche erreichten.[21] Den Städten war dieser Brauch selten recht, weswegen während der Aufenthalte oft keine Verurteilungen oder Hinrichtungen stattfanden. Noch lästiger war den Städten allerdings die weit verbreitete Sitte, daß bei dem festlichen Einzug Verbannte sich in den Schutz des Fürsten begaben und von ihm eine wirksame Fürsprache erhofften. Oft gaben die Städte nach, nicht selten aber wurden die Betroffenen nach dem Besuch wieder ausgewiesen.[22] Es gab zahlreiche regionale Besonderheiten. Beispielsweise war es in Kleve üblich, daß beim ersten Huldigungsritt der Herzöge eine Leine hinten durch das Satteleisen des herzoglichen Pferdes gezogen und die aus der Stadt Verbannten mit dem „Gnadenseil“ in die Stadt geführt wurden. Dort wurden ihre Namen aufgeschrieben und jeder erhielt zum Beweis seiner Teilnahme an der Zeremonie ein Stück des Seils.[23] Der Brauch ist bis ins 18. Jahrhundert überliefert, steht aber nur in einer lockeren Verbindung zu den hier angesprochenen Gnadenbitten.

Das Gnadenbitten nahm in dem Maße ab, wie die grausamen Strafen zurückgingen und von daher besondere Gnade nicht mehr notwendig war. Sie wurde zwar immer noch gewährt, allerdings weniger auf Fürbitten von außen. Die Gutachter selbst sprachen Strafmilderungen aus. Den Juristen galt das Fürbittenwesen zunehmend als ein Willkürsystem, das den Anspruch des Gerichts als einer objektiven und unparteiischen Institution unterminierte.[24] Zudem beanspruchte die Obrigkeit das Gnadenrecht allein für sich. Es war Ausdruck der Monopolisierung der Gerichtsgewalt, daß nicht mehr die einzelnen Gerichte den Fürbittern entsprechen konnten, sondern nur die städtischen und staatlichen Obrigkeiten, womit ein altes Volksrecht verlorenging.

Der Gnadenerweis der richterlichen Obrigkeit bedeutete in den seltensten Fällen völligen Freispruch, das Richten nach Gnade aufgrund einer Berücksichtigung mildernder Umstände oder einer Gnadenbitte von Fürsprechern erwirkte nur eine Strafmilderung, die objektiv keinesfalls immer die humanere Lösung war, aber in jedem Fall eine weniger schmachvolle Strafe beinhaltete, zumindest für die Betroffenen; das konnten die Angeklagten sein, aber mit ihnen auch ihre Angehörigen. Auf Begnadigungen geht zum Teil die wachsende Zahl von Enthauptungen und Landesverweisungen seit dem frühen 17. Jahrhundert zurück, die wir als Ausdruck zunehmender ‚Humanisierung' im alten Strafsystem bezeichneten. Was Strafmilderung wirklich heißt, konkretisiert sich in einzelnen Fällen. In erster Linie ging es um die Abwendung unehrenhafter Strafen, das heißt vor allem um die Umwandlung einer Todesstrafe durch den Galgen oder das Rad in eine Schwertstrafe.[25] Aber es ging nicht bloß um die Begnadigung schwerer Verbrecher zu der ehrlichen Schwertstrafe. Ob ein zum Tod durch den Strang Verurteilter am Galgen nur kurz hängen blieb, unter dem Galgen sofort verscharrt oder auf einem Friedhof beerdigt wurde, konnte aufgrund von Gnadenakten entschieden werden. Ebenfalls Sache des Gnadenerweises war es, ob ein zum Rad Verurteilter vorher erdrosselt wurde oder diese Strafe lebendig erleiden mußte.[26]

Es gab zahllose Möglichkeiten, Gnade zu erweisen. Ein Delinquent konnte die Gunst erhalten, nicht vom Henker berührt, in besonderer Kleidung verurteilt oder vor der Hinrichtung nicht durch die Stadt geführt zu werden, vor dem Rädern erdrosselt, vor der Verbrennung enthauptet zu werden. Viele ältere Strafformen wurden durch das Gnadenbitten seltener. Wenn am Ende des 18. Jahrhunderts das einfache Enthaupten ohne jede Strafverschärfung vorherrschend wurde, war dies nicht eine Neueinführung, sondern Teil einer Tradition, des Richtens nach Gnade, das die Obrigkeiten nun allerdings selbst in die Hand nahmen. In vielen Fällen brachte ein Gnadenerlaß dem Delinquenten eine spürbare Strafmilderung, so vor allem, wenn einer gerädert werden sollte, statt dessen aber enthauptet wurde und erst danach, was für die Abschreckung nicht minder wirksam war, sein Körper auf ein Rad gelegt wurde. In vielen Fällen konnte eine Begnadigung aber auch keine wesentlichen Vorteile bringen, so wenn ein Totschläger auf ewig mitsamt seiner Familie verbannt oder auf eine Galeere geschickt oder für 20 Jahre ins Gefängnis gesteckt wurde. Dennoch verstand die Zeit dies als vorteilhafter, zumindest die nahen Angehörigen, so daß auch diese Milde dem Gericht Ehre machte.

Das Richten nach Gnade stellt ein komplexes System dar. Es verlieh dem Gerichtsverfahren überhaupt einen willkürlichen Charakter – ein Mörder konnte etwa günstiger wegkommen als ein Ehebrecher –, doch den Interessen der ständischen Gesellschaft wie der politischen Herrschaft kam es sehr entgegen. So sehr einerseits zwar durch das Inquisitionsverfahren eine unmittelbare Einwirkung der lokalen Gesellschaft – vor allem durch die Schöffen – auf die Prozeßführung ausgeschlossen war, denn die gelehrten fernen Juristen bestimmten ja immer mehr die Urteile, so unterlag die konkrete Gerichtspraxis aufgrund des ausgebildeten Fürbittensystems doch wieder den sozial starken, lokalen Gruppen, die durch ehrbare Bürger, hochgestellte Geistliche und Adelige auf das Urteil einwirken konnten. Das Fürbittenwesen stärkte, indem es Männern und Frauen mit vielen sozialen Beziehungen Unterstützung gewährte, ständische Bindungen und Gruppeninteressen.[27] Wie mächtig ein Grundherr oder eine Zunft waren, zeigte sich nicht selten in ihrer Einflußmöglichkeit auf Gerichtsurteile. Zum anderen, so großen Wert das Gericht auf die abschreckende Wirkung einer Strafe legte und sich deshalb nicht scheute, einzelne Personen exemplarisch hart zu strafen, so wollte es doch zugleich seine Macht, Gnade zu erweisen, darstellen.[28] Dies förderte das Ansehen eines huldreichen Regiments und das Vertrauen auf sein richterliches Amt in der Bevölkerung, bei dem Delinquenten zudem die Bereitschaft, sich dem Urteil zu unterwerfen und etwa eine verkürzte Hinrichtung selbst als richtig zu empfinden und zu verkünden.

Eine wohlgelungene Hinrichtung, an der der Obrigkeit immer gelegen war, und die die Herzen der Zuschauer bewegte, hing nicht ganz unwesentlich davon ab, wie das Gericht oder die Obrigkeit das Fürbittenwesen zu den eigenen Gunsten einsetzte. In der öffentlichen Urteilsverkündung wurde es niemals unterlassen, das Richten nach Gnade, die Milde des Gerichts eigens hervorzuheben, ohne freilich die Fürbitter zu nennen, es sei denn, es handelte sich um hochstehende ehrbare Persönlichkeiten.

3.

Hatte ein Malefikant das Glück, hohe Fürbitter zu finden, also mit dem Leben davonzukommen, milde abgeurteilt und nur an der Ehre oder am Körper bestraft zu werden, mußte er oft feierlich einen Schwur leisten, einmal auf bestimmte Zeit oder ewig außer Landes zu gehen, was im Urteilsspruch genau angegeben wurde, zum anderen niemals Rache zu üben für die ausgestandene Kerkerhaft, für erhaltene Folter oder eine körperliche Strafe. Derartige Urfehden, die zumeist schriftlich aufgesetzt wurden, sind zahlreich überliefert.[29]

„Ihr Jacobina Haasin werdet schwören einen cörperlichen Eyd, zu Gott dem Allmächtigen, daß ihr eure Gefangenschaft, und dermalige Bestraffung, weder an einem Hoch Edlen und Hoch Weisen Rath, noch dero Befehlshabern, Bürgern und Inwohners, noch an dero Häuser und Grundstücken, oder Haab und Gütern, noch sonsten, wie solches mit Worten oder mit Werkken, heimlich oder öffentlich immer geschehen kan oder mag, nicht nur auf keinerley Weiß noch Weg, es geschehe durch euch selbst, oder durch andere, mit eurem Wissen, Willen oder Geheiß rächen wollet, sondern auch, daß ihr nach eurer Außführung auß allhiesiger Stadt, dieselbe und derer Gebiet, alß woraus ihr hiemit deutlich auf ewig verwiesen werdet, nicht mehr betretten sollet und wollet, auf dieses nun habt ihr den Eyd anjetzo abzulegen“.

Urfehde einer Diebin aus Augsburg 1747.[30]

Selbst Angeklagte, deren Unschuld sich durch die Folter erwiesen hatte, vielleicht auch gerade deswegen, mußten eine Urfehde schwören. Die Frau eines Schulmeisters war 1672 in Oberhessen wegen Zaubereiverdachtes verhaftet und hart gefoltert worden. Als sie dennoch nicht gestand und wieder auf freien Fuß gesetzt wurde, mußte sie nicht nur die Unkosten tragen, sondern schwören, sich wegen ihrer Haft „was mir darinnen begegnet“ weder an ihrer Obrigkeit noch an Beamten und Untertanen zu rächen.[31]

Die Urfehde war eine alte Institution, sie beendete ehemals die adelige Fehde zwischen zwei Parteien bzw. Familien. Dort hatte sie den Zweck, spätere Rache allein oder mit anderen auszuschalten. Ein Eidbruch galt als unversöhnliche Tat. Wenn nun diese Institution unter veränderten Bedingungen im peinlichen Strafsystem weiterbestand, so ist dies ein Hinweis darauf, daß, obwohl das peinliche Verfahren jede Idee der Rache ausschalten wollte, der alte Rachegedanke offensichtlich doch noch fortlebte. Da es keine Entschädigung oder Wiedergutmachung von seiten des Gerichts gab und die peinliche Befragung soziale und rechtliche Spuren hinterließ, mußte die Obrigkeit sich gegen eine ‚berechtigte‘ Rache durch einen Eid schützen. Welchen Realitätswert das Abschwören einer Racheaktion nach dem 16. Jahrhundert noch hatte, ist schwer abzuschätzen; Rachefälle sind nicht mehr bekannt. Das dürfte auch nicht länger das Entscheidende gewesen sein, obwohl die Urfehde noch bis Ende des 18. Jahrhunderts geschworen werden mußte.[32] Weit gewichtiger als die Angst vor Rache bzw. der Schutz vor Rache war die Sorge der Obrigkeit, daß der Delinquent zurückkehren würde, womit nicht nur das Urteil annulliert, sondern auch erneuter Anstoß zum Streit in der Stadt oder im Dorf gegeben wäre. Aus diesem Grunde wurden beträchtliche Strafen bei Eidbruch, d. h. bei Rückkehr angedroht. Dann sollte der Täter nicht nur die volle Strafe erleiden, von der er begnadigt worden war, sondern zudem als Eidbrüchiger abgeurteilt werden.

In der Tat kann man davon ausgehen, daß viele aus einer Stadt oder einem Land Verwiesene versuchten, zurückzukehren. Manchen gelang es auch heimlich, anderen durch Zahlung einer Geldsumme oder eine nachträgliche Aufhebung der Strafe, wenn der Verbannte gute Fürsprecher hatte.[33] Auch die Zahl derer ist beträchtlich, die ohne Erlaubnis zurückkehrten. Sie wurden allerdings nur in seltenen Fällen mit der angedrohten Strafe belegt. Meistens wurden sie wieder ausgewiesen. Nur wenn sie erneut rückfällig wurden, konnten sie nicht mehr mit

Gnade rechnen. Die Urfehde mußte jeder, dem das Leben geschenkt wurde, schwören. Von Fällen, daß ein Delinquent die Urfehde ausschlug, sich also weigerte, den Schwur zu leisten, d.h. lieber in den Tod ging, als zeitlebens unehrenhaft und heimatlos zu bleiben, ist nichts bekannt, so sehr glaubwürdige Zeugnisse vorhanden sind, die verdeutlichen, daß viele nach langer Kerkerhaft und Tortur nichts sehnlicher wünschten als den Tod. Begnadigungen, die mit einer Urfehde verbunden waren, erwiesen sich für den Delinquenten oft als zweifelhafte Gunst.

4.

Ursprünglich stellten das Prozeßverfahren, die Urteilsverkündung und der Strafvollzug eine Einheit dar.[34] Mit den Inquisitionsverfahren und dem Eindringen abstrakten Rechts im Zusammenhang mit der Verherrschaftlichung des ganzen Gerichtswesens zerfiel diese Einheit. Prozeßverfahren mit den Ermittlungsprozeduren und der Urteilsbildung wurden getrennt von der öffentlichen Urteilsverkündigung und dem eigentlichen Strafvollzug, d.h. vom sogenannten endlichen Rechtstag und der öffentlich vollzogenen Strafe. Lief der erste Teil heimlich unter Ausschluß der Öffentlichkeit als Sache der Obrigkeit ab, wobei sich der Prozeß selbst auf das Ringen des Richters mit dem Angeklagten um die Aufklärung des Verbrechens konzentrierte, so geschahen die Urteilsverkündigung und der Strafvollzug öffentlich in Anwesenheit zahlreichen Volks, das sogar zum Kommen aufgefordert wurde.

Was sich mit dieser Trennung, die seit dem 16. Jahrhundert allenthalben sich durchsetzte, in ihren Konsequenzen für die ganze Gerichtspraxis ereignete, wird deutlich durch einen kurzen Rückblick auf die Gestaltung eines endlichen Rechtstages aus dem Spätmittelalter, wie er etwa aus Ulm 1457 belegt ist.[35] Es handelt sich zwar um einen extremen Fall, aber hier sind wesentliche Elemente der Zweikampfstruktur, die starke Stellung des Klägers wie auch des Angeklagten sowie die Öffentlichkeit der Verhandlung noch unmittelbar greifbar.

Ein Andrees Widenmann klagte im eigenen Interesse und dem des Landes in offener Sitzung vor dem Rathaus sieben

Räuber des Diebstahls an. Er hatte die Räuber gefangengenommen und die Beute zurückerobert, die er als Beweisstück vor Gericht mitbrachte. Zusammen mit den Eideshelfern suchte er die Räuber vor Gericht zu überführen. Nachdem die Räuber beschrien, gebunden und gefangen vor Gericht geführt worden waren, suchten sie jede Nachlässigkeit und jeden Fehler des Klägers zu ihren Gunsten auszuwerten. Als Fürsprecher des Klägers agierte der alte Bürgermeister, ein Richter wurde als Fürsprecher für die Räuber zugelassen. Damit wurde der Prozeß zu einer Angelegenheit der ganzen Stadt. Während der Kläger den Räubern insgesamt nur einen Fürsprecher zubilligen wollte, verlangte der stimmführende Beschuldigte L. Pfaff für jeden Angeklagten einen. Damit begann bereits der Streit. Das Gericht entschied im Sinne des Klägers, und die Räuber mußten sich mit dem Fürsprecher des L. Pfaff begnügen. Dann verlangte dieser freies Recht für die Beschuldigten, d.h. als geschützte ‚Freie' sich zu bewegen. Aber nur ein „underrede und bedenken" wird ihnen zugestanden. Das war ein weiterer Streitpunkt. Als der Kläger auf die entwendete Habe hinwies und begehrte, die Räuber zu richten, verlangten diese, bevor sie auf die Anklage überhaupt eingehen wollten, zunächst entfesselt zu werden. Obwohl der Kläger Einspruch erhob, mußte das Gericht hier nachgeben, der Nachrichter befreite die Räuber von den Fesseln, und der Gerichtsknecht sollte streng darauf achten, daß keiner entfloh. Nun versuchten es die Beschuldigten mit anderen Mitteln. Zunächst wiesen sie darauf hin, daß nicht 12, sondern 11 Richter bzw. Urteiler anwesend seien, daher das Gericht beschlußunfähig sei. Als dies richtiggestellt war – nach dem Ulmer Recht bedurfte es nur 7 Beisitzer –, bestritten sie dem Richter das Recht zum Blutbann. Dieser mußte sein Recht beschwören; fast zum Verhängnis wurde es ihm, als die Räuber ihm dann vorwarfen, unbefugt während der Sitzung aufgestanden zu sein. Als auch dieser Vorwurf gegen das Gericht zurückgewiesen werden konnte, versuchten sie glaubhaft zu machen, daß die Wegnahme der Habe in rechtlich offener Fehde geschehen sei, man sie also rechtens nicht als Räuber behandeln könne. Außerdem wiesen sie auf ihren guten Leumund und zeigten sich bereit, weitere Beweise ihrer Unschuld zu erbringen, wenn man ihnen eine Frist einräumen wollte, während deren man sie ja weiter inhaftieren könne. Die Räuber wollten Zeit gewinnen. Der Kläger verwies auf den eindeutigen Befund des vorliegenden Raubes, so daß das Gericht den Angeklagten nicht nachgeben konnte. Als auch dieser Einspruch keinen Erfolg brachte, begannen die Räuber die Qualität der Aussage des Klägers überhaupt anzuzweifeln. Er solle seine Helfer vorstellen, denn einer von ihnen sei gar nicht eidfähig, weil er einen Totschlag begangen habe. Tatsächlich hatte der angesprochene Helfer einen Totschlag begangen, beteuerte aber dies in Notwehr getan und außerdem seine Tat gebüßt zu haben. Weil er aber seine Sühne nicht beurkunden konnte, wurde er vom Gericht zurückgewiesen. Die Räuber triumphierten zu früh, denn der Kläger konnte schnell einen Ersatzmann stellen, der seine Klage unterstützte. Nun griffen die Beschuldigten zu einem letzten, recht problematischen Mittel: sie beschuldigten den Kläger, seine Helfer bestochen und zum Beistand gedungen und gezwungen zu haben, diese seien überhaupt keine ehrenwerte Leute und könnten deswegen nicht gegen sie aussagen. Die Helfer mußten ihrerseits das Gegenteil beteuern, und schließlich siegte der Kläger knapp über seine Beklagten, das Gericht unterstützte sein Begehren. Die Räuber wurden dem Nachrichter zur Vollstreckung des Todesurteils übergeben. Um vor Angriffen der Freunde der Gerichteten sicher zu sein, ließ der Kläger den Vorgang beurkunden.

Das Besondere dieses Gerichtsverfahrens ist offenkundig. Es entsprach der mittelalterlichen Rechtsauffassung, wenn jeder für sein Recht kämpfen mußte. Dies funktionierte in ‚geschlossenen' Gesellschaften, wo der Angeklagte wie der Kläger über ausreichend Helfer verfügten, die die Richtigkeit der Aussage bekräftigen konnten, ohne daß sie selbst Zeugen sein mußten. Problematisch wurde dieses Vorgehen mit der zunehmenden Kriminalität im Spätmittelalter, als keine Ankläger auftraten, aber dem Treiben der Friedbrecher im Interesse öffentlicher Sicherheit Einhalt geboten werden mußte. Hier zeigten sich erste Grenzen des alten Verfahrens; eine weitere wurde sichtbar, als das Gericht durch die Kläger mitsamt ihren Helfern zusehends manipulierbar und seine Objektivität durch die Parteilichkeit des lokalen Gerichts gefährdet wurde. Eine Folge war, daß die Territorialherrn die Gerichtspraxis überhaupt auf neue rationale Grundlagen stellen wollten, um das Gerichtswesen einerseits aus der Verflechtung ständischer Interessen herauszuhalten, andererseits rationale Normen durchzusetzen, die mehr Gerechtigkeit versprachen und die Ahndung auch von Fällen ermöglichten, für die keine Kläger und keine Zeugen vorhanden waren. Obrigkeitlicher Rechtsspruch und der die Missetat sühnende Strafvollzug traten mit dem neuen Inquisitionsverfahren, das das alte Akkusationsverfahren ablöste und die Entwicklung des herrschaftlichen Gerichtswesens forcierte, seit dem 16. Jahrhundert auseinander.[36] Während der erste Teil den eigentlichen Rechtsakt darstellt, ging es im zweiten Teil um die öffentliche Darstellung der Gerechtigkeit. Das heißt nicht, daß die Obrigkeit gänzlich auf den endlichen Rechtstag, auf die peinliche Gerichtssitzung mit der Urteilsverkündung verzichtete, aber er wurde in seiner Funktion grundlegend abgeändert. In seiner rechtlichen Bedeutung wurde er zwar inhaltsleer, eine rein formale Angelegenheit, aber als sozial-politischer Akt gewann er an demonstrativem Wert. So sehr zwar immer noch Rede und Antwort stattfanden, reduzierte sich das Ritual im wesentlichen doch auf die öffentliche Bekanntgabe des Geständnisses wie des Urteils, d. h. nicht der Kampf zwischen Kläger und Angeklagten machte mehr den Kern des endlichen Rechtstags aus, sondern die feierliche Urteilsverkündigung und die öffentliche Unterwerfung des Delinquenten.[37] Zwar ging die richtende Obrigkeit in der Regel nicht so weit, wie z. B. in Bayern, wo das Rede- und Antwortspiel ganz abgeschafft wurde. In den Augen des Publikums, vor allem der Jugend, sollte das Verbrechen nicht verharmlost werden.[38] Aber die Tendenz bestand überall, Unberechenbarkeiten auszuschalten und den Delinquenten nur zur Wiederholung des Geständnisses zu veranlassen und das Urteil zu verkünden, d. h. ihn dem Scharfrichter zu übergeben. Obwohl, wie gesagt, der endliche Rechtstag zu einer reinen Formalität geworden war, verzichtete die Obrigkeit nicht darauf, ihn würdevoll zu präsentieren. Es gab keine Probleme, die eigentliche Prozeßführung hinter verschlossene Türen zu verlegen, aber zu einer öffentlichen Urteilsverkündung am Schluß des vorgespielten endlichen Rechtstags fühlte sich die Obrigkeit dem Volk gegenüber verpflichtet.

Zwar gestaltete sich das Schauspiel je nach regionaler Tradition recht unterschiedlich, aber überall legte die Obrigkeit Wert auf eine sinnfällige und eindrucksvolle Verkündung des Urteils, vor allem bei einer Todesstrafe, und scheute dabei keinen symbolischen und materiellen Aufwand. Das letzte Gericht sollte im Namen des Rechts die Unterwerfung des Verbrechers und den Sieg der Wahrheit dokumentieren: deswegen wurden die begangenen Untaten öffentlich nochmals aufgezählt, auch wurde das Geständnis des Delinquenten oft in seiner Gegenwart wiederholt, vor allem suchte das Gericht mit der Urteilsverkündigung das Einverständnis des Publikums einzuholen wie es auch vor derartigen Untaten präventiv zu warnen. Diese öffentliche Verkündigung und die indirekte Zustimmung des Volkes verliehen dem Urteil Rechtsgültigkeit; ohne sie war eine öffentliche Hinrichtung problematisch. So sehr auch die Rechtshoheit bei der Obrigkeit lag, konnte sie nicht gegen das Volk, sondern nur mit ihm ihren Rechtsanspruch behaupten.

Über den konkreten Verlauf des endlichen Rechtstags mit der öffentlichen Urteilsverkündung wissen wir wenig.[39] Er dürfte sehr unterschiedlich abgehalten worden sein. Im äußeren Ablauf mußte sich nicht nur die Sonderstellung und die dauerhafte Gültigkeit dieser Institution dokumentieren, sondern auch der Stand des Delinquenten bzw. die Qualität des Verbrechens mußten ihren Ausdruck finden. Nur über die großen Strafaktionen wissen wir Einzelheiten. Man kann davon ausgehen, daß die Aburteilung eines viel gesuchten und bekannten Raubmörders sich eindrucksvoller vollzog als die Verurteilung eines anonymen streunenden Diebes. Des weiteren war, wenngleich keine Strafe ohne ein bestimmtes Zeremoniell vollzogen wurde, dieses doch in früherer Zeit nicht so wichtig wie später, als öffentliche Strafpraktiken und Hinrichtungen seltener wurden und dafür zu einem großen Theater der Abschreckung und öffentlichen Moral ausgebaut wurden. Für die spätere Zeit liegen erstmals geradezu Musterordnungen vor, eigene Beschreibungen des Zeremoniells von seiten der Obrigkeit, das bis ins einzelne festgelegt war.[40]

Den Grundrahmen des endlichen Gerichts steckte die Carolina ab, sie galt als Richtschnur für das ganze Reichsgebiet, überließ Einzelheiten aber oft den einzelnen Städten oder Ländern.[41] Nach der Carolina sollte nach Abschluß der Untersuchungen, d.h. wenn alle Ermittlungen abgeschlossen waren, Zeugenaussagen vorlagen, das Geständnis abgegeben und das Urteil auf der Grundlage angeforderter Rechtsgutachten fixiert war, der endliche Rechtstag festgelegt werden. Er sollte drei Tage vor der Hinrichtung bzw. der Strafsanktion stattfinden, damit der Delinquent sich noch ausreichend auf sein Ende vorbereiten konnte. Jedes Urteil, das auf dem endlichen Rechtstag verkündet wurde, stand im 16. Jahrhundert bereits vorher fest. Selbst die beantragte und gebilligte Strafmilderung war vorher berücksichtigt. Eine nachträgliche Änderung des Urteils war ausgeschlossen, abgesehen von Fällen, wo besondere Fürbitter auftraten oder dem Delinquenten bewußt ein Urteil vorgetäuscht wurde, das gar nicht vollzogen werden sollte. Der Delinquent war als Armer Sünder nunmehr Opfer des Henkers.

Der endliche Rechtstag war mit der Carolina im großen und ganzen festgelegt, interessant und aufschlußreich sind aber die Ausführungen in den konkreten Fällen. Dabei gab es hauptsächlich zwei Formen von öffentlichen Darstellungen. Sie kommen auf unterschiedliche Art den Interessen entgegen, einmal dem Delinquenten zwischen Anhörung des Urteils und dem Strafvollzug, d.h. der Hinrichtung, in der Regel drei Tage zur Vorbereitung auf den Tod zu gewähren, zum anderen ausreichend Zeit zu haben, für ein großes Verbrechen eine sinnfällige Hinrichtung zu inszenieren, die beeindrucken und zugleich abschrecken sollte. Der Strafvollzug gewinnt seit dem 16. Jahrhundert zusehends an Gewicht gegenüber der Gerichtsdarstellung, d.h. der Urteilsbildung und der Strafverkündung.[42] Es gab zunächst die Möglichkeit, die Hauptgerichtssitzung mit der Urteilsverkündung unter Ausschluß der Öffentlichkeit im Rathaus stattfinden zu lassen, um dann an einem späteren Tag auf einem öffentlichen Platz, innerhalb oder außerhalb der Stadt, auf dem Marktplatz oder an der Hinrichtungsstätte als Auftakt zur Exekution zumeist dasselbe Zeremoniell, oft in verkürzter Form, vor dem zusammengelaufenen Volk zu wiederholen.[43]

Im wesentlichen beschränkte sich dieser öffentliche Akt auf eine feierliche Urteilsverkündung. Dieses Muster entsprach der Vorstellung einer strikten Trennung von Gericht und Strafpraxis. Der endliche Rechtstag blieb eine Angelegenheit der Obrigkeit, des Gerichts, während die öffentliche Bestrafung ein Schauspiel des Volkes wurde. Das Volk wurde direkt vor vollendete Tatsachen gestellt, über das, was vor Gericht geschah, erhielt es keine Informationen. Es gab aber auch eine andere Form: mehr oder weniger zur Vorbereitung auf die letzte Stunde wurde dem Delinquenten das Urteil entweder bei einer kurzen Sitzung im Rathaus oder im Gefängnis verlesen, während erst frühmorgens vor der Hinrichtung die öffentliche, für die ganze Gemeinde bestimmte Urteilsverkündung mit vollem Zeremoniell wiederholt wurde.[44] Wenn auch hier alles festgelegt war, d.h. die Überführung des Delinquenten nur zum Schein nochmals erfolgte, erfuhr das zuschauende Volk doch etwas von der Gerichtspraxis. Zugleich hatte das Gericht hierbei die Möglichkeit, dem Volk seine ganze Macht und Milde zu demonstrieren.

In beiden Fällen konnte die Urteilsverkündung nach der letzten kurzen oder langen Sitzung durch Bekanntgabe auf dem Markt erfolgen, so daß sich die Öffentlichkeit auf die Hinrichtung vorbereiten konnte. Nicht nur der Scharfrichter konnte Vorbereitungen treffen, sondern auch die Gemeinde, selbst Auswärtige erhielten die Möglichkeit, am anberaumten Tag pünktlich dazusein. In allen Fällen handelte es sich freilich um reine Formalitäten, aber auf je unterschiedliche Weise wußte sich die Obrigkeit in Szene zu setzen. Im ersten Modell wurde die Gemeinde, das Publikum vor vollendete Tatsachen gestellt, ihm wurde auch die Illusion genommen, Teilnehmer einer Verhandlung zu sein. Der Arme Sünder wurde unmittelbar als überführter Verbrecher vorgestellt. Die Wiederholung des Geständnisses wurde unnötig. Im zweiten Muster gab die Obrigkeit vor der Strafaktion oder Hinrichtung ein Vorschauspiel, in dem die Zuschauenden noch einen Rest der Verbrechensüberführung erlebten. Auch wenn das Urteil festlag, gewannen sie einen Einblick in das Verbrechen, das oft ausführlich geschildert wurde, und hörten den Verbrecher an, der sich zu diesem

Urteil ausdrücklich bekannte, was die Spannung, aber auch das Risiko erhöhte, daß alles ordnungsgemäß ablief. Hier bestand immer die Gefahr, daß das Volk gegen die Obrigkeit Partei ergreifen würde und, statt sich über das Verbrechen zu entsetzen, für den Armen Sünder Sympathie gewinnen und das Urteil des Gerichts mißbilligen würde. Aus diesem Grunde neigte die richtende Obrigkeit immer mehr zum ersten Muster, in der Öffentlichkeit alles auf die Urteilsverkündung zu beschränken und den Delinquenten so wenig wie möglich zu Wort kommen zu lassen, ja im Urteilsspruch überhaupt nur kurz auf das Verbrechen ohne alle Einzelheiten einzugehen.[45]

Glockenschläge läuteten die Sitzung des endlichen Rechtstages ein.[46] Für die Gerichtsangehörigen war dies der Auftakt zur feierlichen Versammlung, für die Außenstehenden das Signal, daß ein peinliches Gericht, das über Leben und Tod entschied, stattfand. Die Geladenen nahmen an einem schwarz oder grün verhängten Tisch in festgelegter Ordnung Platz, wobei dem präsidierenden Richter eine Sonderstellung zukam. Er trug meist ein rotes Gewand und hatte vor sich einen Stab oder ein Schwert, manchmal auch beides über Kreuz auf den Prozeßakten liegen. Auch die Beisitzer bzw. Schöffen waren festlich gekleidet, in Städten trugen sie schwarze Kleidung. Der Richter oder an seiner Stelle der Gerichtsschreiber eröffnete die Gerichtssitzung mit der Frage nach der ordentlichen Besetzung und der Aufforderung, Ruhe und Frieden zu wahren, vor allem wenn die Sitzung öffentlich stattfand. Verlief alles vorschriftsmäßig, wurde danach der Angeklagte bzw. bereits Verurteilte – oft kannte er sein Urteil schon vorher – vom Scharfrichter gebunden aus dem Gefängnis vor das Blutgericht geführt. Hier wurde ihm deutlich erklärt, vor wem er stehe, welcher Untaten er bezichtigt werde und welche Rechte er dadurch verletzt habe. Es konnte ein Rede- und Antwort-Spiel zwischen dem Kläger und dem Fürsprecher des Beklagten geben, dies war aber nicht wichtig oder nötig. Wesentlich war die Bekanntgabe eines vollständigen Beweises der Schuld – die durch ein Geständnis bekräftigt war –, der vorgelesen und vom Angeklagten wiederholt oder zumindest bestätigt wurde. Währenddessen konnte dieser ungebunden in den Gerichtskreis treten.

Die meisten Malefikanten waren in den Verhören und nicht zuletzt unter dem Einfluß von Geistlichen so vorbereitet worden, daß sie ihre Schuld nochmals feierlich und öffentlich wiederholten. Selbst im Fall ihrer Unschuld fügten sie sich ergeben oder resigniert auch in ein Todesurteil unter dem Eindruck der Macht des Gerichts und der Ausweglosigkeit ihrer eigenen Lage. Wenn eine Begnadigung (Strafmilderung) bekanntgegeben wurde, zeigte sich der Delinquent sogar meist sehr dankbar.[47] Doch hin und wieder gab es auch sogenannte „Halsstarrige“, die nicht so willfährig waren, nichts sagen wollten oder sogar das Geständnis unmittelbar vor der Urteilsverkündung widerriefen, so daß manchmal der endliche Rechtstag verschoben werden mußte.[48] Aus Sorge vor möglicherweise daraus entstehenden Tumulten verzichteten die Richter oft auf die Wiederholung des Geständnisses durch den Delinquenten selbst.

Machtloser zeigte sich allerdings ein Gericht, wenn ein Delinquent – überzeugt davon, daß er unschuldig oder zu hart bestraft worden sei – nicht nur das Urteil nicht annehmen wollte, sondern die Richter sogar vor Gott ins Tal Josaphat lud, was einer schweren Verfluchung gleichkam.[49] Diese Verfluchung ist recht oft überliefert, vor allem auch außerhalb der Gerichtspraxis, am meisten aus dem 16. Jahrhundert. Spuren finden sich aber noch im 19. Jahrhundert. In Luzern wurde 1559 ein Steinmetz wegen angeblicher Ketzerei hingerichtet. Zuvor hatte er den Schultheiß, der seine Verurteilung erwirkt hatte, in das Tal Josaphat geladen.[50] Eine alte Frau wurde 1586 wegen Zauberei zum Tode verurteilt. Als sie das Urteil vernahm, fluchte sie, „daß sie als dann den richter, so jr das leben abgesprochen, für das gerecht gericht und richterstuel Christi jr auff den dreitzehenden tag nach jrem tod, wegen deß ungerechten gefellten urtheils rechenschaft zugeben erfordern und laden wollte“.[51] Sie wurde schließlich durch den Landesherrn freigesprochen. Der kaiserliche Obrist von Schaffgotsch wurde wegen Teilnahme an Wallensteins Verrat 1635 in Regensburg vor Gericht gestellt und zum Tod verurteilt. Nach der Verlesung des Urteils griff der Graf den Präsidenten des Gerichtshofes an: Er wisse doch genau, daß er nicht schuldiger sei als die anderen. „Den tod müsse er jetzt erleiden und tue es gerne; aber er lade Götz zum jüngsten gericht vor gottes stuhl: da wollten sie es ausmachen".[52] Das folgende Beispiel ist nicht frei von großer Dramatik. Als der Reichsvogt in St. Gallen dem Erzdieb Jselin vor versammeltem Volk vom Rathaus herunter das Todesurteil verkündete, widersprach der „arme Mensch" heftig und erklärte, daß ihm „Gewalt und Unrecht" geschehe. Wenn er jetzt sterben sollte, wolle er alle seine Richter vor den Richterstuhl Gottes laden, „daß sie ihm nach drei Tagen im Thal Josaphat werden müssen seines unschuldigen Todes Rechenschaft ablegen".[53] Darauf wurde er nochmals der Folter unterzogen, weiter verhört und zum zweiten Mal zum Tod verurteilt. Unüberhört konnte das Gericht diesen Vorwurf nicht lassen.

Der Glaube an die Wirkung der Vorladung ins Tal Josaphat war im Volk weit verbreitet; auch gab es in der Frühzeit vor allem Geistliche, die eine Berufung auf Gott rechtfertigten. Aber seit dem 17. Jahrhundert nehmen die Stimmen zu, die solche Einladung als strafbare „provocation" verurteilen, „weil sie die richter indirecte einer so großen ungerechtigkeit beschuldigt, welche durch ordentliche und gewöhnliche rechtsmittel nicht zu entkräften sei".[54] Dementsprechend wurden derartige Verfluchungen auch immer strenger bestraft.[55]

Zentral war beim endlichen Rechtstag die Wiederholung des Geständnisses, denn sie bestätigte und bekräftigte die Anklage: Darauf las der Gerichtssprecher oder -schreiber laut und deutlich, so daß jeder es hören konnte, das schriftlich abgefaßte Urteil vor. Es enthielt, wie gesagt, nicht nur die Beschreibung der Untat, den Hinweis auf eine rechtmäßige Beweisführung, sondern auch das Strafmaß, wobei, wenn ein gnädiges Urteil gefällt wurde, dies besonders hervorgehoben wurde. Hatte der Angeklagte das Urteil vernommen, brach der Richter vor ihm bzw. dem umstehenden Volk seinen Stab und warf die Teile vor sich oder vor den Delinquenten mit den Worten „Gott sei Deiner Seele gnädig".[56] Wenn das Gericht unmittelbar vor der Hinrichtung öffentlich stattfand, war es üblich, den zerbrochenen Stab unter das Volk zu werfen. Doch wegen des Aberglaubens und der „Mißbräuche", die mit diesen Stücken getrieben wurden, wurde dieser Brauch schon früh untersagt.[57] Die Gerichtsknechte mußten die zerbrochenen Teile wieder aufheben.

Zumeist handelte es sich um einen anderen Stab als den, den der Richter während der Sitzung in der Hand hielt oder auf den Tisch gelegt hatte, er war zerbrechlich und zumeist schwarz gestrichen. Das Stabbrechen nach dem Urteilsspruch kam als Brauch relativ spät, erst im 16. Jahrhundert auf und setzte sich auch nicht überall durch. Eine einheitliche Praxis gab es in diesem Punkt also nicht. Das Stabbrechen bedeutete nicht den Tod für den Delinquenten, sondern symbolisierte das Urteil, den ewigen Ausschluß des Armen Sünders aus der Rechtsgemeinschaft. „Das Stabbrechen aus Anlaß des Todesurteils ist der symbolische Ausdruck der Friedloslegung".[58] Der Arme Sünder, wie der Verurteilte nun hieß, war schutzlos der Pein und dem Tod ausgeliefert, die der Scharfrichter zu vollziehen hatte.

Da nach der Urteilsverkündung und dem Stabbrechen „gemeinigklich" Lärmen und Unruhe unter den Zuschauern einsetzte, hatte der Richter oft Mühe, die Ruhe wiederherzustellen, denn noch war die Prozedur nicht abgeschlossen. Der Arme Sünder wurde dem unter dem besonderen Schutz der Obrigkeit stehenden Scharfrichter zur Vollstreckung des Urteils übergeben. Bei Gefahr an Leib und Gut wurde allen Teilnehmern der Hinrichtung geboten, „dem nachrichter keynerley Verhinderung zu thun auch ob im mißlang nit handt anzulegen".[59] Wie noch zu zeigen sein wird, war dieser Nachrichterfriede nötig. Die Sitzung schloß, wenn die Stühle umgestoßen wurden und die Teilnehmer des Gerichts sich zu einem Mahl zurückzogen, das oft parallel zur Henkersmahlzeit stattfand und die wiederhergestellte Ordnung bekunden sollte. Damit trat der Richter als Gegenspieler des Missetäters zurück, in den Mittelpunkt des Strafvollzugs rückte nun der Scharfrichter, dessen Aufgabe es war, eine eindrucksvolle und gelungene Hinrichtung zu inszenieren, die ihm freilich nur dann gelingen konnte, wenn der Arme Sünder auf seine Rolle eingestimmt war. Und das war oft nicht weniger schwierig, als den Angeklagten zum Bekenntnis der Wahrheit zu bewegen.

III.
Auf dem Pranger

1.

Die Missetäter, die vor das peinliche Gericht kamen, wurden keineswegs alle hingerichtet. Die Fülle bekannter Hinrichtungen verdeckt, daß neben den Todesstrafen ein eigenes System von Leibes- und Ehrenstrafen mit Landesverweisungen und Kirchenbußen bestand, das von gleicher Bedeutung war, seit dem 17. Jahrhundert sogar quantitativ im Verhältnis zur Todesstrafe zunahm.[1]

Tabelle 1

Frankfurt 1562–1696[a]			*Würzburg* 1769–1788[b]		
	Hinrichtg.	andere Strafen		Hinrichtg.	andere Strafen
1562–1580	91	149	1769–1773	10	1186
1581–1600	106	180	1774–1778	6	704
1601–1620	78	220	1779–1783	2	694
1621–1640	28	88	1784–1788	–	861
1641–1660	13	45			
1661–1680	8	138			
1681–1696	16	151			

a) Strafenbuch von 1562–1696 in: Stadtarchiv Frankfurt.
b) Nach einer Verbrechensliste von 1769–1789 in: StA Würzburg, Hist. Verein Sign. F 611.

Es gab zwar auch Verurteilungen zu Geld- und Gefängnisstrafen, sie spielten aber letztlich für das peinliche Strafsystem eine untergeordnete Rolle, ebenso die Galeerenstrafe oder der Kriegsdienst.[2] Die moderne Rechtskasuistik hat ein ganzes, in sich logisches Strafsystem aus den frühneuzeitlichen Strafpraktiken errichtet. Theoretisch sind diese Strafen zwar deutlich zu trennen – das Handabschlagen und der Staupenschlag waren schmerzliche Körperstrafen, während das Stehen auf der Schandbühne wie das Tragen von Lastersteinen typische Ehrenstrafen waren –, aber praktisch gehören beide Strafformen engstens zusammen: Jede Strafe, auch das Stehen auf dem Pranger, insofern der Delinquent allen Gewalttätigkeiten des umstehenden Publikums ausgesetzt war, konnte körperlich schmerzhaft sein, wie der Staupenschlag zugleich ehrenrührig war, ja Ehrverlust bedeutete. Außerdem waren zumeist mehrere Strafen miteinander verbunden, wie etwa der Pranger mit dem Staupenschlag oder das Halseisen mit der Landesverweisung.

Wie die komplizierten Abstrafungen konkret praktiziert wurden, mögen drei Beispiele verdeutlichen: 1. 1575 wurde in Nürnberg eine jugendliche Diebesbande gefaßt. Während ein Mitglied zum Tode durch den Strang verurteilt wurde, begnadigte der Rat der Stadt die anderen 5 Mitglieder wegen ihres jugendlichen Alters zu folgender öffentlicher Strafe: mit gebundenen Händen auf dem Rücken und mit einem Strick um den Hals miteinander verbunden – als Zeichen, daß sie eigentlich gehängt werden sollten – sollten sie drei Tage nacheinander für einige Zeit auf den Pranger gestellt und dann wieder mit täglich zweimaligen Rutenschlägen ins Lochgefängnis gesteckt werden. Am Rechtstag sollten sie schließlich zusammengebunden ihren zum Tod verurteilten Diebesgesellen zum Galgen begleiten, der Hinrichtung zur Abschreckung zusehen sowie die Stadt für ewig verlassen.[3] 2. Eine Goldspinnerin wurde in Nürnberg 1657 wegen ihres gottlosen, ärgerlichen Lebens und Wandels, wegen Gotteslästerung, abergläubischen Handelns und körperlicher Bedrohung ihres Mannes dazu verurteilt, bei der Frühpredigt vor der Kirche barfüßig und mit einer Rute in der Hand zu stehen. Dann sollte sie aus der Stadt geführt werden und sie auf ewig meiden. Späteren Zeugnissen nach ist diese Frau nach Jahren in Nürnberg mit Erlaubnis des Rates wieder „haussässig" geworden und durfte auch ihre Goldspinnerei weiter treiben.[4] Ein drittes Beispiel: ein jugendlicher Dieb wurde in St. Gallen 1797 gefaßt. Zur Strafe wurde er für eine halbe Stun-

Abb. 4: Auspeitschen, Stäupen mit Ruten und Abschneiden der Zunge. Holzschnitt (1539)

de auf den Pranger gestellt mit einer Tafel, auf der stand: „frecher Dieb". Bevor er dann lebenslänglich aus der Stadt verwiesen wurde, mußte er mit der Tafel und einem Lasterstein dreimal auf dem Markt hin- und hergehen und vor dem Rathaus zudem 12 tüchtige Schläge einstecken.[5]

Es war gerade die hohe Kombinationsmöglichkeit für alle möglichen Delikte und Personengruppen, die das System der Ehren- und Leibesstrafen für das ganze peinliche Strafwesen geeignet machte und es zu seiner selbständigen Bedeutung neben der Todesstrafe erhob. In Würzburg gab es z.B. 10 verschiedene Kombinationen von Strafen, in Frankfurt sogar 19.[6] Zwar sind Strafen bekannt, die jeweils mehr für Männer oder mehr für Frauen vorgesehen waren, aber ähnlich wie bei der Folter gab es hier im Unterschied zu den Todesstrafen keine allzu große Trennung.[7]

Tabelle 2

Frankfurt 1562–1696[a] M = 644; F = 373					
ohne Landesverweis			mit Landesverweis		
Strafe	M	F	Strafe	M	F
H	5	3	Lv	287	220
H/R	–	6	H/Lv	92	78
R	8	1	H/R/Lv	47	13
R/B	2	–	H/B/Lv	2	–
Sch	1	1	H/B/R/Lv	1	–
G	1	–	R/Lv	169	50
			R/O/Lv	1	–
			V/Lv	14	–
			A/Lv	6	–
			O/Lv	1	–
			B/Lv	3	–
			E/Lv	1	1
			U/Lv	2	–

A = Aufziehen (Wippe) / B = Brennen / E = Eselreiten / G = Galeere / H = Halseisen / Lv = Landesverweis / O = Ohrenabschneiden / R = Rute / Sch = Schnellen / U = Unehrlichmachen / V = Verbannen

a) Nach dem Strafenbuch Frankfurts[8] (s. *Tabelle 1*, a)

Da wegen der Ehrenrührigkeit ehrbare Leute, vor allem Adelige, von diesem Strafsystem weitgehend verschont blieben – denn eine ehrliche Ehren- oder Körperstrafe wie das Schwert bei der Hinrichtung gab es (außer einer Geldstrafe) nicht –, richteten sich die Ehren- und Leibesstrafen wieder dominant gegen das einfache Volk inner- und außerhalb der Städte.

Alle diese Strafen waren grundsätzlich ehrenrührig, aber es gab dabei Strafen, die die Ehre weniger oder stärker verletzten. So bedeutete die Geige keinen Ausschluß aus der Gemeinschaft, wohingegen die Prangerstrafe eine unehrlich machende Wirkung hatte, weshalb sie auch oft mit der Stadt- bzw. Landesverweisung, also mit dem Ausschluß aus der Rechtsgemeinschaft verbunden war. Im frühneuzeitlichen Strafsystem spielten die Verletzung und Zerstörung der Ehre eines Täters eine große Rolle, jener Ehre, die den sozialen Status eines Menschen in seiner Gesellschaft bestimmte.[9] Dabei gab es eine sehr differenzierte Hierarchie der Entehrung, die allerdings im einzelnen, d.h. in ihren spezifischen Graden schwer faßbar ist. Denn, fragt man nach dem Grund des Unehrbarwerdens, muß man einmal davon ausgehen, daß bestimmte Vergehen den Täter per se unehrenhaft machten, ob er bestraft wurde oder nicht. Unter dieser Rücksicht lag der Sinn der (Ehren-)Strafe in der Offenlegung der Unehrenhaftigkeit der Tat, der Schande des Täters. Der ‚heimliche' Diebstahl war z.B. an sich schon ehrenrührig.[10] Zum anderen ist bekannt, daß auch bestimmte, den Taten entsprechende Strafen den Täter unehrlich machten. In diesem Fall schloß nicht allein die Tat den Missetäter aus der Gemeinschaft aus bzw. zeichnete ihn als schändlich, sondern auch die ehrenrührige Strafe selbst, die wie das Brandmarken gleichzeitig eine körperliche Strafe sein konnte. Eine Steigerung erreichte das System schließlich noch dadurch, wenn der Scharfrichter die Strafe ausführte, d.h. eine Person, die den Inbegriff der Unehrlichkeit darstellte und deren Berührung allein bereits als ehrenrührig, ja als schändlich galt. Diesen Fall gab es nicht nur als eine einfache Strafverschärfung, sondern bestimmte Strafen wurden per se durch den Scharfrichter ausgeführt und erhielten durch seine Handhabung die unehrliche Wirkung. Kompliziert wird das System noch dadurch, daß Untat nicht immer gleich Untat war, und vor allem nicht jede Strafe überall in der Stadt- oder Dorföffentlichkeit die gleiche soziale Bedeutung besaß. Die Rechtsanschauung der richtenden Obrigkeit war nicht unbedingt identisch mit der einer Dorf- bzw. Stadtgesellschaft. Die Verurteilung eines rebellischen Bauern zum Pranger oder die eines gemeingefährlichen Diebes konnte in der Öffentlichkeit eine so unterschiedliche Wirkung haben, daß der Dieb sicherlich nicht mehr in die Stadt zurückkehren konnte, wohingegen dem Bauern der Pranger geradezu zum Zeichen seines Rechts ausgelegt werden konnte.[11] Da die Urteile obrigkeitlicher Provenienz sind, lassen sich ihre unterschiedlichen Einschätzungen in der Bevölkerung nur schwer greifen.

Die Ehren- und Körperstrafen waren selbständige Strafformen für bestimmte Delikte, die nicht mit dem Tod gesühnt wurden, aber vor das Malefizgericht kamen. Hierzu zählten der einfache Diebstahl wie bestimmte Sittlichkeitsdelikte, Betrug wie auch Gotteslästerung. Oft allerdings handelte es sich auch um Strafen, die aus Gnadengründen anstelle einer Todesstrafe traten.

Tabelle 3

Frankfurt[a]				
Diebstahl	473	insgesamt:	Verhältnis von Todesstrafen zu anderen Strafen:	
Betrug	108			
Hehlerei	28			
Gewalttat	23	Diebstahl/Raub		210/782
Mord(verdacht)	28	Mord/Totschlag		91/142
Kindsmord	8	Betrug		15/105
Ehebruch	66	Unzucht		9/167
Unzucht	57	Hexerei		3/–
Hurerei	29			
Gotteslästerung	6			
Zauberei	2			

a) Nach dem Strafenbuch Frankfurts (s. *Tabelle 1*, a)

Die Malefikanten, die seit dem späten 16. Jahrhundert in zunehmender Zahl begnadigt wurden, erhielten statt der Todesstrafe Ehren- und Körperstrafen. So sehr diese als milder beurteilt und eingeschätzt wurden, erwiesen sie sich in vielen Fällen als ebenso schrecklich wie die Todesstrafe. Sie bedeuteten in der Regel den Ausschluß aus der Gesellschaft, was manchmal schlicht den Tod zur Folge hatte. In Nürnberg wurde im Winter 1692 eine arme Besenbinderin gefaßt, die aus einem Bürgerhaus Leinentuch gestohlen hatte sowie einen ganzen Korb mit Kupfer, Geschirr und anderen Stoffen. Ihre Strafe bestand aus einem halbstündigen Pranger, einer Auspeitschung und Stadtverbot. Wie schwer dies die Delinquentin traf, wurde bereits am nächsten Tag offenkundig. Sie war im tiefen Schnee erfroren.[12]

2.

Die ältesten Strafen waren die sogenannten (körperlichen) Verstümmelungsstrafen, die seit dem 16. Jahrhundert bereits konstant abnahmen; an ihre Stelle traten andere, nicht mehr verstümmelnde, körperliche Strafen sowie Ehrenstrafen.[13] Diese Strafen unterschieden sich wesentlich von denen, die an Leib und Leben gingen. Es entsprach der Vorstellung der Zeit, daß ein Verbrecher, wenn er nicht gleich zum Tode verurteilt wurde, an dem Glied bestraft werden sollte, mit dem er gefrevelt hatte. Die Verstümmelung bedeutete in der Regel den Ausschluß aus der ehrbaren Gemeinde. Sie diente zur Kennzeichnung des Verbrechers wie seines Verbrechens und wirkte daher abschreckend.

Die schwerste Verstümmelungsstrafe war das Blenden, sie sollte verhindern, daß einer jemals wieder vor Gericht ein Zeugnis ablegen konnte. Seit dem 16. Jahrhundert ist sie kaum noch ausgeführt worden. In den uns bekannten Städten finden sich jedenfalls keine Belege mehr.[14] Weitaus häufiger – aber mit ebenso alter Tradition – wurde mit dem Handabschlagen gestraft, und zwar in Fällen von Gewalttätigkeit und Totschlag, aber auch bei Meineid und Betrug.[15] Einzelne Spuren davon lassen sich noch im 17. Jahrhundert verfolgen, seit dem 16. Jahrhundert tritt das Handabschlagen aber als Einzelstrafe zurück. Bekannt bleibt es als Moment der Strafverschärfung bei Hinrichtungen. In Nürnberg wurde 1614 ein Wilddieb gefaßt. Er war in der Stadt nicht unbekannt, denn schon einmal war er wegen Diebstahls ausgewiesen worden. Damit er nicht mehr schießen konnte, wurden ihm zur Strafe alle Finger an beiden Händen auf der Fleischbank abgeschlagen. Danach wurde er mit der Rute ausgepeitscht und für ewig aus der Stadt verwiesen. Offensichtlich scheint diese Strafe auf den Missetäter keinen großen Eindruck gemacht zu haben; denn die Quelle berichtet, daß er auf solche geringe Strafe wenig oder gar nichts gegeben habe und bald darauf vom Markgrafen von Ansbach erneut gefaßt und diesmal gehängt wurde.[16]

Die Hand wurde auf einem Block mit einem Beil abgeschlagen, die Blutung durch Brand gestillt und die Hand manchmal an einer öffentlichen Stelle aufgehängt. Eine ähnliche Bestrafung war das Fingerabschneiden; sie steht oft anstelle des Abschlagens der Hand, vor allem in Fällen von Meineid; bekannt ist es bei Betrügern und Urfehdbrechern. Ihnen war die Möglichkeit genommen, noch einmal zu schwören. Diese Strafe gab es noch lange, ebenso häufig das Ohrenabschneiden, das als Strafe vor allem an Frauen vollzogen wurde, und zwar in Fällen von kleinen Diebstählen (Schlitzohr) und auch bei Sittlichkeitsdelikten.[17] Gegen einen Dieb wurde in Freiburg 1785 die Strafe verlesen, „daß er vorderist eine urphede von sich zue geben, auf den pranger zu stellen, von dem scharpfrichter mit ruethen auß zu hauen, auch ein ohr gestutzt und des landtes ewig solle verwiesen werden".[18] Das Ohrabschneiden war eine unehrliche Strafe und wurde noch weit ins 18. Jahrhundert hinein praktiziert, war aber zumeist mit anderen Strafen wie dem Pranger und der Landesverweisung verbunden. Dies trifft auch für die anderen Verstümmelungsstrafen zu. Recht gebräuchlich war auch das Abschneiden der Zunge, das allerdings oft auf ein Aufschlitzen der Zunge beschränkt blieb.[19] Weil eine Frau in St. Gallen 1602 „Ir Glied die Zunge, so sie billich Gott dem Allmächtigen zu Lob und Pris seines allerheiligsten Namens und ihren Nechsten zu Nutz und Wohlfahrt (hätte) bruchen sollen, also lihtuertig und zu vieler ehrlichen Leüthen großem unschuldigen Nachteil gar schantlich gebrucht und verwalten und niemalen nichts gutes damit gepflanzet, so solle dero wegen hinfüro der genannten R. Zungen und die darmit erregenden Wort jemand schad noch gut sin. Sonder söliche Zunge in der Welt als ain verderbt unthüchtig und von aller erbarkaidt ußgemustert glid haißen und sein, so lange und vil, bis Jro uf Ir verhoft und anerboten künftig wolhalten, hierin Gnad von der Oberkeit erzeigt werden möchte".[20] Hier handelte es sich also um eine typische spiegelnde Strafe, durch die Verbrechen geahndet wurden, die mit der Zunge, d. h. mit dem gesprochenen Wort begangen worden waren: sie traf nicht nur Meineidige, sondern auch Wortbrüchige, Lästerer gegen die Obrigkeit wie gegen Gott.

Neben diesen Verstümmelungsstrafen gab es noch zwei sehr verbreitete Strafen, die am Körper vollzogen wurden, aber nicht dieselbe Wirkung zeitigten, nämlich das Brandmarken und der Staupenschlag. Beides waren körperliche und zugleich in höchstem Grade ehrenrührige Strafen. Das Brandmarken zählte zu den schwersten Strafen nach der Todesstrafe.[21] Es galt vor allem Dieben, trat deswegen oft anstelle des Galgens und schloß zumeist die Landesverweisung ein. Es wurde allerdings nicht so häufig verhängt wie man annimmt, läßt sich aber bis ins 18. Jahrhundert nachweisen. Es wurde vor allem an Leuten aus den unteren Volksschichten geübt, die man zwar nicht zum Tode verurteilen wollte oder konnte, aber unschädlich zu machen gesinnt war. Es gab entweder die Möglichkeit, ein Zeichen auf die Stirn oder auf den Rücken zu brennen, beliebt war das Symbol des Galgens aber auch das jeweilige Stadtwappen – so in Frankfurt ein Adler –, oder es kam vor, daß beide Backen mit einem Stab durchbrannt wurden. So wurde einem Juden in Frankfurt wegen Diebstahls auf dem Pranger auf seine rechte Backe das Zeichen F gebrannt und er dann aus der Stadt verwiesen.[22] Ausgeführt wurde diese Strafe wie die Verstümmelung durch den Scharfrichter in aller Öffentlichkeit. Das Brandmarken machte nicht nur eidesunfähig, viele Gauner und Diebe waren dies sowieso, sondern auch unehrlich; es sollte Schmerzen verursachen und dadurch die Tat büßen im Sinne eines Denkzettels, zugleich aber den Übeltäter öffentlich und lebenslänglich kennzeichnen. Eine ‚ehrliche' Arbeit konnte ein Gebrandmarkter nicht mehr finden.

Am häufigsten und seit dem 16. Jahrhundert noch zunehmend, wenn auch zumeist in Verbindung mit anderen Strafen, war die Strafe des Staupenschlags, eine besonders harte Form der Prügelstrafe.[23] Sie galt zwar als etwas leichter als die Brandmarkung, hatte aber eine noch entehrendere Wirkung als das Prangerstehen. Sie konnte für Delikte aller Art verhängt werden, für schwere wie leichtere. Im Unterschied zur einfachen Prügelstrafe, die von dem Staupenschlag stark unterschieden vor allem als Denkzettel für Jugendliche angewandt wurde und zur Alltagspraxis aller Strafaktionen zählte, war der Staupenschlag besonders schmerzhaft. Er wurde durch den Scharfrichter zumeist auf den nackten Oberkörper vollzogen. Je nach Delikt und Person konnte die Strafe durch die Stärke der Rute und die Zahl der Schläge noch stark variieren. Nicht selten wurde bis aufs Blut geschlagen und dies bei gleichzeitiger Landesverweisung die ganze Strecke vom Marktplatz durch bestimmte Straßen bis zu einem Stadttor hinaus. Auch diese Strafe gab es als selbständige Strafe wie auch in Verbindung mit Ehrenstrafen, vor allem als Ersatz für die Todesstrafe. Von allen körperlichen Strafen hielt sich der Staupenschlag am längsten; er wurde in manchen Städten und Ländern erst im 19. Jahrhundert abgeschafft.[24]

3.

Neben den Körperstrafen gab es ein ganzes Bündel von Strafen, die die Ehre des einzelnen verletzten, allerdings auch körperliche Schmerzen verursachen konnten.[25] Oft nahmen sie den Charakter einer sozialen Sanktion an und berührten sich in vielem mit traditionellem Rügebrauchtum. Auch Ehrenstrafen hatte es schon früh gegeben, als obrigkeitliche Strafe allerdings erst nach dem Aufkommen der Körperstrafe. Als eigenes System, das maßgeblich das ganze Strafsystem der vormodernen Gesellschaft bestimmte, entwickelten sie sich erst spät im 15. und 16. Jahrhundert mit der sich herausbildenden Ständegesellschaft, in der die Ehre zentrale soziale Kategorie wurde. Wie bestimmte Körperstrafen erhielten auch sie sich bis ins 19. Jahrhundert. Bereits bei den körperlichen Strafen konnten die Richter überraschende Kombinationen zusammenstellen, eine noch höhere Kombinationsmöglichkeit gab es bei den Strafen, die gegen die Ehre bzw. zur Schande einer Person vollstreckt wurden.

Zentraler Schauplatz der Ehrenstrafen war der Pranger – in den meisten Städten identisch mit dem Halseisen –, eine öffentliche Schandsäule oder -bühne, die entweder vor dem Rathaus, auf dem Marktplatz oder an einer Kirche stand, jedenfalls dort, wo an Werktagen zahlreiches Volk sich versammelte, also eine große Öffentlichkeit gewährleistet war.[26] Das Besondere am Pranger war, daß er nicht nur ein Strafwerkzeug war, an dem unehrliche Delikte abgestraft wurden, also der öffentliche Ort der Schande und Unehrlichkeit, der nicht berührt werden durfte, sondern zugleich war der Pranger Zeichen der hohen Ge-

Abb. 5: Der Pranger: Auspeitschung lediger Mütter 1782. Radierung von D. Chodowiecki

richtsbarkeit, auf das die Stadt stolz war; Darstellung von richterlicher Macht und Zurschaustellung schändlicher Delikte trafen hier zusammen. Der Pranger hatte sich als Strafinstrument im Mittelalter ausgebildet, erreichte im 15. Jahrhundert große Verbreitung und hielt sich über das Zeitalter der Aufklärung hinaus bis ins 19. Jahrhundert hinein. Je nach regionaler Besonderheit konnte der Pranger höchst unterschiedlich aussehen. Der einfachste Pranger war der Schandpfahl, ein erhöht aufgestellter Pfahl; die vollendetste Form stellt die Schandbühne dar, ein aus Stein hoch errichtetes, weithin sichtbares Gebäude, wie wir es aus Schwäbisch Hall kennen. Nicht selten wurde der Pranger mit Skulpturen versehen, die ihn als Ort der Schande auszeichneten, entweder wurden unsaubere Tiere wie Affen oder Schweine dargestellt oder der Scharfrichter.[27] Der Henker trat zwar nicht bei jeder Prangerstrafe in Aktion, aber wenn körperliche Strafen zugleich verhängt wurden, was zumeist geschah, waren diese stets Sache des Scharfrichters. „Alle Prangerformen ... bleiben behaftet mit dem Makel des unehrlichen Ortes“.[28]

Den Pranger gibt es als Haupt- und als Nebenstrafe, wenn er mit dem Staupenschlag und der Landesverweisung verbunden war, was zumeist der Fall war. Gewöhnlich standen die Verurteilten 1 bis 2 Stunden am Pranger, manchmal wurde dies mehrfach wiederholt. Zu den unehrlichen Delikten, die derart in aller Öffentlichkeit abgestraft wurden, zählten der einfache Diebstahl und Betrug jeder Art, vom Preisbetrug bis zum Falschspiel, dann Sittlichkeitsdelikte vom einfachen Ehebruch bis zur Blutschande, aber auch Gotteslästerung und Meineid.[29] Der Pranger sollte den Verbrecher und das Verbrechen bekannt machen und bloßstellen. Er entehrte den Delinquenten in aller Öffentlichkeit; er war konstitutiv für die Körper- und Ehrenstrafen, diente zur Vergeltung wie zur Abschreckung und nicht zuletzt dazu, den Verurteilten allgemein bekannt zu machen, so daß er bei einer unerlaubten Rückkehr von allen Einwohnern einer Stadt wiedererkannt werden konnte. Diesen Sinn des Prangers betonten die späteren Malefizordnungen besonders.[30] Das Schmähliche des Prangers war aber nicht nur die einfache Aufstellung, gebunden oder an einem Halseisen, sondern die Freistellung zur allgemeinen Verspottung von seiten des umstehenden Volkes, das den Delinquenten mit Kot und Unrat bewerfen konnte, was diese Strafe in die Nähe der körperlichen Strafen rückte. Wie der Galgen war der Pranger ein Lehrstück über die Malefizordnung der Stadt, an dem die Sträflichkeit und Unehrenhaftigkeit eines Deliktes allen vordemonstriert wurde. Das am Prangerstehen konnte darüber hinaus beliebig mit anderen Strafen verschärft werden. Oft wurde dem Delinquenten eine Schandtafel umgehängt oder neben ihm am Pranger befestigt, auf der die Schandtat in Bild und Schrift dargestellt war.[31] Bei einem Dieb stellte man oft den gestohlenen Gegenstand dar;[32] einer Dirne gab man einen strohernen Kranz in die Hand,[33] einem Gotteslästerer eine Rute und eine Kerze als Sinnbild der Buße.[34] Die Kombinationen waren unbegrenzt. Nirgendwo konnte die Idee der spiegelnden Strafe so gut dargestellt werden wie am Pranger. Schließlich konnte das schandhafte Prangerstehen verbunden werden mit körperlichen Strafen, die dann zumeist der Henker selbst vollzog. Wie schon gesagt, wurden viele Verstümmelungen am Pranger vollstreckt, wobei dann die Finger, die Hand, das Ohr am Pranger befestigt werden konnten. Dabei stand zwar nicht mehr der Pranger im Mittelpunkt, er wurde zu einer Strafe unter anderen, aber er verlieh allen Ehren- und Körperstrafen die ihm eigene öffentliche Wirksamkeit. Selten gab es das Prangerstehen allein. Am diffamierendsten war es, wenn auf dem Pranger zudem das Brandmarken oder der Staupenschlag vollzogen wurden oder dem Pranger die Landesverweisung unmittelbar folgte. Die Prangerstrafe bedeutete zwar nicht in jedem Fall Ausschluß aus der Gemeinde, aber wenn sie mit anderen Strafen verbunden war, galten die durch sie Entehrten als aus der ‚ehrbaren' Gesellschaft ausgestoßen.[35]

Auf den Pranger wurden meistens nur erwachsene Personen gestellt. Diese Bestrafung traf Männer wie Frauen gleicherweise, nur bei den zusätzlichen Strafen wurden geschlechtsspezifische Unterschiede gemacht. Ausgeschlossen von der Prangerstrafe waren Adelige und ‚ehrbare' Bürger, zumeist kamen nur einfaches Volk und Fremde auf den Pranger. Über die Wirkung des Prangers ist schwer etwas auszusagen; der Pranger machte zweifellos rechtlich unehrlich. Da aber auf den Pranger meistens sowieso Leute minderer Ehre gestellt wurden, wissen wir nicht, wie er sich auf das Leben der Betroffenen ausgewirkt hat. Sicherlich bedeutete er eine schwere Strafe, die es zu vermeiden galt; sie wurde deswegen auch nur in bestimmten Fällen angewandt – sie ist etwa in Nürnberg entschieden weniger bezeugt als in Frankfurt;[36] aber wenn der Pranger vor allem als Gnadenstrafe statt einer Hinrichtung verhängt wurde, bedeutete er auf jeden Fall eine Schändlichmachung, von der der Betroffene sich kaum mehr reinigen konnte.

Der Pranger stand zwar im Mittelpunkt aller Bestrafungen an Körper und Ehre; doch gab es noch eine Reihe von Strafformen, die unabhängig von ihm vollstreckt werden konnten, daher auch weniger schändlich wirkten, den Delinquenten aber dennoch hart treffen konnten. Vor allem an Frauen wurden sie vollstreckt: wegen Diebstahls, Hehlerei, Betrugs und vor allem wegen Unsittlichkeit konnte eine Frau dazu verurteilt werden, Lastersteine zu tragen.[37] Oder sie mußte eine Schandmaske oder ein Schandzeichen wie: „Du sollst nicht stehlen" tragen. Diese Strafe war sehr gebräuchlich, implizierte aber kaum eine Landesverweisung und war weniger schändlich als der Pranger.[38] In Fällen von Unzucht oder Ehebruch vor allem wurden den Missetäterinnen auch Strohkränze aufgesetzt oder sie waren dazu verurteilt, eine Mistkarre durch die Gassen zu führen.[39] Auch die Haare konnten zur Strafe abgeschnitten werden.[40] Alle diese Formen symbolisierten bestimmte Vergehen. Sie waren zumeist verbunden mit einem Umzug des Verurteilten durch die Hauptstraßen einer Stadt, so daß so viele Zuschauer wie möglich dem Schandspiel zuschauen, die Delinquenten beschimpfen und verspotten oder sogar mit Unrat bewerfen konnten. Als spezifische Bestrafung für Männer galt in der Schweiz das Verbot, einen Degen zu tragen[41] oder öffentliche Gasthäuser zu besuchen.[42] Aufschlußreich ist das sogenannte Unehrlichmachen bzw. zum Schelmen machen. Entweder zerbrach der Scharfrichter den Degen auf einem öffentlichen Platz oder er führte den Delinquenten dreimal um den Galgen und zerbrach dort den Degen.[43] Manchmal wurden Missetäter auch auf einem Esel sitzend aus der Stadt vertrieben.[44] Als eine besonders für den Bürger vorgesehene Strafe, z.B. bei Beleidigung der Obrigkeit, galt schließlich die öffentliche ‚Abbitte' vor dem Rathaus.

„Ich Hans Jakob Zwickher erkenne allhier auf meinen Knien liegend, daß ich mitjenigen ohnverantwortlich aus meinem Lästermaul wider meine gnädige Oberkeit insgemein und sonderbar auch einigen dessen Ehrengliedern ausgelassene Schand- und Schmähreden in meinem faulen verlogenen Mundt und Magen, aus dem ich sie ausgespeyt, zurück(nehme) und ent-

schlage hiemit alle diejenigen, so mir aus Bosheit wider besseres Wüssen und Gewüssen gelästert wurden, in kräftigster Form, verspreche auch hiemit vor Gott und seinen Statthaltern, der Obrigkeit, daß ich inskünftig von solchem Lästern mich hüten und fürbashin gegen jedermann so aufführen werde, daß männiglich ein Wohlgefallen davon haben wirt, Gott gebe mir Gnad darzu".

Abbitte eines St. Gallener Bürgers 1711.[45]

Es gab eine Fülle von Ehrenstrafen, die in Verbindung mit den noch zu behandelnden Kirchenstrafen ausgesprochen werden konnten. Ihre Bedeutung genau abzumessen, ist sehr schwierig; sie dürfte nicht nur abhängen von der Qualität des Delikts, sondern auch vom sozialen Stand der Betroffenen.

Nicht nur die Verbindung mehrerer Strafen war demnach das Spezifische des Komplexes von Körper- und Ehrenstrafen, sondern ihre öffentliche Darstellung in einem bestimmten Zeremoniell, das zu einem Volksfest ‚ausarten' konnte, wobei dem Publikum demonstriert wurde, wie ein Delikt bestraft wurde und der Delinquent auf höchst schmachvolle Weise seine ‚Ehre' verlor.[46]

4.

Zudem gab es schließlich noch eigene Kirchenstrafen.[47] Sie sollten eigentlich anderen Zwecken dienen, nämlich der Versöhnung mit Gott und der kirchlichen Gemeinde im Sinne öffentlicher Buße, wenn ein Christ eine schwerwiegende Todsünde begangen hatte, und nicht der Bloßstellung eines Delinquenten zur allgemeinen Abschreckung. Aber es war typisch für den Ausbau des öffentlichen Ehrenstrafsystems, vor allem seit dem 17. Jahrhundert, daß zunehmend die öffentlichen Kirchenstrafen in das weltliche Strafsystem einbezogen wurden. Es gab sie mehr in protestantischen Ländern als in katholischen; besonders verbreitet waren sie in süddeutschen Ländern und der Schweiz. Vor allem in Fällen von Todsünden, des Abfalls von Gott bzw. der Gotteslästerung, des Ehebruchs bzw. der Unzucht und des Totschlags verlangten die Kirchen ein öffentliches Bekenntnis und öffentliche Buße. Solange damit eine Versöhnung angestrebt wurde und die Bußen kirchenintern blieben, hatten sie durchaus eine seelsorgerische Funktion. Mit der verstärkten Moralisierung des Alltags nach der Reformation gewannen die kirchlichen Bußen aber den Charakter entehrender Strafsanktionen, die z.T. nicht weniger wirksam waren als die genannten Ehrenstrafen. Nicht nur dies, es blieben die Kirchenstrafen auch nicht Sache der Kirche selbst, sondern die weltlichen Gerichte erhielten die Befugnis, die öffentlichen Kirchenstrafen im Namen weltlicher Obrigkeit zu verkünden und aufzuerlegen. Es wurde zwar immer wieder darauf hingewiesen, daß die Kirchenbuße keine Strafe sei, aber nach dem preußischen Mandat von 1716 ging es nicht nur um die Ehre Gottes, die wiederhergestellt werden sollte, sondern um die „Ausrottung aller groben Sünden und Missetaten".[48] Auch sollte der Prediger wider den bußfertigen Sünder zwar „keine Schmäh- und Lästerworte gebrauchen, oder ihn den begangenen Fehltritt schimpflich vor der Gemeinde vorrücken", aber die Wirklichkeit sah anders aus, die Kirchenbußen wurden wie eine Strafe angewandt und aufgefaßt.

Auf der Bußliste standen Vergehen wie Ehebruch, Hurerei, Mißbrauch und Lästerung des Gottesnamens, Meineid, Fluchen, „ruchlose Schändung" des Sonntags, Ungehorsam gegen Eltern und Obern und „andere dergleichen ruchlose öffentliche Sünden".[49] Die Kirchenstrafe erfolgte nicht nur in dem Interesse des Staates, die Kirchen als Zuchtanstalten in den Dienst zu nehmen, sondern den Kirchen und ihrer Leitung selbst lag an einer rigiden Bekämpfung vor allem von Ketzerei und Gotteslästerung sowie Ehebruch und Unzucht, und dies meinten sie nur über weltliche Gerichte verwirklichen zu können. Als die entehrenden Kirchenstrafen im 18. Jahrhundert zunehmend von seiten der Aufklärer kritisiert wurden und man in ihnen nicht ohne Grund eine der Ursachen für die Zunahme der Kindsmorde sah,[50] verteidigte selbst Herder noch die öffentlichen Kirchenbußen. Die Kirchen selbst hielten sie für ganz unverzichtbar: „Kirchenzucht ist Arznei, ohne Kirchenzucht ist überhaupt keine Kirche möglich. Dadurch, daß die Kirchenzucht erschlafft ist, ist auch die Heiligkeit der Christengemeinde ein Traum worden und nur dadurch kann diese mit Menschenkräften wiederhergestellt werden, wenn man sowohl die Barmherzigkeit mit dem Laster, als das Ansehen der Person und das Ärgernis der Gelddispensationen abschafft".[51] Aber so einleuchtend dies aus dem moralischen Anspruch der Kirche heraus klingt, so problematisch war die Praxis der öffentlichen Kirchenbuße, vor allem wenn sie mit öffentlichen Ehrenstrafen verbunden und von der richterlichen Obrigkeit verhängt wurde.

Zwei konkrete Fälle mögen dies beleuchten: 1. Anna Schüssin hatte in St. Gallen 1662 im Malefizverfahren eingestanden, daß sie mit einem Mann Ehebruch getrieben hatte. Dieser entwich, während die Schüssin laut Urteil acht Tage bei Wasser und Brot abzusitzen hatte, woran sich dann die Buße vor versammelter Gemeinde in der Sankt Lorenzen Kirche anschloß; im Chor auf einem Schemel sitzend hatte sie die auf sie gemünzte Predigt anzuhören, alsdann aufzustehen, ihre schwere Sünde öffentlich zu bekennen und Gott sowie der geistlichen und weltlichen Obrigkeit nach einer besonders geprägten Formel Abbitte zu leisten.[52] Das zweite Beispiel zeigt noch stärker die Verquickung beider Systeme, des kirchlichen und weltlichen: Viele Freunde hatten gemeinsam 1767 im Amt Zug (Schweiz) bewirkt, daß ein Ratsherr und Viehdoktor wegen wiederholten Ehebruchs nicht nur nicht zum Tode verurteilt, sondern auch nicht des Landes verwiesen werden sollte. Dafür aber bestand der Rat – sarkastische Züge sind unverkennbar – darauf, daß der Schuldige zum einen lebenslang einen Bauernrock mit einem abgenutzten Hut tragen und immer ehr- und wehrlos bleiben sollte, dann sollte er ferner nach Einsiedeln wallfahren, einen Beichtzettel mitbringen und ein Jahr lang alle Monate beichten und dies auch durch weitere Beichtzettel bezeugen lassen sowie vier Sonntage nacheinander mit Rute und Kerze vor der Kirchentür stehen. Schließlich sollte er lebenslang Wirtshäuser meiden, ein ganzes Jahr alle Gottesdienste und Predigten auf seinem Stuhl frequentieren und die Nächte nur aus Berufsgründen außer Haus verbringen. Der Ratsherr war nicht bereit, diese Ersatzstrafe anzunehmen, er erschien auch nicht vor Gericht, sondern ließ sich aus der Eidgenossenschaft verbannen.[53]

Auch die Kirchenstrafen bzw. -bußen waren höchst vielfältig. Alte und neue Praktiken verbanden sich dabei. Der einfachste und älteste Fall war die Verurteilung zu einer auswärtigen Wallfahrt, von der der Delinquent womöglich noch einen Beichtzettel mitbringen mußte. Immerhin konnte dies geheim bleiben. Schwerwiegender war es, wenn einer einmal oder mehrmals barfüßig mit aufgelöstem Haar, mit Rute und Kerze oder einem übergroßen Rosenkranz in der Hand während eines Gottesdienstes vor der Kirchentür stehen mußte. Eine große Wirkung versprach sich die Obrigkeit von der Verurteilung, eine geraume Zeit bei jedem Gottesdienst auf einem für jedermann sichtbaren Stuhl zu sitzen und dabei eine Predigt anhören zu müssen, die die angeprangerte Sünde zum Gegenstand hatte.[54] Hier konnte zwar nicht öffentlich gespottet und mit Unrat geworfen werden, doch die Wirkung auf den Betroffenen dürfte nicht minder stark gewesen sein als bei mancher öffentlichen Ehrenstrafe, so daß es kein Wunder war, daß, als bei den Überlegungen, wie dem Kindsmord vorgebeugt werden könnte, allenthalben als erstes die öffentlichen Kirchenbußen verboten wurden.[55]

5.

Die frühneuzeitliche Strafpraxis kennt also ein ausgeklügeltes System von Strafen für nicht zum Tode verurteilte Personen, die vor das Malefizgericht kamen. Die Ehrenstrafen sind einmal schwer von den körperlichen Strafen zu trennen, allen Körperstrafen haftete Ehrenrührigkeit an, und viele Ehrenstrafen verursachten körperlichen Schmerz. Zum anderen treten einzelne Strafen selten allein auf, zumeist wird an einem Delinquenten ein ganzes Ensemble von Strafen vollzogen. Die dramatischste Kombination schwerer Strafen war der Pranger mit dem Staupenschlag und der Landesverweisung, verbunden konnte die Strafe sein mit einem symbolischen Hinweis auf das Delikt und einer ‚Prozession' durch die Stadt bzw. auf dem Marktplatz. Die niedrigsten bzw. harmlosesten Strafen waren die Prügelstrafe, das Stehen mit Kerze und Rute, aber auch die Geige. Entscheidend war des weiteren, daß alle Strafen und Strafverbindungen öffentlich vollzogen wurden, d.h. vor einem Publikum, das durch Offenlegung der Schändlichkeit des Verbrechens abgeschreckt werden sollte und dem Delinquenten einen Spiegel der Unehrlichkeit vorhielt und ihn auf die Normen der Gesellschaft verwies bzw. ihn aus der Gemeinde auswies.

Im Strafschauspiel können wir insgesamt drei Dimensionen von Ehrkränkungen bzw. Ehrverlusten unterscheiden: einmal die Ordnung der sog. Kirchenstrafen in und um die Kirche herum; hier verbanden sich Strafe mit Versöhnung zu einem ‚moralischen Spiel'; dann die Welt des Schandspiels mit der öffentlichen Zurschaustellung der unehrlichen Delikte wie des bösen Missetäters, der durch die Straßen zog: der Delinquent sollte nur einen Denkzettel durch Bloßstellung erhalten, aber seine Ehre nicht verlieren; schließlich das Schauspiel am Pranger mit der Ausweitung auf körperliche Strafen, das zumeist einen Ausschluß aus der Gemeinde bedeutete.

Am wenigsten betroffen von dieser Strafpraxis waren die ‚ehrbaren' Bürger und die Adeligen, am stärksten das arme einfache Volk und die Fremden, die man entweder disziplinieren oder sozial vernichten wollte, ohne ihnen direkt das Leben zu nehmen. Fügte einer sich nicht den Normen einer Gesellschaft, so wurde er wenn nicht mit dem Tode bestraft, doch aus der Gesellschaft ausgestoßen bzw. so bestraft, daß eine lebenslängliche Wirkung blieb. Dies vollzog sich nicht zum Schutze der Person in aller Heimlichkeit, sondern im Gegenteil in aller Öffentlichkeit mit Unterstützung des Volkes nach einem genau festgelegten, nicht beliebig veränderbaren Zeremoniell. Der Pranger mit seinem System von Ehren- und Körperstrafen schonte zwar das physische Leben des Verurteilten, dafür vernichtete er dessen soziales Leben. Insofern stellte er das Gegenstück zur Hinrichtung dar.

IV.

Der Arme Sünder vor dem Tod

1.

Wenn ein Todesurteil öffentlich verkündet worden war, begannen rasch unterschiedlichste Bemühungen, eine die beteiligten Gruppen befriedigende Hinrichtung vorzubereiten. Denn die Anordnungen der richterlichen Obrigkeit garantierten allein noch keinen ordnungsgemäßen Ablauf in ihrem Interesse. Mit der öffentlichen Urteilsverkündung war der Delinquent dem Scharfrichter übergeben worden; er und der Arme Sünder traten nun in den Mittelpunkt des Geschehens, aber auch das zu einer Hinrichtung zusammenströmende Volk spielte eine Rolle. Der Richter selbst trat zwar zurück, aber immerhin mußte er meistens noch den Zug zur Hinrichtungsstätte anführen und nach Vollzug der Todesstrafe dessen Richtigkeit öffentlich bekunden. Das Verhältnis aller Beteiligten zueinander, vor allem aber das des Armen Sünders zum Scharfrichter und umgekehrt, bestimmte wesentlich den Ablauf und Ausgang einer Hinrichtung. Zwar versuchte eine von der Obrigkeit sanktionierte Ordnung, ein Zeremoniell, das später sogar schriftlich fixiert war, den Ablauf einer Hinrichtung genau im Sinne der Herrschaft festzulegen. Doch wie die Praxis zeigt, war ein gesicherter Ablauf keineswegs immer gewährleistet. Das Ziel, das sich die Obrigkeit setzte, und darauf wurden alle Kräfte konzentriert, war eine würdevolle wie zugleich abschreckende Hinrichtung, die zwar für den Armen Sünder Mitleid erlaubte, aber jede Sympathie oder Parteinahme unterband, die den Scharfrichter zum Symbol eines furchterregenden ‚Rächers' erhob, aber keinen Haß der Zuschauer aufkommen ließ. Wenn dies nicht gegeben war, konnten bei der Hinrichtung vor dem Volk die Würde des Gerichts und die Abschreckungsabsichten in Frage gestellt werden.

Während für das eigentliche Gericht, d.h. für die Juristen, der Fall mit dem Geständnis und dem Urteilsspruch abgeschlossen war, da seine Interessen auf den heimlichen Prozeß bzw. auf die Überführung des Delinquenten beschränkt blieben, trat in der frühen Neuzeit für die herrschaftliche Obrigkeit, aber auch für das Volk, der öffentliche Strafvollzug in den Mittelpunkt des Gerichts- und Strafgeschehens.[1] Im Mittelalter war dies eher umgekehrt: das Entscheidende, das für das ganze Publikum unmittelbar oder mittelbar Wichtige war der Gerichtsprozeß selbst und das im Kampf zwischen Kläger und Angeklagtem sich ergebende Urteil. Dieser Wandel vom Richten zum Strafen zeigt sich sehr deutlich auch in der überlieferten Ikonographie.[2] Aus dem Mittelalter kennen wir vor allem die Darstellung von Gerichtsszenen. Gerichtsszenen sind das häufigste Thema profaner Darstellungen überhaupt, wohingegen Strafrituale und Hinrichtungspraktiken uns vornehmlich in Heiligenbildern im Zusammenhang der Martyrien begegnen. Hier werden sogar Rituale gezeigt, die es in der damaligen Wirklichkeit nicht gab. Eine säkulare Darstellung von Strafritualen des Mittelalters ist außerhalb der eigentlichen Rechts- und Strafbücher unbekannt.[3] Seit dem frühen 16. Jahrhundert ändert sich dies grundlegend: Gerichtsdarstellungen sind kaum noch zu finden; das öffentliche Interesse hat sich von ihnen abgewandt. Auch die Peinigungsszenen auf Heiligenbildern spielen keine so große Rolle mehr. Dafür treten Abbildungen von Strafpraktiken, vor allem von Hinrichtungsritualen, in den Vordergrund, die frei von allen religiösen Bezügen sind. Die Fülle des Bildmaterials weist auf das große Interesse des Publikums hin.

Der Wandel in der Ikonographie entspricht dem Wandel in der Gerichtspraxis, als sich seit dem 16. Jahrhundert die Öffentlichkeit nicht mehr auf die Gerichtsprozesse, die ja auch heimlich geführt wurden, konzentrierte, sondern auf das herrschaftlich inszenierte Schauspiel der öffentlichen Hinrichtungen. Daß sich unter dieser Rücksicht ein Wandel der öffentlichen Funktion der Hinrichtung vollzog, ist offenkundig. Die Hinrichtungen wurden ausschließlich zur Sache der Obrigkeit, während sie bis dahin eine Angelegenheit der den Prozeß forcierenden Partei waren. Die Obrigkeit war auch nun nicht länger nur ausführendes Organ; mit dem 16. Jahrhundert beginnt sie, die Hinrichtung als ihre Aufgabe bewußt in Szene zu setzen, was freilich nicht ausschloß, daß volkstümliche Rechtsvorstellungen der Gemeinden, in denen Strafaktionen stattfanden, lange nachwirkten. Hinrichtungen waren zwar im Mittelalter auch etwas Besonderes, aber als ein bewußt in Szene gesetztes Schauspiel des Todes gab es sie erst viel später im Zuge der Verherrschaftlichung des Gerichtswesens und der politischen Entmündigung breiter Volksschichten, die sich seit dem späten 16. Jahrhundert bis zu einem Höhepunkt im frühen 18. Jahrhundert vollzogen.[4]

Die Hinrichtungsprozeduren waren keine spontanen Aktionen, sondern bedurften gründlicher Vorbereitungen, damit das Ritual ordnungsgemäß und damit auch rechtsgültig ablief. Wenn ein Ort über keinen eigenen Scharfrichter verfügte, mußte einer von anderswo ausgeliehen werden. Dann galt es, eine Hinrichtungsstätte, wenn sie nicht als Dauerinstitution vorhanden war, aufzurichten bzw. die alte auszubessern. Weiterhin mußte eine Bürgermiliz oder später vor allem das Militär geordert werden. Denn man mußte damit rechnen, daß viel Volk zusammenkam, was Unruhen mit sich brachte. Manchmal erstellte man genaue Pläne, in welcher Folge der Arme-Sünder-Zug aufgestellt wurde, durch welche Straßen er führen sollte und wie die Hinrichtungsstätte geschützt werden konnte, daß der Scharfrichter ungehindert die Hinrichtung vornehmen konnte.

Die technischen Einzelheiten machten aber nur einen Teil der Vorbereitungen insgesamt aus. Viel wichtiger war die Einstimmung des Delinquenten auf den Tod; ohne die subjektive Einwilligung des Armen Sünders war eine würdevolle Hinrichtung kaum durchführbar. Denn mit dem auf der Grundlage des Schuldbekenntnisses ruhenden Urteilsspruch war die Gefügigkeit des Armen Sünders noch nicht gegeben. Im Prinzip konnte der Delinquent immer noch sein Schuldbekenntnis widerrufen.[5] Im schlimmsten Fall konnte dies zur Wiederaufnahme des ganzen Verfahrens führen; auf jeden Fall konnte es Verwirrung stiften, den Scharfrichter verunsichern oder das zuschauende Volk gegen Richter und Henker aufbringen. Von daher versteht es sich, daß man den Delinquenten nach dem Urteilsspruch überhaupt nur noch wenig zu Wort kommen ließ, es sei denn, daß er sich für seine Untat öffentlich entschuldigen oder sich selbst als warnendes Beispiel darstellen wollte. Nicht minder verwirrend konnte eine anhaltende Hartnäckigkeit des Armen Sünders wirken, d.h. wenn der Verurteilte nach dem Urteil verstummte, jedes Gespräch ablehnte bzw. sich den Anordnungen des Scharfrichters widersetzte. Dies konnte den Anschein einer ungerechten Verurteilung wecken und zu unberechenbaren Reaktionen führen. Besonders gefürchtet war ein Grollen des Delinquenten über das Urteil und die Verfluchung des Richters bzw. des Henkers.[6] Dies gefährdete nicht nur den Glauben an die Gerechtigkeit des Gerichts, sondern das Leben von Richter und Henker selbst. Nichts konnte den Aufzug und die Hinrichtung mehr stören, als wenn der Scharfrichter selbst Zweifel an der Rechtmäßigkeit des Urteils bekam. In dieser Situation war er einem widerspenstigen Delinquenten kaum gewachsen. Verhängnisvoll konnte sich schließlich auch ein Selbstmord nach der Urteilsverkündigung auswirken. Das Volk konnte die Schuld an dieser das ewige Heil verwirkenden Verzweiflungstat dem Richter oder Henker anlasten. Auf jeden Fall mußten Situationen vermieden werden, die einen Selbstmord nahelegten oder begünstigten. Oft wurde der Delinquent aus diesem Grund in seinen letzten Tagen festgebunden.[7]

So gab es also eine ganze Reihe möglicher Störfaktoren für eine würdevolle Hinrichtung, die, soweit es ging, abgebaut werden mußten. Ein zum Tode Verurteilter hatte zwar kaum eine Chance, dem Tod zu entkommen. Aber er konnte den Interessen der richterlichen Obrigkeit völlig entgegenwirken, das geplante große Theater der abschreckenden Strafe, das die Obrigkeit für das Volk veranstaltete, erheblich stören, indem er sich nicht in seine vorgesehene Rolle fügte; diese Ungebärdigkeit mußte verhindert werden.

Der Verurteilte konnte aber auch umgekehrt seine Rolle als Armer Sünder so überzogen wahrnehmen, daß er sich schauspielerisch in Positur setzte, aus dem Abschreckungsfest, das die Hinrichtung doch wesentlich sein sollte, eine erbauliche Toten- bzw. Abschiedsfeier machte, die an Ausdrucksfähigkeit andere Totenfeiern noch übertraf, so daß viele ihn darum beneideten. In diesem Fall konnte der Verurteilte als Held oder als Märtyrer gefeiert werden. Was die Obrigkeit wollte, war, den Delinquenten wirklich als einen Armen Sünder zur Hinrichtung zu führen, der seine Schuld und Strafe öffentlich bekannte und zugleich als abschreckendes Beispiel fungieren konnte. Es war ein ambivalentes Spiel, das keineswegs zwangsläufig zugunsten der Herrschaft auslaufen mußte.

2.

Deswegen scheute man keine Mittel, die mit dem Geständnis, einem „freien" und „ungezwungenen" Geständnis, errungene Einwilligung des Delinquenten in seine Verurteilung auch nach der Urteilsverkündigung aufrechtzuerhalten und durch zahlreiche Gunstbezeugungen zu stärken. Recht vorteilhaft wirkte es sich aus, wenn das Gericht seinen Gnadenakt betonte und dem Delinquenten zugleich mitteilte, welche Strafe er eigentlich verdiente. Nicht selten bedankte sich dann ein Delinquent kniefällig für die Begnadigung. Er weinte oder lobte die Milde des Gerichts.[8]

Die gewährten Vergünstigungen waren meist materieller Art und kamen dem leiblichen Wohl des Delinquenten zugute. Er konnte für die letzten drei Tage im Gefängnis eine besondere Unterkunft, womöglich mit Licht, erhalten. Ihm wurde der Besuch von Angehörigen gestattet, damit er ausreichend Möglichkeit hätte, sich zu verabschieden.[9] Er konnte seine Nachlaßgeschäfte regeln und durfte neue Kleider tragen. Manchem, vor allem dem ehrbaren Bürger, wurde sogar gestattet, in einer selbst gewählten Kleidung gerichtet zu werden.[10] Der Verurteilte erhielt besseres Essen und ausreichend zu Trinken. „Mahl und Trinken gehören zur ‚glücklichen' Hinrichtung und zum christlichen Tode, wie die Bereitschaft zu sterben, das Geschick des Scharfrichters und die Versicherung des armen Sünders, daß er niemand grolle."[11] So mancher zum Tode Verurteilte erfuhr so in den letzten Tagen und Stunden vor seiner Hinrichtung Begünstigungen, wie er sie sonst aus seinem Leben nicht kannte. Erhaltene Rechnungen über die dem Verurteilten gewährten Speisen und Getränke weisen beträchtliche Beträge auf.[12] Die Obrigkeit scheute keine Kosten, den Armen Sünder zu befriedigen bzw. zu versöhnen; manchmal schickten auch die Angehörigen des Geschädigten oder bestimmte Stiftungen Gaben als Zeichen des Verzeihens oder als Trost und Vorbereitung auf den Tod.[13] Nur beim Trinken forderte die Obrigkeit, Maß zu halten. Da der Delinquent auch beim Zug zur Richtstätte Wein zu trinken erhielt, und dies oft so reichlich, daß er bei der Hinrichtung nicht mehr nüchtern war, versuchte die Obrigkeit, die Menge des Weins vorzuschreiben. „Jedoch dabey in acht zunemben, das aller yberfluß vermiden, und der arme Sinder nicht yberweinth oder mit starckhen getranckh zu vill ahngefüllt werdte, wordurch er verhindert wurdte, sein Seelenheyl nach gebühr zu pflegen."[14] Ein Delinquent sollte in den letzten Tagen immer so bei Vernunft bleiben, daß die geistliche Betreuung, auf die es vor allem ankam, nicht litt. Außerdem entsprach es dem Gebot, daß er bei klarem Bewußtsein gerichtet werden sollte, was auch die Arbeit des Henkers an der Richtstätte erleichterte. Dennoch kam mancher Henker den Wünschen seines Opfers entgegen, ihm durch Alkohol die Schrecken der Hinrichtung zu mildern, und nicht selten trank er sich selbst Mut an.

Das Mahl, das dem Delinquenten unmittelbar vor der Hinrichtung bzw. nach der öffentlichen Urteilsverkündigung gewährt wurde, die sogenannte Henkersmahlzeit, diente zweifellos dazu, dem armen Sünder das Sterben zu erleichtern und seine Einwilligung in die Hinrichtung zu festigen. Auch hierbei gab es unterschiedliche Formen. Die Henkersmahlzeit konnte das Mahl des Henkers mit seinen Gehilfen sein, das Essen des Delinquenten allein oder zusammen mit dem Scharfrichter oder auch das Mahl des Armen Sünders mit dem Henker, dem Richter und mit den Geistlichen. In Schongau etwa nahmen 1575 28 Personen am Mahl teil.[15]

„Hierauf wurde ein Tisch in dem Hauptzimmer gedeckt, und das durch löbl. Hospital-Amt besorgte Essen und Wein aufgetragen. Dieses hat, wie ich höre, dem alten Herkommen nach bestanden 1.) in einer guten Gersten Supp, 2.) in einer Schüssel blau Kraut, 3.) einer Schüssel Bratwürste von 3 Pfundt,

4.) 10 Pfundt Rindfleisch, 5.) 6 Pfundt gebackene Karpfen, 6.) 12 Pfundt gespickten Kalbs-Braten, 7.) einer Schüssel confect, 8.) 30 Milchbrodt, 9.) 2 schwartze Hospital Leibbrodt und 10.) 8½ Maas 1748r Wein.

Am Tisch haben Persohnen gesessen: Unterzeichneter, Herr Pfarrer Willemer und Herr Obrist-Richter rechter Hand, Herr Pfarrer Zeitmann und die beyde Einspännige Göring und Göckler linker Hand, dabey hat serviret der Bender löblichen Hospitals, Meister Freinsheim, dessen Knecht und der Hospital Becker.

Ich habe nichts gegeßen, dahingegen der Herr Pfarrer Willemer, Herr Pfarrer Zeitmann und Herr Obrist-Richter Raab etwas weniges, die beyde Einspänniger aber von allem gegessen.

Ich habe der Maleficantin von allen Speisen anerbieten lassen, die sie aber ausgeschlagen und dagegen ein Glaß puren Wassers gefordert und solches auch getrunken. Denen beyden Herrn Candidaten, weilen es herkömmlich, habe jedem einen Schoppen Wein und zwey Milchbrodt verabreichen lassen.

Zwischen der Zeit bekamen die Gem. Weltlichen Richter ein Maas Wein und einen schwartzen Hospital Leibbrodt, die des Nachts die Wacht gehabte Soldaten aber drey Pfundt Edammer Käß, 1 schwartze Hospital Leibbrodt und 12 Maas Bier.

Wie nun an dem Tisch wenig gegessen und getrunken worden, so wurde der gantze Rest des Essens den Gem. Weltl. Richtern übergeben.“

Bericht über das Henkersmahl anläßlich der Hinrichtung der Kindsmörderin Brandt 1772 in Frankfurt.[16]

Anstoß an den reichlichen und teuren Essen hat niemand genommen. Man berief sich auf das alte Herkommen. Daß allerdings ein Delinquent trotz mehrfacher Aufforderung dennoch nicht aß, ist oft belegt; manchem Armen Sünder mochte es nicht mehr nach einem großen Essen zumute sein, oder er hatte sich so auf den Tod eingestellt, daß er bewußt auf jedes Essen verzichtete.[17] Dies konnte allerdings als ein schlechtes Omen für die Hinrichtung ausgelegt werden. „Wer immer das Henkersmahl annimmt, schließt schweigend ‚Urfehde‘ mit denen ab, die Schuld an seinem Tod tragen."[18] Die Henkersmahlzeit schloß Frieden zwischen dem Gericht und dem Delinquenten bzw. zwischen dem Henker und dem Delinquenten.

3.

Diese mehr oder weniger materiellen Vergünstigungen bildeten aber nur die eine Seite der Einstimmung des Delinquenten auf die Hinrichtung. Wesentlicher und wirksamer war der geistliche Trost, den der Arme Sünder durch den Gefangenengeistlichen erfuhr. Die Carolina schrieb die Festlegung des öffentlichen Hinrichtungstermines auf drei Tage nach der Urteilsverkündigung vor, „darmit er [der Delinquent] zu rechter zeit sein sünd bedenken, beklagen und beichten möge, und so er des heyligen Sacraments zu empfahen begert, das soll man jm on wegerung zu reichen schuldig sein".[19] Dies galt letztlich ohne Unterschied für alle Konfessionen.

Die Geistlichen spielten eine große Rolle bei der Überführung des Delinquenten und bei der Vorbereitung zu einer gelungenen Hinrichtung, d.h. einer Hinrichtung, die als die adäquate Antwort auf das begangene Delikt erschien.[20] Ein Geistlicher war nicht selten auch bei der Folter dabei und beteiligte sich an dem Bemühen, von dem Gefangenen ein Geständnis zu erlangen. Ursprünglich hatte die Geistlichkeit die Aufgabe, den Gefangenen vor Gericht vor der weltlichen Obrigkeit in Schutz zu nehmen, sogar seine Interessen zu wahren.

Dies korrespondierte dem Asylrecht der Kirche. Im Zuge der Entstehung des frühneuzeitlichen Strafwesens aber fungierte der Geistliche zusehends nur noch als obrigkeitlich-amtlicher Beauftragter, der den Delinquenten so auf den Tod vorzubereiten hatte, daß er diesen willfährig annahm. Diese Aufgabe umschrieb Meckbach: „Allein man muß denen Herren solche Acta nur nicht geben, denn sie verstehen solche doch nicht, und gehören ihnen auch nicht. Denn sie sollen nicht über das Todes-Urtheil Glossen machen, sondern den armen Sünder zum Tod bereiten. Sollte sich aber ein Geistlicher unterstehen, den Maleficanten zum Leugnen zu bereden, so würde dieser freylich gestraft werden; denn dieses hieße nicht nur zum Todt bereiten, sondern zur Boßheit und Verbrechen verleiten".[21] Der Geistliche mußte sich also jeder Stellungnahme zum Verbrechen enthalten und durfte keineswegs den Verurteilten – auch wenn er evtl. von seiner Unschuld überzeugt war – ermutigen, ein Geständnis zurückzuziehen. Dieses zu erhalten war im Gegenteil vordringliche Pflicht. Der Geistliche – oft waren es zwei, die sich ablösten – entsprach dieser Aufgabe und verstand seine Tätigkeit auch ausschließlich als das geistlich-seelsorgerische Amt, den Delinquenten zu trösten, zur Buße zu bewegen, ihm seine Schuld einsichtig zu machen, seine mögliche Halsstarrigkeit zu brechen und jeder Verzweiflungstat vorzubeugen. Ziel war also einmal das Schuldbekenntnis und damit womöglich eine öffentliche Entschuldigung des Delinquenten; zum anderen die Bereitschaft, den Tod als gerechte Strafe hinzunehmen, ja als Zeuge wahrer Bußgesinnung, eben als Armer Sünder in den Tod zu gehen.

Seit der Zeit der Gegenreformation suchte der Geistliche, sowohl der katholische wie der evangelische, nicht selten auch die Gelegenheit wahrzunehmen, über allgemeine geistliche Trostsprechungen hinaus den Verurteilten zum gläubigen Christen zu bekehren, um ihn als Zeugen der wahren Religion auf dem Schafott sterben zu sehen. Der Geistliche versuchte zusammen mit dem Delinquenten zu beten, die wichtigsten Glaubensartikel zu besprechen, nicht selten kam es sogar zu einem theologischen Disput, wenn der protestantische Geistliche etwa versuchte, einen Katholiken zu seinem Glauben zu bekehren, oder umgekehrt. Der Ehrgeiz der Geistlichkeit ging weit. Da der Arme Sünder eine derartige Individualbehandlung in seinem Leben kaum zuvor erfahren hatte, waren die Erfolge mancher Geistlicher beträchtlich. Besonders makaber gestaltete sich dieses Vorgehen allerdings bei verurteilten Juden. Bekanntlich wurden jüdische Diebe anders gestraft als christliche. Oft wurden sie mit den Füßen nach oben aufgehängt und ihnen links und rechts je ein Hund beigegeben. Wenn nun ein Jude bereit war, sich zum christlichen Glauben zu bekehren, erhielt er die Gnade, wie die Christen sterben zu dürfen. Doch erstaunlich oft widerstanden die Juden derartigen Bekehrungsversuchen.

Viele, ja die meisten Delinquenten gingen auf den religiösen Trost ein. Wenn ein Verurteilter den geistlichen Zuspruch ablehnte, sich als halsstarrig erwies, wurde dies sehr ungnädig aufgenommen. So wichtig war dem Richter diese Vorbereitungszeit, daß man manchmal einer Verschiebung der Hinrichtung zustimmte, bis der Verurteilte seine seelische Ruhe gefunden hatte.[22] So schrieb die kurmärkische Kriminalordnung von 1717 vor: „Da auch einer christlichen Obrigkeit oblieget, soviel möglich dahin zu sehen, damit der Gefangene nicht in seiner Unbußfertigkeit dahin sterbe, so soll dieselbem im Fall der Gefangene annoch wenig oder gar keine Reue oder Buße spüren läßt, die Exekution einige Tage aussetzen."[23]

Oft scheuten die Geistlichen kein Mittel, mit Milde und Strenge, mit Nachgiebigkeit und Drohung nachzuhelfen: sie lockten den Delinquenten bei einem Schuldbekenntnis mit dem ewigen Heil, bei Trotz oder Unbelehrbarkeit drohten sie mit den ewigen Höllenstrafen nach seinem Tode. Das erhaltene ‚Memorial' eines Nürnberger Geistlichen gibt einen guten Einblick in die Situation des Gefangenen vor der Hinrichtung, zugleich auch in das Bemühen der Seelsorger, einen Verurteilten nicht nur zu Reue und Buße zu bewegen, sondern ihn auch als Zeugen des evangelischen Glaubens zu gewinnen.[24] Auf zwei Schicksale möchte ich etwas näher eingehen, auf das eines widerspenstigen und das eines bußfertigen Delinquenten: Ein Dieb wurde 1609 in Nürnberg gefaßt und zum Tod verurteilt. Als er in das Lochgefängnis geführt wurde, hatte er sich „übel" verhalten, mit der Lochhüterin gezankt, die Nahrung verachtet und nach dem Wächter einen Leuchter geworfen. Obwohl er recht wüst war, ließ er doch bald einen Geistlichen rufen; denn er wollte „vil von güttlichen Sachen wissen", vor allem wohl zur Ablenkung. Denn als er das Urteil vernommen hatte, „liese ich ihn anfänglich mit Guten an, verhoffte ihn zu gewinnen, als ich aber wenig damit ausrichtete, wendete ich das Rauhe herfür, darauf er ebenso so viel gab, als auf die gute Worte". Einmal zeigte er Reue, ein andermal aber lachte er wieder über alle Bekehrungsversuche. „Je mehr man ihn aber von Gottes Zorn und ewiger Pein und Marter gesagt hat, je mehr hat ers verlacht." Der Geistliche gab schließlich auf. Der Dieb starb ohne Absolution. „Es muß ihn entweder ein Zwickel in der Spizhauben gewesen seyen oder er ist verrückt gewesen, wie dann alle seine Weise und Geberden ... solches zu erkennen geben, oder er ist sonsten ein Schalcknarr gewesen. Zum Stehlen hat er sich meisterlich wissen zu schicken, darob er selber, als er es mir erzehlet, eine Freude hatte."[25] Anders lag es beim zweiten Fall; es handelte sich ebenfalls um einen Dieb in Nürnberg, der zum Tode verurteilt wurde, aber das Schicksal auf sich nahm. Auch er wußte anfangs über seine Religion gar nichts. Der Geistliche wandte große Mühe auf, um ihm seinen Glauben nahezubringen, und das mit beträchtlichem Erfolg. Als der Dieb das Urteil erfuhr, hatte er „seinen Willen darein gegeben". Auf dem Weg zum Galgen betete er fleißig und segnete die umstehenden Leute „viel und oftmals". Als er die Richtstätte sah, sprach er: „Dort sehe ich meinen Kirchhoff. Nun wolan, ob ich schon am Galgen sterben muß, so weiß ich doch und bin gewiß, daß ich heute zu meinen H. Christo in das Paradieß kommen werde." Er bat alle um Verzeihung, betete ein „Vater unser" und kletterte ganz freiwillig auf den Galgen. „Ist verhoffentlich wol und christlich gestorben."[26] Obwohl der Geistliche letztlich nur eine dem Henker dienliche Funktion zu erfüllen hatte, trat er in der Öffentlichkeit als Parteigänger des Armen Sünders auf, um dessen würdevollen Tod er rang. Gerade seine Begleitung stärkte die liturgische Überhöhung des Hinrichtungsschauspiels.

4.

Der Geistliche hatte eine wichtige Funktion im Strafzeremoniell auszuüben; doch spielte er im Unterschied zum Henker nur eine nachgeordnete, niemals besonders hervorgehobene Rolle. Im Hauptakt des Hinrichtungsschauspiels tritt der Scharfrichter, auch Henker oder Nachrichter genannt, in den Vordergrund.[27] Er ist der eigentliche Gegenspieler des Armen Sünders. Unter seiner Führung wird der Kampf, der zwischen Richter und Angeklagtem um die Wahrheit über das Verbrechen stattgefunden hat, weitergeführt zum Sieg über das Verbrechen und zur Wiederherstellung der Ordnung. Von seinem Auftreten hing der Ausgang einer erfolgreichen und beeindruckenden bzw. abschreckenden Hinrichtung wesentlich ab. Die Zuschauer verfolgten gerade seine Aktivitäten besonders aufmerksam.

Abb. 6: Der Henker: Enthauptung der hl. Katharina. (Ausschnitt) Hans Holbein d. Ä. (1512)

Denn ihn umgab im Bewußtsein des Volkes ein Fluidum des Unheimlichen, Furchterregenden, das eine stille und heimliche Bewunderung nicht ausschloß. Während das Amt des Richters einen Menschen erhöhte und als besonders ehrenhaft galt, war merkwürdigerweise das nicht minder obrigkeitliche Amt des Scharfrichters ehrenrührig und sündig im religiösen Sinn. Dieses Amt entstand im Zusammenhang mit der Ausbildung des peinlichen Strafsystems, das Macht und Recht des Klägers an sich gezogen hatte. Der Henker trat zwar bereits bei der Folter in Aktion, so daß er und sein Opfer sich von daher schon kannten, aber seine Haupttätigkeit vollzog er unter freiem Himmel im Rahmen der Hinrichtung.

Der Nachrichter zählte zu den Unehrlichen der Ständegesellschaft, ja gehörte mit den Abdeckern zu den am meisten gemiedenen Personen.[28] Die Ächtung seines Standes und seiner Tätigkeit hatte mehrere Gründe: einmal folterte er für Geld; in seinen Rechnungen werden alle Einzelheiten seiner Tätigkeit aufgeführt, auch für jede Hinrichtung wurde er bezahlt.[29] Außerdem war nicht selten sein Amt mit dem des Abdeckers verbunden, also desjenigen, der allein die verendeten Tiere aus Dörfern und Städten herausbringen durfte und für die Reinigung von Kloaken zuständig war. Schließlich und vor allem verstand man seine Aufgabe des Tötens insofern als eine unehrliche Arbeit, als sie den Vergeltungscharakter der Strafe nie ganz abstreifen konnte. Deswegen entschuldigte sich nicht nur der Arme Sünder vor dem Publikum für seine Untat, sondern auch der Henker beim Malefikanten vor dessen Hinrichtung bzw. Tötung, die er von Amts wegen zu vollziehen hatte.[30] Es war wohl die Folge der Trennung von Richten und Strafen, daß das Strafen unehrlich machte, während das Richten zur Ehre gereichte. Die Obrigkeit wollte sich nicht mit der Ausführung des Urteils beflecken und übertrug sie einem eigenen Amt. Es war gerade das Furchterregende dieses Amtes, das jenes des Richtens und damit der Obrigkeit in so gutem Lichte erscheinen ließ. Die Obrigkeit wollte nicht mit der Tötung, sondern nur mit der Wahrheitsfindung zu tun haben. Scheu und Furcht vor dem Henker gingen so weit, daß nicht nur seine Berührung oder auch nur seine Nähe Unheil bringen, ja unehrlich machen konnte, sondern daß es als eine besondere Gnade galt, wenn ein Delinquent von der Berührung durch den Henker verschont wurde. Dieses Privileg konnten allerdings nur Adelige, Patrizier und einige Handwerker erhalten, die zur Schwertstrafe verurteilt waren. In einer Gnadenbitte von 1718 heißt es: „daß man ihme nicht von denen Henkersknechten möchte anrühren, sondern durch Ehrliche leuthe zur Erdten bestatten laßen, damit sein familia dadurch nicht so sehr beschimpffet würde, welche seine lezte Bitte demselben auch zu halten versprochen, und gewehret wordten".[31]

Der Henker lebte aufgrund seiner unehrlichen Tätigkeit außerhalb der Gesellschaft, was die Unheimlichkeit seiner Person nur verstärkte, heiratete auch deswegen nur in eigenen Kreisen, so daß es zu regelrechten Henkersdynastien kam.[32] Der Scharfrichter mußte sich durch eine eigene Kleidung kenntlich machen, die sich allerdings von seiner schwarzen oder roten Amtstracht in der Regel unterschied. Versuche, durch auffallende Kleidung sich einen besonderen Status zu verleihen, scheiterten an der rigiden Handhabung einer eigens für die Henker geschaffenen Kleiderordnung. Der Scharfrichter verdiente gut, hatte daher sein Auskommen, mußte sich aber außerhalb der ehrbaren Gesellschaft bewegen, nahm selbst in der Kirche einen abgeschiedenen Platz ein und durfte im Gasthaus nur allein speisen oder trinken. Obwohl die Stadtobrigkeiten, die Territorialstaaten und auch das Reich die rigide Trennung von ehrbaren und unehrlichen Leuten immer wieder aufbrechen und gerade das obrigkeitliche Amt des Henkers hervorheben wollten, dauerte es doch sehr lange, bis die Außenseiterstellung des Henkers beseitigt wurde. Selbst ein Urteil wie das Luthers nutzte wenig: „Meister Hans ist ein sehr nützer und dazu barmherziger Mann, denn er steuret den Schalck, daß er es nicht mehr thue, und wehret den andern, daß sie es nicht nachthun. Dann für ihn schlägt er einem den Kopff ab, denen anderen hinter ihm drauet er, daß sie sich fürchten für den Schwerd, und Friede halten; das ist eine große Gnade und eitel Barmherzigkeit".[33] Die sozialen Folgen der Unehrlichkeit trugen nicht nur die Henker, die immerhin ein Amt innehatten, sondern auch ihre Kinder, die keine Möglichkeit besaßen, in ein ehrliches

Handwerk aufgenommen zu werden. Vor allem war es das städtische Handwerk, das die Scharfrichter ausgrenzte. Wie stark die Berührung mit einem Henker verunreinigen konnte, zeigt ein Vorfall aus Hamburg noch aus dem Jahre 1823. Ein Bauernbursche hatte mit einem Scharfrichter ohne Wissen, um wen es sich handelte, in einem Gasthaus Bruderschaft getrunken. Als ihm dies hinterher gesagt wurde, floh er in die Einöde. Unter Hinweis auf das Reichsgesetz von 1731 versuchte ein Amtmann, die Schultheiße zu veranlassen, den Bauernburschen zu retten, bevor er verhungerte. Als diese aber ablehnten, beschloß der Amtmann selbst, „den Burschen durch dreimaliges Schwenken einer Fahne über seinen Kopf" wieder ehrlich zu machen. Zur Bekräftigung drückte er ihm die Hand und beide tranken Wein aus einem Pokal.[34]

Aber diese Anrüchigkeit und Distanzierung bildete nur die eine Seite im Umgang mit dem Scharfrichter. Aufgrund seiner Kenntnisse des menschlichen Körpers und seiner verschiedenen Heiltätigkeiten wurden dem Henker geradezu zauberische Heilkräfte zugesprochen. Er war ein begehrter und viel gesuchter Arzt, wenn auch mehr heimlich als öffentlich. Obrigkeiten bescheinigten ihm hier und da sogar sein ärztliches Können, und es gibt nicht wenige Scharfrichterkinder, die, sobald dies rechtlich möglich wurde, Medizin studierten und bekannte Ärzte wurden.[35] Bei der Folter und der Hinrichtung erwarb sich der Henker ein für die Zeit überdurchschnittlich qualifiziertes Wissen. Noch mehr als seine heilende Fähigkeit wurden die zahlreichen Heilmittel gegen Schäden und Unheil aller Art geschätzt, die er öffentlich oder heimlich anzubieten hatte. Galgenholz, Galgenstricke, Alraunwurzeln, die unter dem Galgen wuchsen, Menschenblut, und nicht zuletzt Gliedmaßen von Hingerichteten waren von großer Bedeutung in der Volksmedizin.[36] Noch zu erwähnen ist, daß manche Henker zugleich als Veterinärärzte gefragt waren. Alles also, was den Henker umgab, die Folter in den dunklen Kellern, der Umgang mit dem Tod, die schändliche Richtstätte, sein Wissen um heilende Kräfte, seine Kenntnis des menschlichen Körpers und der Verkauf zahlreicher Heilmittel, galt als unheimlich, aber auch als heilbringend. Ehrenrührig war dabei der Umgang mit ihm nicht in jedem Fall, nur in seiner Funktion als Scharfrichter wurde er gefürchtet und gemieden.

Das Scharfrichteramt war nicht einfach. Vom Henker wurde viel erwartet. Er mußte alle Grade der Folter beherrschen, Hände und Finger abhacken, Nasen und Ohren abschneiden, mit glühenden Zangen zwicken und ein Brandmal durch die Backen brennen können. Schließlich mußte er fähig sein, einen Malefikanten richtig aufzuhängen, das Schwert sicher zu führen, mit einem Rad die Knochen zu zerschmettern, einen Armen Sünder zu ertränken und in Stücke zu schneiden. Fehlgriffe und Pfuscherei konnte er sich nicht leisten.

Eine Hinrichtung war für den Henker immer eine höchst prekäre Angelegenheit, nicht nur in dem Sinne, daß er ohne Schaden seinem Handwerk gemäß richtete, sondern auch, daß er die obrigkeitlichen Erwartungen auf eine glückliche Hinrichtung erfüllte. Obwohl der Arme Sünder und das Publikum keinen unmittelbaren Einfluß auf das Schauspiel hatten, war sein Gelingen doch im hohen Grade abhängig von der Stimmung der Zuschauer und des Verurteilten. Das wußten der Henker wie der Richter, weswegen auch ein Nachrichterfriede ausgesprochen wurde und beide auf die Ordnung des Zeremoniells pochten. Denn wenn das Volk nicht von der Schuld des Delinquenten überzeugt war, der Henker allzu roh mit dem Verurteilten umging, so daß das Volk die Partei des Delinquenten ergriff, oder das Ritual nicht korrekt ausgeführt wurde, bekam der Henker den Unwillen der Menge zu spüren. Durch Androhungen, zumindest Zurufe und Schreie, konnte sie ihn sehr irritieren, ja an der Ausübung seines Amtes hindern, wobei auch die obrigkeitlichen Schutztruppen, die eine ordentliche Hinrichtung garantieren sollten, wenig halfen.

Doch nicht nur das Volk konnte ihn verunsichern, auch der Delinquent war dem Henker nicht machtlos ausgeliefert. Er konnte dessen Handwerk ganz empfindlich stören. Willigte ein Verurteilter in die Hinrichtung ein, fruchteten die Bemühungen der geistlichen Betreuung, so konnte der Henker sein Schwert sicher führen. Nicht selten gab es sogar eine Vereinbarung zwischen Henker und Delinquenten, daß jener sein Amt schnell und gut vollziehen werde, wenn dieser jeder Anordnung folge.

War der Verurteilte aber verzweifelt, verfluchte er den Henker bzw. wehrte er sich gegen die Marter, so bedeutete dies eine Herausforderung an den Henker, der dieser kaum gewachsen war.[37] Mißlang eine Hinrichtung, so konnte die Wiederholung eines Hiebs als Grausamkeit ausgelegt werden und das Leben des Henkers selbst in Gefahr bringen. Es kam natürlich immer darauf an, wer gerade das Opfer des Henkers war. Besonders riskant waren einerseits die Exekution eines Räubers oder Rebellen, der die Sympathie des Volkes genoß, andererseits die Hinrichtung einer Kindsmörderin, für die die Zuschauer Mitleid empfanden. Dazu, daß dem Armen Sünder etwas die Angst vor dem Henker genommen wurde, diente nicht nur das Essen oder stille Vergünstigungen bzw. die Entschuldigung von seiten des Henkers, sondern überhaupt der vorsichtige Umgang mit dem Delinquenten. Der Scharfrichter soll, heißt es sogar in einer Ordnung, „mit dem armen Sünder bescheidentlich umgehen, und ihn nicht unbarmherzig traktieren, sondern im gütlich zusprechen und sein Amt vorsichtiglich verrichten, damit kein armer Sünder verkürzt oder gar zur Desperation gebracht werde".[38] Wichtig wurde daher auch der ausdrückliche Nachrichterfrieden, den der Richter bei der Übergabe des Delinquenten an den Scharfrichter öffentlich aussprach und nach dem jeder Angriff auf den Henker als Bedrohung der Obrigkeit bestraft werden sollte. Aufatmen konnte der Henker allerdings immer erst, wenn ihm die Hinrichtung zur Zufriedenheit aller gelungen und der Richter die Vollstreckung des Urteils mit dem Wort quittierte „So du gericht hast, wie vrtheyl vnd recht geben hat, so laß ich es dabei bleiben".[39] Ohne diesen ordnungsgemäßen Abschluß erhielt der Scharfrichter in der Regel auch keine Vergütung.

5.

Mittelpunkt des Hinrichtungszeremoniells war die Richtstätte mit dem Galgen, eine zumeist weithin sichtbare, erhöhte Stätte am Stadtrand.[40] Der Galgen stand als Symbol der alten Blutgerichtsbarkeit an der Grenze des Gerichtssprengels. Keiner wollte neben dem Galgen wohnen, bereits sein Schatten brachte Unglück. Während das Enthaupten oft auf dem Marktplatz unmittelbar vor dem Rathaus, zumindest an einem zentralen Platz in der Stadt auf einem Schafott vollzogen wurde, wurden Hinrichtungsarten wie das Erhängen, das Rädern oder Verbrennen – nicht zuletzt wegen der Unehrlichkeit und der Gräßlichkeit, aber auch wegen des Gestanks – in der Regel außerhalb der Stadt durchgeführt. Die Richtstätte, auch Rabenstein genannt, war seit dem 17. Jahrhundert im Unterschied zum kleinen Schafott auf dem Marktplatz, das nach jeder Hinrichtung vom Henker und seinen Helfern abgebaut wurde, ein großer Bau auf einem steinernen Fundament, der all den vielen Zuschauern gestatten sollte, eine Hinrichtung und die sie begleitenden Martern auch noch aus der Entfernung genau zu verfolgen. Außerdem schuf der Bau eine gewisse Distanz vom Publikum. Er wurde von innen über eine Treppe betreten. Die großen Richtstätten mit einem doppelten Galgen kennen wir erst aus späterer Zeit, als das Todesschauspiel seinen theatralischen Höhepunkt erlebte.

Der Galgen besaß in der traditionellen Gesellschaft eine Bedeutung, welche die des Prangers weit übertraf. Neben dem Rathaus war er zum einen sichtbares Symbol der hohen Gerichtsbarkeit einer Stadt, auf dessen Schutz und Erhaltung die Stadt sehr bedacht war – bei Streitigkeiten um die Blutgerichtsbarkeit kam es nicht selten zur Zerstörung des Galgens –, zum anderen war er der anrüchigste Ort der Stadt, der von allen gemieden wurde. Viele Geschichten umgaben diese Stätte. Wie der Henker gewisserweise die andere, böse Seite des Richteramtes verkörperte, bildete die Richtstätte die ‚negative' Seite der im Rathaus repräsentierten Stadtherrlichkeit. Jedenfalls symbolisierten erst Richtstätte und Rathaus zusammen die volle Rechtshoheit einer Stadt.

Dieser Zusammenhang wird sichtbar bei der Erneuerung bzw. Neuerrichtung eines Galgens, einer Arbeit, die unter Leitung und Schutz der Obrigkeit von allen Handwerkern einer Gemeinde ausgeführt wurde und stets ein großes Ereignis war, zu dem alles Volk zusammenlief. Bei einem derartigen Galgenfest vereinten sich zwei Interessen. Einmal wollte die Obrigkeit die Macht des Hochgerichts, damit auch die Herrschaft des Stadtrats, nicht nur gegenüber Fremden, sondern auch gegenüber allen Untertanen und einheimischen Bürgern sinnfällig zur Darstellung bringen, weshalb das Fest mit einem großen Umzug und kompliziertem Ritual verbunden war. Zum anderen sollte dadurch, daß alle Handwerker im Namen der Obrigkeit sich am Bau beteiligten, die Ehre des einzelnen bei der Berührung der unehrlichen Stätte geschützt werden. Schon die Carolina hatte angeordnet, daß keinem beim Bau des Galgens behilflichen Handwerker seine Tätigkeit zur Unehre gereichen dürfe.[41] Offensichtlich gab es trotz zahlreicher obrigkeitlicher Verordnungen immer wieder Schwierigkeiten für Handwerker aufgrund derartiger Tätigkeit. Nur wenn alle Handwerker sich gleichermaßen beteiligten oder – falls die Zahl zu groß war – ihre Vertreter sich zusammentaten, konnte der Ruf der Unehrlichkeit gebannt werden. Damit dies auch konkret gewährleistet war, mußten z.B. 1561 in Frankfurt alle Schreinermeister je einen Nagel in eine Tür schlagen. Als einer erst später kommen konnte „ist ihme ein Nagel, den er zu seiner Wiederkunfft einschlagen zu wissen, gelassen worden, den er auch eingeschlagen, damit keiner den andern dieser Arbeit halber etwas fürzuwerffen Ursachen haben möchte“.[42] Die gemeinsame Arbeit endete meist mit einem gemeinsamen Essen, später gestaltete sich die Errichtung eines Galgens selbst als ein aufwendiges Fest. In Dollenstein bei Eichstätt mußte 1523 ein neuer Galgen errichtet werden, dazu eine Leiter und eine Gerichtsschranne, der alte war „nidergefallen und abgegangen“. Aus diesem Grunde wurde „ein ganntze Gemeind“ und alle Zimmerleute des Amtes zusammengerufen; während die Zimmerleute den Galgen zimmerten, mußte die Gemeinde ihn aufrichten. Damit alles seine Ordnung hatte, erbat die Gemeinde 2 Bürger des Eichstättischen Rats zur Kontrolle. Die Kosten, die mit 34 fl. beträchtlich waren, wurden auf alle Haussässigen und Inwohner bzw. Hausgenossen des ganzen Amtes verteilt.[43] In Nürnberg kamen 1690 168 Zimmerleute, darunter 16 Meister, 10 Meistersöhne und 142 Gesellen, 109 Landmeister, 69 Steinmetze und 4 Schlossergesellen mit Trommeln und Pfeifen nebst etlichen Schalmeienpfeifern zum Galgenbau zusammen. Dreimal schritten sie um das Hohe Gericht, bevor mit der Arbeit begonnen wurde.[44] Aufschlußreich ist das Zeremoniell in Ansbach. Hier hatten die Bürgerschaft und Reiterei 1747 einen Kreis um den Richtplatz gebildet. Der Bannrichter hielt den Anwesenden eine den bevorstehenden Aufgaben entsprechende kurze Rede, stieg dann vom Pferd und versicherte allen Maurern und Zimmerleuten, die mit dem Galgenbau beauftragt waren, „daß diese Arbeit weder ihnen, noch ihren Angehörigen in geringsten nicht nachtheilig seye, sondern sie gegen alle unzieml^{n}. Vorwurff von Herrschafft und Amtswegen protegiret und vertheidiget werden sollen". Hierauf schlug er je einen Hieb in das alte Halsgericht, das abgetragen werden sollte, in das frische neue Holz für den neuen Galgen und auf den als Fundament dienenden Quaderstein, also insgesamt 3 Hiebe, im Namen sowohl der hochfürstlichen gnädigen Herrschaft, des Hochfürstlichen Oberamtes, als auch der gesamten Maurer und Zimmerleute, „welche 3 Hiebe der Rath und Stadtvogt in seines Handwerck Richter Amts gleichmässig verrichtet, und die beede Handwerckere zu Vollführung und Beschleinigung der Arbeit anmahnet".[45]

Das aufwendigste Galgenfest – hier ist der Begriff voll angebracht – ist aus Frankfurt im Jahr 1720 überliefert.[46] Eine große Zahl von 1328 Handwerkern beteiligte sich daran: Steindecker, Zimmerleute, Schlosser, Schmiede, Maurer, Steinmetze und Schreiner. Der streng geordnete Zug zur Richtstätte und zurück nahm geradezu den Charakter eines festlich karnevalesken Umzugs an. Zahlreiche Musikanten begleiteten die Handwerker, selbst ein Harlekin als Platzmeister, zwei wilde Männer sowie ein Schäfer und eine Schäferin und in ihrem Gefolge ein Cupido zogen mit. Auf die Degen, die die kleinen Meistersöhne zumeist mit sich führten, waren Zitronen gesteckt. Damit die Ehre der Handwerker durch den Galgenbau nicht verunreinigt würde, mußte der Stadtschreiber eine Fahne mit dem Stadtwappen in alle vier Himmelsrichtungen schwenken und die vier Säulen des Hochgerichts mit der Hand berühren. Durch dieses Zeremoniell war das Gericht gereinigt. Die Arbeit der Handwerker dauerte fünf Tage, während deren sie kostenfrei von der Stadt verköstigt wurden. „Viele tausend Menschen" schauten zu. Der Bau endete mit einem Richtfest. In einer feierlichen Zeremonie setzten die Handwerker einen Kranz aus Rosmarin auf die Richtstätte. Die Errichtung des unehrenhaften Galgens war damit völlig überdeckt von dem Festgebaren der Handwerker, die darin sowohl einen Schutz vor der Infamierung suchten wie die Gelegenheit wahrnahmen, sich ihrer Bedeutung entsprechend als soziale Gruppe mit eigener Tradition und eigenem Habitus darzustellen. Aber auch die städtische Obrigkeit förderte spezielle Interessen beim Bau des Hochgerichts, sonst wäre die Übernahme der hohen Kosten unverständlich. Sie sah ihrerseits hier eine Möglichkeit, gegenüber allen Gruppeninteressen die Einheit der Stadt zu demonstrieren. In dieser Hinsicht fügt sich das Galgenfest von 1720 ein in die große Reihe städtischer Festlichkeiten.

Wenngleich derartig feierliche Galgenfeste selten waren, so war doch in der Regel beim Galgenbau eine große Anzahl von Handwerkern beteiligt, die ihre Arbeit unter dem Schutz der Obrigkeit nach einem strengen Ritual unter Begleitung von Lärm und Musik vollführte. Die ganze Zeremonie endete zumeist mit einem aufwendigen Essen. Der ursprüngliche Sinn dieses rechtssymbolischen Aktes, der die Rechtshoheit der Stadt zum Ausdruck bringen wie zugleich den Schutz vor Infamierung garantieren sollte, war im Frankfurter Fall allerdings nur noch schwach erkennbar. Der Grund, daß es überhaupt noch zu solch kostspieligen Demonstrationen kam, lag vornehmlich im stadtherrlichen Interesse, durch Stadtfeste überhaupt die Gemeinsamkeit von Obrigkeit und Volk hervorzuheben.

V.
Auf dem Schafott: Verbrechen und Strafen

1.

Nach der öffentlichen Urteilsverkündigung, dem Stabbrechen und der Henkersmahlzeit formierte sich unter Glockenschlägen in der Regel am frühen Morgen der Armesünderzug vom Gefängnis bzw. Rathaus zur Richtstätte. Schon Stunden vorher hatte sich zumeist viel Volk versammelt, darunter nicht selten auch die Familienmitglieder und Verwandten des Verurteilten. Bevorstehende Hinrichtungen wurden ja öffentlich ausgerufen bzw. durch Flugzettel oder ein rotes Tuch bekanntgegeben, das man aus dem Rathaus hing. Die Kunde von einer Hinrichtung jedenfalls verbreitete sich schnell und weit. Stadtschützen oder Soldaten zogen auf und sicherten alle wichtigen Posten der Stadt, damit der Menschenzustrom zu keinen Unruhen führte und der festlich-feierliche Charakter gewahrt blieb. Die meisten Tore wurden geschlossen und die Richtstätte kreisförmig abgeriegelt, wenn die Hinrichtung in der Stadt stattfand. Als ein Delinquent 1619 nach vollendetem Prozeß sein Urteil vom Römer herunter vernommen hatte, „ist er ohngefehr noch ein stund lang in der Weinsteiner Stuben verwahrt, hernacher hinauß geführt und neben Roßmarck in einem Craiß, den die anwesenden Soldaten mit langen Spießen gemacht, mit dem Schwert vom Leben zum Todt hingericht“ worden.[1]

Der Gang zur Hinrichtungsstätte, vor allem wenn sie außerhalb lag, war ebenso streng geregelt wie die Urteilsverkündigung bzw. die Hinrichtung selbst. Einen typischen Fall stellt die Hinrichtung eines Frankfurter Malefikanten von 1688 dar. Der Verurteilte wurde zwischen 5 und 6 Uhr morgens unter starker Bewachung auf den Römer geführt. Dort wurde ihm solange durch die Geistlichen zugesprochen, bis die Stunde des Peinlichen Gerichts kam. Als der Schultheiß, der ein kleines rotgefärbtes, wie ein Szepter aussehendes ‚Stäblein' in den Händen hielt, und die Schöffen vom Richter in den großen Saal des Rathauses geführt wurden und „in ihrer Ordnung" sich setzten, wurde dem von Soldaten bewachten Malefikanten durch den Gerichtsschreiber das Urteil vorgelesen, das ‚Stablein' sogleich darauf vom Schultheiß gebrochen und auf die Erde geworfen. Darauf verbrachte der Arme Sünder zusammen mit einem Geistlichen eine halbe Stunde in einem Nebenraum, in dem er noch speiste und dann „zur execution der großen Stiegen hinab geführet" und „darauff in loco consolto des Rabensteins dieselbe an Ihm vollzogen worden". Allerdings ging in diesem Fall der oberste Richter nicht mit, ein Vertreter begleitete den Malefikanten „in dem gewöhnlichen rothen habit" zur Richtstätte.[2]

Sicherlich ging der Zug zur Richtstätte im 16. Jahrhundert nicht so feierlich und geordnet wie im 18. Jahrhundert einher, doch wollte man auch damals die Wirkung auf das Publikum nicht verfehlen. Drei verschiedene Beispiele aus späterer Zeit lassen den hohen Aufwand erkennen, mit dem die Obrigkeit das Hinrichtungsschauspiel inszenierte und der vom Volk durch zahlreiches Erscheinen honoriert wurde.

In Frankfurt wurde am 14. Januar 1772 der Kindsmörderin Brandt um 6 Uhr morgens das Todesurteil, das sie allerdings schon vorher kannte, vorgelesen. Der Richter erschien in Exekutionskleidung, d. h. in einem schwarzen Gewand, mit Stiefeln und Sporen und einem roten Mantel, auf den das große Stadtwappen geheftet war. Die Arme Sünderin trug ein ‚Toten-Kleid', d.h. eine weiße Haube, eine weiße leinene Jacke mit einer schwarzen Schleife und einen weißen Rock sowie weiße Handschuhe. Beim Zug hielt sie ein zusammengefaltetes Sacktuch und eine große Zitrone in Händen. Um 8 Uhr folgte die Mahlzeit, bis ab 9 Uhr die Kirchenglocke alle Viertelstunde 3 Mal mit 3 Anschlägen schlug und zum Aufbruch rief. Ein Kommando von 30 Grenadieren stellte sich ein. Die Verurteilte wurde an beiden Händen gebunden auf die Straße geführt. Der Richter mit einem großen Zepter in der Hand stieg mit anderen städtischen Beamten (Einspännigen) in roten Röcken auf die

Pferde. Grenadiere umgaben die von Geistlichen und dem Knecht des Scharfrichters begleitete Arme Sünderin. Unter ständigem Singen, Beten und Zurufen der Geistlichkeit ging der Zug direkt zur Richtstätte. Währenddessen hatte der Scharfrichter mit seinen Söhnen und anderen Knechten unter dem Schutz von sechs Grenadieren auf dem Richtplatz alles vorbereitet. Weitere Soldaten hatten um das Gerüst einen großen Kreis gebildet. Als die Malefikantin eine halbe Stunde später ankam, segneten sie die Geistlichen, und der Scharfrichter führte sie mit der Hand zu einem Stuhl, band sie fest und entblößte ihr den Hals und Kopf. Darauf wurde, unter „beständigen Zurufen" der Seelsorger, ihr Kopf durch einen Streich des Scharfrichters „glücklich und wohl" abgeschlagen. Auf die Frage des Henkers, ob er das ihm Befohlene richtig ausgeführt habe, antwortete der Richter „Er hat sein Amt wohl verricht und gethan, was Gott und die Obrigkeit befohlen hat".[3]

Nicht minder feierlich vollzog sich die Hinrichtungsprozedur in der katholischen Herrschaft Kronburg bei Illerbeuren 1772. Alle Gerichtsteilnehmer wurden um 6 Uhr in das Schloß gerufen, um Vorbereitungen zu einem Gerichtsprozeß zu treffen. Bevor allerdings die Gerichtssitzung in der oberen Stube des Wirtshauses stattfand, besuchten alle eine Messe in der Pfarrkirche. Als alle 12 Gerichtsleute das vorliegende rechtliche Gutachten akzeptiert hatten, wurde die Arme Sünderin unter starker Bewachung aus dem Schloß gebracht und auf den Pranger gestellt. Im Beisein vieler Leute wurde dann, nachdem der Eisenknecht dreimal Stille geboten hatte, vom oberen Fenster des Wirtshauses das Urteil abgelesen. Der Richter brach darauf den Stab und übergab unter Glockengeläut die Malefikantin dem Scharfrichter. Der Armesünderzug setzte sich zusammen aus einer 60 Mann starken Bewachung, drei Geistlichen und der Verurteilten. Während die 12 Gerichtsleute, der Obervogt und der Gerichtsschreiber zur Richtstätte ritten, ging der große Zug zu Fuß. Da der Weg weit war und die Arme Sünderin viel betete und auch öfters beichtete, dauerte es 4 Stunden, bis der Armesünderzug am Hochgericht in Illerbeuren ankam. Angesichts von „viel tausend Personen" enthauptete hier der Scharfrichter die Malefikantin „ganz meisterlich". Die Feierlichkeit schloß mit einem „schönen Sermon" ihres Beichtvaters. In gleich guter Ordnung ging der Zug wieder zurück nach Kronburg.[4]

Höchst aufwendig und ganz militärisch zeigt sich als letztes Beispiel das Hinrichtungszeremoniell für den Mörder Joh. Ludwig Krause in Clingen im Fürstentum Schwarzburg-Sonderhausen 1788. Die Errichtung der Richtstätte, die öffentliche Gerichtssitzung auf dem Markt und die Hinrichtung auf dem Rabenstein gestaltete sich unter dem Schutz eines starken Militäraufgebots geradezu zu einem großen Volksfest, zu dem angeblich 20000 Zuschauer zusammenkamen. Für die Hinrichtung waren große Vorbereitungen getroffen worden, die genau rekonstruiert werden können. Ein Scharfrichter mußte von auswärts gerufen, große Militäreinheiten teils von weit angefordert und untergebracht werden, vor allem ein Hochgericht, ein Rad und zur Hegung des peinlichen Halsgerichts ein Tisch und 6 Stühle gezimmert und hergestellt werden. Alles verlief ordnungsgemäß. Als der Delinquent auf seinen Tod vorbereitet war – 8 Tage lang hatte er Zeit und konnte eine beträchtliche Reihe von Vergünstigungen wie Kleidung und Essen genießen –, machte am 29. 4. 1788 die öffentliche Gerichtssitzung um 9 Uhr früh den Auftakt zum Hinrichtungsschauspiel. Unter dem Schutz von 30 Grenadieren zogen die Gerichtspersonen – es handelte sich um den Landrichter, den Kriminalaktuarius, den Fiskal und drei Gerichtsschöffen – aus dem Amtshaus in den ebenfalls von Militär abgeschirmten Kreis um den schwarzen Tisch mit den 6 Stühlen mitten auf dem Marktplatz. Es begann die typische Gerichtsprozedur, die mit der Urteilsverkündigung, dem Stabbrechen und der Übergabe des Delinquenten an den Scharfrichter endete. Er sollte eigentlich mit dem Rad vom Leben zum Tod gebracht werden, der Fürst aber milderte die Strafe auf den Tod durch das Schwert, wonach der Körper dann allerdings auf ein Rad geflochten werden sollte. Als der Landrichter und die Schöffen Tisch und Stühle umstießen, begann ein dichtes Gedränge. Es formierte sich ein großer Armesünderzug. Der Arme Sünder war umgeben von 30 Soldaten; während diese zu Fuß gingen, fuhren die Gerichtspersonen mit einem Wagen. Begleitet wurde der Zug von zwei von Geistlichen angeführten Schulklassen. Während die Geistlichen dem

Armen Sünder „Seelentrost spendeten“, sangen die Schulkinder fortwährend Sterbelieder. Die Richtstätte war wie das Gericht durch einen Kreis abgeschirmt. Der Arme Sünder wurde zum Armesünderstuhl geführt. Er kniet nieder, wie es in der Quelle heißt, betet laut zu Gott und hält darauf „in außerordentlicher Gefaßtheit“ eine Ansprache an die anwesenden Zuschauer, schildert „in derselben seinen bösen Lebenswandel und seine Missetat als Folge desselben und warnt für etwaige Nachahmung“; sodann bittet er die Anwesenden wegen seiner begangenen Übeltat und „alle, denen er etwas Leides zugefüget hat, um Vergebung, dankt nochmals für die ihm widerfahrene höchstlandesherrliche Strafmilderung, verrichtet darauf noch ein Gebet und geht standhaft zum Richterstuhle“. Dort läßt er sich willig vom Scharfrichter festbinden und die Augen verbinden. Unter lautem Gebet der Prediger richtet ihn der Henker vorschriftsmäßig. Bevor der Leichnam mühsam auf das Rad geflochten wird, hebt der Scharfrichter das blutige Schwert und fragt den Landrichter „Herr Richter, habe ich recht gerichtet“. Mit der Antwort „Ihr habt getan, was Urthel und Recht erkannt hat“ endet die Hinrichtung.[5]

Der Armesünderzug führte in der Regel auf dem kürzesten Weg zur Richtstätte. Richter, Henker und der Verurteilte waren durch ihre Kleidung weithin sichtbar. Entweder mußte der Delinquent gefesselt zu Fuß gehen oder er wurde auf einem Wagen gefahren, was bereits Teil der Strafe war. Mancher mußte sogar aufgrund von Gebrechen auf einem Stuhl getragen werden. Es galt als Schande, im Armesündergewand mit dem Scharfrichter gesehen zu werden. Spott und Hohn von seiten der Zuschauer waren möglich, aber nicht minder auch mitleidiges Zurufen oder das Einfallen in das von Geistlichen angestimmte Lied. Dies hing weitgehend von der Haltung des Delinquenten ab. Mancher ging verstockt, mancher wie ein Held; mancher schritt langsam, manche versuchten geradezu zu rennen. Die Geistlichen und der Scharfrichter gaben während des Zugs Anweisungen, wie der Arme Sünder zu gehen hatte.[6] Der Zug konnte auch durch die ganze Stadt geführt werden, entweder am Wohnhaus des Delinquenten oder am Ort der Straftat vorbei.[7] Als Strafverschärfung galt es, wenn einem Delinquen-

Abb. 7: Ein Verurteilter wird zur Richtstätte geschleift. (1769)

ten am Pranger noch die Hand abgeschlagen wurde oder er zur Richtstätte geschleift wurde, was besonders schmerzhaft war, oder wenn er während des Zuges durch Zwacken mit glühenden Zangen malträtiert wurde. So wurde 1588 in Memmingen ein Malefikant, bevor er auf der Richtstätte gerädert wurde, auf einen Wagen gebunden und auf dem Rathausplatz je einmal mit glühenden Zangen in beide Arme, und dann noch vor dem Haus, wo er den Mord begangen hatte, in seine Brust gezwickt.[8] In Frankfurt wurde ein Mörder 1600 nach einer vorgeschriebenen Strecke durch die ganze Stadt auf dem Roßmarkt „in jeder Arm zweymahl mit glüenden Zangen gepfetzt", bevor er dann zur Richtstätte geführt wurde.[9] Das waren letztlich noch glimpfliche Formen. Als der Schweizer Täufer Sattler 1527 zum Tode verurteilt wurde, heißt es: der Henker solle ihn auf den Platz führen und „ihm allda zuerst die Zunge abschneiden, ihn dann auf den Wagen schmieden, zweimahl mit einer glühenden Zange Stücke aus dem Leib reißen und ihn auf dem Wege zur Malstatt noch weitere fünf solche Griffe geben. Darnach soll er seinen Leib als den eines Erzketzers verbrennen".[10] Die Zahl der Griffe weist auf die Qualität oder Häufigkeit des Deliktes. Das Schleifen zur Richtstätte hatte einen besonders schimpflichen Charakter und geschah oft auf einer frischen Kuhhaut, mit dem Kopf nach unten.[11]

„Es wird eine absonderliche Schleiffe, etwas höher als eine Maltz-Horde, mit Sprossen gemacht, so groß, daß darauf der Cörper geleget werden kan. Doch darf er nicht gantz darauf liegen, sondern nur so, als wenn er sässe, und gleichsam den rechten Arm untergestützet hätte und ruhete. Diese Schleiffe wird nun mit einer Küh-Haut belegt, und zum Halsgerichte, iedoch ausser den Kreis, hingebracht. Wann das Halsgericht aufgehoben und die Stühle umgeschmissen, so wird hernach solche Schleiffe dahin vollends angerückt, und der Delinquent gleichsam sitzende dergestalt rücklings darauf geleget, daß der Kopf nach des Pferdes Schwantz zu liegen muß. Mit dem rechten Arme aber wird der Delinquent durch einen Strick an ein oder zwey der letzten Speichen oder Sprossen, durch die Küh-Haut durch, dermassen angebunden, daß der Kopf etwas niedriger als der Leib zu liegen kommet, jedoch aber nicht an die Erde aufschmeisset. Wie nun an die Schleiffe ein Ortscheid gemachet, und darvor ein Pferd gespannet wird, welches ein Schinder-Knecht reitet; also wird sodann der Delinquent auf diese Art zur Fehm-Stäte hingeschleiffet. Damit er auch nicht von der Schleiffe herunter schlagen kan, wird demselben zugleich ein Strick um den Leib gebunden, und er von einem andern Schinder-Knechte, so hinter der Schleiffe hergehet, vermittelst solches Strickes gehalten, oder auch sonsten an der Schleiffe selbsten damit befestiget. Indessen wird er gantz langsam nach der Fehm-Stäte zu geschleiffet und die zugeordneten Priester folgen auf der Seite neben der Schleiffe nach, und reden ihm beweglich zu“.

Anweisung für Gerichte und Scharfrichter von 1752.[12]

Derartige Strafverschärfungen waren in früherer Zeit sehr häufig, nahmen im 18. Jahrhundert allerdings ständig ab. Die meisten Martern vollzogen sich nur noch auf dem Richtplatz.

2.

Bis Ende des 18. Jahrhunderts, z. T. bis ins 19. Jahrhundert hinein gab es höchst unterschiedliche Hinrichtungsarten. So sehr die neuen Rechtskodifikationen und Kriminalordnungen des späten 18. Jahrhunderts bereits ein neues Rechtsverständnis propagierten, rührten sie dennoch nicht prinzipiell an die alte Tradition der Strafpraktiken, bei der die Bestrafung des Körpers im Mittelpunkt stand, auch wenn der Freiheitsentzug durch das Gefängnis und das Zuchthaus immer mehr an deren Stelle trat. Zwar hatte die Humanisierung des Strafwesens die Strafen eingeebnet und den symbolischen Sinn der körperlichen Strafen verdeckt, doch bis ins 18. Jahrhundert hinein blieb das alte System rechtlich gültig.[13] Ursprünglich spiegelte sich in den Strafen und Hinrichtungsritualen das dem Malefikanten vorgeworfene Verbrechen.[14] Es kam dabei zu höchst komplexen Verbindungen, die für das Selbstverständnis der vormodernen Gesellschaft beziehungsreich, aber nicht leicht zu erschließen sind. Zum einen gab es – wie bei den Leibesstrafen, nur noch stärker ausgeprägt – unehrenhafte, schändliche Tötungsarten, wie etwa das Erhängen für mehr oder weniger heimlich verübte Verbrechen wie Diebstahl oder Einbruch, und ehrenhafte, die Ehre des Delinquenten und seiner Familie – die man häufig zusammen betrachten muß – nicht verletzende Strafen wie das Enthaupten, besonders für in aller Öffentlichkeit begangene Taten wie Totschlag.[15] Die Unterschiede werden vor allem im Gnadensystem deutlich. Es ging nicht immer darum, der Todesstrafe zu entkommen, sondern, wie gesagt, von der Strafe des Galgens oder Räderns zur Strafe durch das Schwert begnadigt zu werden. Die Einschätzung der mehr oder weniger entehrenden Strafe korrespondierte dabei nicht unmittelbar mit dem Grad der Pein und Grausamkeit, so sehr man ein genaues Gespür für das hatte, was mehr oder weniger grausam war. Auch gab es gewisse Unterschiede in den Strafen für Männer und Frauen. Was bei den Ehren- und Körperstrafen ansatzweise sichtbar wurde, kam bei den Todesstrafen noch deutlicher zum Ausdruck. Das Erhängen, das Rädern und die Vierteilung waren typische Männerstrafen, was Ausnahmen allerdings nicht ausschloß,[16] während Frauen zumeist den Tod durch Ertränken, Verbrennen oder Lebendigbegraben (mit Pfählung) erlitten. Diese Todesstrafen sind jedoch auch bei Männern belegt. Die Schwertstrafe allein gilt gleicherweise für Männer und Frauen.

Tabelle 4
Todesstrafen (in geschlechtsspezifischer Häufigkeit)

Frankfurt (1562–1696) Insges. M: 316, F: 23			*Nürnberg* (1600–1692) Insges. M: 211, F: 66		
	M	F		M	F
Lebendigbegraben	–	1	Verbrennen	7	3
Verbrennen	6	1	Vierteilung	1	–
Ertränken	7	6	Rädern	9	1
Vierteilung	1	–	Galgen	72	1
Rädern	12	–	Schwert	110	49
Galgen	200	1	Schwert*	12	12
Schwert	86	15			
Schwert*	6	1			

Diese Strafpraktiken gründen nicht nur in den unterschiedlichen, d.h. speziell männlichen oder weiblichen Deliktformen – so werden in erster Linie Frauen der Hexerei und des Kindsmordes angeklagt, und als Meuchelmörder und Verräter finden wir vorwiegend Männer –, sondern auch in der anderen strafrechtlichen Behandlung und Einschätzung von Männern und Frauen. Dabei ist nicht die Frage, warum Männer seltener ertränkt wurden als Frauen, sondern warum Frauen nicht gehängt und gerädert wurden. Wenn dies dennoch einmal geschah, weist der Protokollant ausdrücklich auf die Ungewöhnlichkeit des Falles hin.[19]

Schließlich gab es komplexe Verbindungen von Strafen. Eine Kumulation körperlicher Martern konnte der Hinrichtung vorausgehen oder ihr nachfolgen bzw. bei schweren Delikten konnte z.B. die Enthauptung mit dem Rädern verbunden werden oder einer Strafe am lebendigen Körper (Rädern) konnten Strafen am toten Körper (Enthauptung oder Verbrennung) folgen. Derartige Prozeduren resultierten aus dem Versuch, alle begangenen Verbrechen durch je eine Strafe eigens zu ahnden. Wo dies nicht erreichbar war, wie etwa eine Verbindung von Galgen und Schwert, wiesen nicht selten Tafeln oder Symbole darauf hin. Die Martern am toten Körper wurden genauso ernst genommen wie die am lebendigen Leib. Ging es doch weniger darum, dem Verbrecher besondere Schmerzen zuzufügen, als das gräßliche Verbrechen durch eine Kumulation von Strafen zu sühnen. Jedes Verbrechen verlangte im Prinzip eine entsprechende Strafe, ein Bewußtsein, das allerdings durch die zunehmenden Begnadigungen und die Konzentration auf die Schwertstrafe verdeckt bzw. unterhöhlt wurde.[20]

3.

Wenn wir uns das geltende Strafrecht des 18. Jahrhunderts vergegenwärtigen, sollte man annehmen, daß mit gewissen Modifikationen das alte Strafwesen noch voll angewandt wurde. Nach wie vor wurde mit härtesten und entehrendsten Todesstrafen gedroht, mit dem Galgen, dem Rädern, dem Verbrennen, ja auch mit der Vierteilung und dem Ertränken. Aber die Strafpraxis des 18. Jahrhunderts folgte nicht mehr diesem im ‚Gesetz' verankerten Strafmaß. Die mehr oder weniger grausamen Todesstrafen wurden nur noch selten verhängt. Das vormoderne Strafwesen unterlag bei fortbestehender Gültigkeit der Halsgerichtsordnung von Karl V. bereits seit dem späten 16. Jahrhundert einem beträchtlichen Wandel. Dies gründet einerseits in einem Wandel der Formen der Kriminalität, andererseits aber läßt sich diese Änderung auf exogene Faktoren zurückführen, die die alten Hinrichtungspraktiken nicht mehr nötig machten, jedenfalls nicht mehr in den übernommenen Formen.

Um die alten Hinrichtungsrituale aufzuschlüsseln, müssen wir grundlegend bedenken: Die angedrohten Strafen, wie sie in herrschaftlichen Dekreten und Kriminalordnungen publiziert wurden, entsprachen in den seltensten Fällen der konkreten Strafpraxis der einzelnen Gerichte. Das galt bereits für das 16. Jahrhundert, noch mehr aber für das 18. Jahrhundert. Zwar gab es im Prinzip beispielsweise bis zum Ende des 18. Jahrhunderts das Rädern, aber nur die wenigsten Raubmörder wurden noch dazu verurteilt. Die Androhung der Strafe folgte einer anderen Logik als die konkrete Praxis. Nicht eine Analyse des kodifizierten Rechts führt daher zur geltenden Praxis, sondern eine Analyse der abgeurteilten Fälle.[21] Das Maß der Strafe, wie wir es in den Urteilen finden, bestimmte sich –

wie im Fall der Ehren- und Körperstrafen – einmal nach der Qualität des Verbrechens, dann aber zugleich auch nach dem sozialen Stand des Delinquenten, nach seinem ‚vorbildlichen' Verhalten während des Prozesses und nicht zuletzt nach dem Maß der Gnade, die Freunde und Fürsprecher erwirken konnten. Von daher ist es schwer, genaue Entsprechungen zwischen Verbrechen und Strafen, wie sie im 16. Jahrhundert noch relativ eng bestanden, im 18. Jahrhundert zu finden bzw. in der öffentlich durchgeführten Strafpraxis das Verbrechen widergespiegelt zu sehen, so stark manche Gerichte noch darauf Wert legten. Auf jeden Fall war eine klare Korrelation nicht mehr gegeben.[22] Die verstärkte Anwendung der Schwertstrafe nivellierte das alte Strafsystem. Zwar sollten in manchen Fällen durch die Hinrichtung auch körperliche Schmerzen verursacht werden, und man wußte genau, was mehr oder weniger schmerzhaft bzw. grausam war. Aber die verschiedenen und bekannten Todesstrafen entsprachen in ihrer Wertung nur in den seltensten Fällen auch einer Hierarchie von Grausamkeit. Es ist z.B. schwer zu sagen, ob ein zur Enthauptung begnadigter Verbrecher, dem aber vorher noch die Hand abgeschlagen wurde, weniger Schmerzen leiden mußte, als ein zum Rad Verurteilter, der vorher erdrosselt wurde. Offiziell galt das Rädern in jedem Fall als die härtere Strafe. Der verstärkte Zug einer nach außen, auf Wirkung abgestellten Abschreckung überdeckte das zu erfahrende Maß der Grausamkeit und Peinlichkeit. Eine besondere Schwierigkeit bei der Beurteilung macht schließlich auch das Phänomen der Kumulation von Strafen aus. Es ging dabei weniger um eine eigentliche Strafverschärfung, sondern bestimmte Deliktkombinationen führten zu einer kumulierenden Kombination von Strafen. Dies gab es auch noch oder vielleicht gerade dann, als die Enthauptung – also die mildeste Form der Hinrichtung – dominante Todesstrafe wurde. Die Verbindung von Enthauptung und Verbrennung, von Enthauptung und Rädern gab es nicht selten. Im großen ganzen handelte es sich dabei zwar um Einzelfälle, die aber andererseits wieder für das alte System typisch waren.

Die gesamte Hinrichtungszahl in den Städten – vom Land wissen wir weniger[23] – war, wenn wir alle Jahrhunderte zusammenfassen, für unsere Vorstellung im Verhältnis zur Bevölkerungszahl sehr hoch.[24] Aber nicht dieser Tatbestand ist eigentlich aufschlußreich, sondern die zeitliche Verteilung, wie einige Beispiele belegen:

Tabelle 5

Mecheln 1370–1795[25]	*Frankfurt* 1366–1700[26]
Insgesamt: 675 Hinrichtungen	Insgesamt: 850 Hinrichtungen
1370–1400 = 128	1360–1400 = 155
1400–1500 = 203	1401–1500 = 317
1500–1600 = 255	1501–1600 = 248
1600–1700 = 66	1601–1700 = 140
1700–1795 = 23	
Breslau 1445–1800[27] (nicht vollständig)	*Zürich* 1400–1798[28]
Insgesamt: 792 Hinrichtungen	Insgesamt: 1424 Hinrichtungen
1445–1525 = 454	1400–1500 = 383
1613–1629 = 106	1500–1600 = 569
1635–1740 = 221	1600–1700 = 327
1741–1800 = 12	1700–1798 = 145

Noch aufschlußreicher ist eine differenziertere Betrachtung der Verhältnisse in Augsburg, Nürnberg und Frankfurt.

Tabelle 6

Augsburg 1545–1699[29]	*Nürnberg* 1503–1743[31]
Insgesamt: 327 Hinrichtungen	Insgesamt: 1009 Hinrichtungen
1545–1562 = 29	1503–1520 = 83
1563–1580 = 72	1521–1540 = 90
1581–1596 = 66	1541–1560 = 85
1596–1615 = 41	1561–1580 = 202
1615–1632 = 30	1581–1600 = 181
1632–1653 = 8	1601–1620 = 115
1653–1699 = 35	1621–1640 = 75
1700–1806 = 46[30]	1641–1660 = 33
	1661–1680 = 33
	1681–1700 = 38
	1701–1720 = 29
	1720–1743 = 45

Frankfurt 1562–1696[32]
Insgesamt: 340 Hinrichtungen

1562–1580 =	91
1581–1600 =	106
1601–1620 =	78
1621–1640 =	28
1641–1660 =	13
1661–1680 =	8
1681–1696 =	16

Wenn wir bedenken, daß die Einwohnerzahl der Städte im 15. Jahrhundert entschieden geringer war als im 18. Jahrhundert, ferner, daß viele Verbrecher sich im Spätmittelalter noch mit Geld haben freikaufen können, d.h. in den erhaltenen ‚Blut'- bzw. Malefizbüchern nicht als Hingerichtete erscheinen, wenn außerdem bekannt ist, daß die Registrierung im 15. Jahrhundert nicht gründlich und vollständig wahrgenommen wurde und überhaupt die Verfolgung von todeswürdigen Delikten schwächer war als im 18. Jahrhundert, dann überrascht als erstes die hohe Zahl der Hinrichtungen im 15. Jahrhundert (Tabelle 5). Die Gerichte waren offensichtlich schnell bereit, eine Tat mit dem Tod zu bestrafen, die später milder behandelt wurde. Aber dies ist nur ein Grund für die hohe Zahl. Wichtiger war die ‚schwere' Kriminalität des 15. Jahrhunderts.[33] Auch das 16. Jahrhundert kennt noch eine große Zahl von Hinrichtungen. In manchen Städten war sie vielleicht sogar noch höher als vorher. Die Städte waren ja größer geworden. Zudem hatte sich die Kontrolle mit dem Ausbau des Gerichtswesens erheblich gebessert. Besonders viele Exekutionen weisen die Jahre 1560–1600 auf. Es waren Jahre großer Bandenbildung und starken Räuberwesens, die sich auf die Kriminalität und die Kriminalisierung auswirkten. Mit dem 17. Jahrhundert fällt dann erstmals die Zahl der Hinrichtungen trotz des Dreißigjährigen Krieges auffallend ab. Mord, Totschlag, Raub und Diebstahl hatten erstaunlicherweise nicht besonders zugenommen, zumindest in den Städten. Dies hatte mehrere Ursachen: einmal sank die Bevölkerungszahl der Städte, außerdem ließ dort auch die schwere Kriminalität nach. Vor allem aber spielte eine zunehmend mildere Strafpraxis eine Rolle. Manche, die früher wegen eines bestimmten Deliktes (Totschlag, Diebstahl, Unzucht) hingerichtet worden wären, kamen nun aufgrund von zunehmenden Begnadigungen mit dem Leben davon. Der im 17. Jahrhundert einsetzende Trend einer Abnahme der Exekutionen setzte sich im 18. Jahrhundert weiter fort. Hinrichtungen wurden seltener. Dabei hatte das 18. Jahrhundert einen beträchtlichen Bevölkerungsanstieg gebracht und das Gerichtswesen hatte sich verbessert, so daß die Dunkelziffer sicher geringer war als jemals zuvor. Die geringe Zahl von Hinrichtungen läßt sich so einerseits auf eine Abnahme der großen Gewaltkriminalität zurückführen, andererseits auf eine beträchtliche Mäßigung der Gerichte. Zwar trat die Freiheitsstrafe erst im späten 18. Jahrhundert als Ersatz auf, aber erstaunlich viele ‚Verbrecher' kamen erstmals mit Staupenschlag und Landesverweis davon. Nur in ganz eindeutigen Fällen kam es zu öffentlichen Hinrichtungen.

Die Zahl der Hinrichtungen hat also spätestens seit dem Ende des Dreißigjährigen Krieges erheblich abgenommen. Dieser Trend hält sich auch, als die Städte im 18. Jahrhundert wieder größer geworden waren, so daß es zu Ende des 18. Jahrhunderts im Vergleich zu früheren Jahren nur noch zu vereinzelten Exekutionen kam. Wie weit dies auch für das Land gilt, wissen wir nicht genau. Die Ursachen für diesen Prozeß sind komplex. Entscheidend ist wohl einmal die quantitative Abnahme schwerer Kriminalität im Vergleich zum 16. Jahrhundert. Paradigmatisch zeigt sich diese Entwicklung in den Reichsstädten:

Tabelle 7

Frankfurt 1562–1696[34]					
	M./T.	R./D.	U.	Z./H.	Betr.
1562–1580	20(21)	64	–	–	5
1581–1600	18(19)	68	3	2	8
1601–1620	20(21)	49	4	1	–
1621–1640	9(12)	13	–	–	2
1641–1660	4(10)	2	–	–	–
1661–1680	3(5)	3	–	–	–
1681–1696	2(3)	11	2	–	–

Nürnberg 1503–1743[35]

	M./T.	R./D.	U.	Z./H.	G.	V.
1503–1520	7(8)	29	–	–	–	3
1521–1540	26(27)	42	2	–	3	7
1541–1560	38(43)	27	1	–	1	6
1561–1580	42(50)	116	13	–	–	4
1581–1600	32(37)	119	7	2	–	1
1601–1620	26(31)	72	11	1	–	–
1621–1640	5(8)	50	2	1	–	–
1641–1660	5(15)	5	3	3	–	–
1661–1680	12(19)	7	1	–	–	–
1681–1700	4(10)	18	–	1	–	–
1701–1720	1(8)	15	1	–	–	–
1721–1743	1(10)	34	1	–	–	–

Abkürzungen: M – Mord, T – Totschlag, R – Raub, D – Diebstahl, U – Unzucht, Z – Zauberei, H – Hexerei, G – Gotteslästerung, V – Verrat, Betr. – Betrug

Zum anderen ließen die Gerichte mehr und mehr, vor allem in Zweifelsfällen, auch bei Unzuchts- und Zaubereidelikten, Gnade vor Recht ergehen. Dämmend wirkte zudem die notwendige Einschaltung überregionaler Gerichtshöfe, und schließlich bedurften die Todesurteile einer besonderen Bestätigung der Fürsten. Dies galt jedoch nicht für die hier vor allem berücksichtigten Städte.

Aber auch die Strafpraktiken des peinlichen Gerichts änderten sich deutlich. Obwohl, wie gesagt, noch bis ins Ende des 18. Jahrhunderts alle alten Todesstrafen angedroht wurden, verfuhr die Gerichtspraxis trotz Gültigkeit der Peinlichen Halsgerichtsordnung von Karl V. alles andere als dieser Ordnung entsprechend. Nicht einmal für die frühneuzeitliche Gesellschaft des 16. und 17. Jahrhunderts gilt irgendeine Dominanz der gräßlichen Todesstrafen. In Wirklichkeit waren die besonderen Strafpraktiken im Vergleich zum einfachen Enthaupten und Hängen immer nur für bestimmte Fälle vorgesehen. Dennoch gab es sie nicht wenig. Das änderte sich seit dem 17. Jahrhundert. Die gräßlichen Hinrichtungsarten, außer dem Rädern, das es seltsamerweise bis weit ins 19. Jahrhundert gab, werden kaum oder gar nicht mehr praktiziert. Eine Analyse des uns bekannten Materials aus Nürnberg und Frankfurt, aber auch aus Zürich, Augsburg und Würzburg mag diesen allgemeinen Tatbestand klar beleuchten:

Tabelle 8

Nürnberg							
	Sch	Sch*	St	R	E	V	L
1503–1520	54	1	16	4	3	–	5
1521–1540	47	5	27	3	5	2	1
1541–1560	55	5	7	9	8	1	–
1561–1580	84	13	79	14	10	2	–
1581–1600	67	15	84	13	1	1	–
1601–1620	76	3	32	3	–	1	–
1621–1640	52	9	14	–	–	–	–
1641–1660	20	6	5	1	–	1	–
1661–1680	22	4	5	2	–	–	–
1681–1700	21	3	14	–	–	–	–
1701–1720	15	6	7	1	–	–	–
1721–1743	30	10	5	–	–	–	–

Frankfurt							
	Sch	Sch*	St	R	E	V	L
1562–1580	11	7	63	5	6	–	1
1581–1600	18	7	70	1	8	1	–
1601–1620	20	5	46	5	3	–	3
1621–1640	17	–	9	1	–	–	–
1641–1660	7	2	2	–	–	–	–
1661–1680	4	1	3	–	–	–	–
1680–1696	6	–	10	–	–	–	–

Abkürzungen: Sch – Schwert, Sch* – Schwert mit Strafverschärfungen, R – Rad, St – Strang, E – Ertränken, V – Verbrennen, L – Lebendigbegraben

Beide Städte kennen an Todesstrafen nur die sechs bekannten Formen: das Lebendigbegraben, die Verbrennung, das Ertränken, das Rädern, das Hängen und das Enthaupten. Als eine eigene Gruppe Schwert* wurden die Fälle zusammengefaßt, bei denen es zwar zur Enthauptung kam, aber mit so beträchtlichen Strafverschärfungen, daß sie nicht vergleichbar waren mit einer einfachen Hinrichtung durch das Schwert. Unbekannt während dieses Zeitraums sind das in Öl Sieden und die Vierteilung. Der einzig bekannte Fall einer Vierteilung in Frankfurt wurde nicht mitaufgenommen, weil der Anführer des Fettmilchaufstandes vor einem kaiserlichen und nicht städtischen Gericht stand.[36] Das Ölsieden ist zwar aus dem 15. Jahrhundert einmal belegt, gibt es dann aber als Strafform nicht mehr.[37] Eine zweite wichtige Beobachtung schließt sich an. Das Lebendigbegraben, die Verbrennung und das Ertränken sind alte Strafformen, die seit dem frühen 17. Jahrhundert nicht mehr praktiziert wurden. Das Lebendigbegraben gibt es fast nur im 16. Jahrhundert, und bei der Verbrennung müssen wir beachten, daß die meisten Verbrennungen nach einer Enthauptung oder Erdrosselung erfolgten. Von diesen drei Formen ist das Ertränken die häufigste Strafe. Im Unterschied zu diesen Praktiken, die die völlige Vernichtung des Menschen bewirkten – vom Missetäter sollte keine Spur mehr bleiben, er sollte ganz aus dem Gedächtnis der Menschen gestrichen werden –, ist das Rädern eine alte Strafform, die weit länger praktiziert wurde. Ihr Abschreckungswert wurde hoch eingeschätzt, wobei allerdings zu beachten ist, daß in den meisten Fällen seit dem 17. Jahrhundert die zum Rad verurteilten Missetäter ebenfalls vorher erwürgt oder enthauptet wurden. Weiterhin ist auffallend, daß das Hängen – vor allem von Dieben – eine Strafe war, die es von Anfang an gab und die auch bis zum Ende des 18. Jahrhunderts vollzogen wurde, aber während dieser Zeit beträchtlich nachließ. Dies ist ein Hinweis darauf, daß viele zum Galgen verurteilte Missetäter begnadigt wurden.

Die im 18. Jahrhundert am meisten praktizierte Hinrichtungsart ist die Enthauptung – es handelt sich um die ehrlichste Strafe. Sie gab es vom 16. bis 18. Jahrhundert. Wenn auch hier eine Abnahme zu konstatieren ist, dann lag dies allgemein an

Abb. 8: Ertränken in Wien 1562. Kupferstich von Jan Luyken

der Abnahme todeswürdiger Verbrechen, d.h. schwerer Kriminalität. Schließlich gab es auch Enthauptungen mit beträchtlichen Strafverschärfungen. Sie waren zwar keine dominierenden Strafformen, müssen aber eigens hervorgehoben werden. Sie gab es vor allem in Nürnberg, wo bereits die Schwertstrafe die vorherrschende Hinrichtungspraxis wurde. Die verschärften Praktiken lassen sich als Strafen für Verbrechen erklären, die eigentlich eine andere, härtere Strafe verdient hätten. Sie traten an Stelle von Rädern, Verbrennen oder Ertränken.

Wenn wir jeweils die letzten 20 Jahre der Tabelle 8 von Nürnberg und Frankfurt betrachten, so fällt abschließend die geringe Zahl der Hinrichtungen insgesamt auf, wobei die Schwertstrafe in Nürnberg absolut dominierte. Im Vergleich dazu stellen die Jahre 1560–1580 einen Zeitraum dar, in dem nicht nur die Zahl der Hinrichtungen insgesamt viel höher war (N. 29/202; F. 16/102), sondern die alten Strafarten wie das Rädern und Ertränken noch voll praktiziert wurden.

Die Zahl der Hinrichtungen nahm also vom 16. zum 18. Jahrhundert drastisch ab, wobei die alten grausamen Hinrichtungsrituale nicht nur mehr eine geringe Rolle spielten, sondern bald gar nicht mehr ausgeführt wurden. Die dominante Strafform wurde die Enthauptung, wenn sie es nicht bereits von Anfang an war.

VI.
Hinrichtungsrituale: Von der Reinigung zur Abschreckung

1.

Alte Hinrichtungsrituale waren die Verbrennung, das Ertränken und das Lebendigbegraben. Sie lassen sich allenthalben noch für das 16. Jahrhundert belegen, zum Teil wurden sie auch im frühen 17. Jahrhundert praktiziert, verloren seither aber an Bedeutung. Insofern es hier um die radikale Vernichtung und Auslöschung eines Missetäters ging, von dem keine Spur erhalten bleiben sollte, weder eine Erinnerung noch eine Grabstätte, können diese Hinrichtungen quasi als Reinigungsrituale der Gesellschaft bezeichnet werden.[1] Die Gesellschaft reinigte sich von Verbrechen, die vor allem die religiös-sittliche Ordnung in der Weise verletzten, daß Unheil für die Gesellschaft zu befürchten war, wenn sie nicht entsprechend gesühnt wurden. Weitgehend handelte es sich um Bestrafungen an Frauen. Die Tötung wurde nicht durch Henkershand vollstreckt, sondern durch die Naturgewalt selbst ohne Blutvergießen, durch das Feuer, das Wasser und die Erde, denen besondere zerstörende oder reinigende Kräfte zugesprochen wurden. Gewisserweise könnte auch das Erhängen dazu gezählt werden, denn hier wurde ein Delinquent der Gewalt der Luft, d.h. dem Wetter und den Vögeln überantwortet. Mit der Verherrschaftlichung der Strafpraxis und einer auf Theatralik, Einschüchterung und moralische Erbauung angelegten Hinrichtungspraxis wurden diese ‚reinigenden' Rituale für die Obrigkeiten aber zusehends disfunktional und vor allem durch die ‚abschreckende' Schwertstrafe ersetzt.

Die Strafe des Lebendigbegrabens galt als eine besonders gräßliche wie schwere Strafe für die verschiedensten Sittlichkeitsdelikte wie Ehebruch, Gattenmord und Kindsmord, aber auch in Fällen von schwerem Diebstahl wurde sie angewandt.[2] Sie war das für Frauen übliche Gegenstück zum Rädern der Männer. Die Delinquentin wurde zumeist entkleidet unter einem Galgen in einer Grube auf den Rücken gelegt, gefesselt und mit Dornen bedeckt und dann von den Füßen an begraben. Verbunden wurde diese Strafe nicht selten mit der Pfählung, d.h. ein Pfahl wurde von oben durchs Herz oder auch durch den Nabel oder die Brust gestoßen. Dies konnte vor der Begrabung erfolgen oder auch danach. Die Symbolik ist nicht klar, offensichtlich sollte die Wiederkehr verhindert werden, zugleich beugte man dadurch einem langsamen Ersticken vor.[3] Einer der letzten und bekannten Fälle ist 1585 aus Frankfurt überliefert. Hier hatte eine Frau mit 64 Stichen ihren Mann im Bett ermordet. Man fand für sie keine gerechtere Strafe, als sie auf der Richtstätte lebendig zu begraben und „Ir ein langer spitziger Pfahl durch den Leib" zu schlagen.[4] Das Lebendigbegraben wurde im 15. und frühen 16. Jahrhundert noch reichlich praktiziert, ist aber im Vergleich zur Verbrennung und zum Ertränken viel weniger belegt.[5] Die Strafe galt als besonders gräßlich, es kam hier und da zu erbärmlichen Szenen, und sie wurde deswegen, nicht selten angeregt durch den Scharfrichter, schon früh wieder aufgegeben. 1497 sollte in Nürnberg eine Frau wegen schweren Diebstahls unter dem Galgen lebendig begraben werden. „Diese arme hat sich im eingraben [aber] so hart erzeiget, daß sie die haut an ihren händen und füssen sehr aufgerissen, daß sie die Leut erbarmet". Sie hatte sich offensichtlich kräftig gewehrt. Darauf erwog der Rat, künftig Frauen nicht mehr lebendig zu begraben, sondern nur zu ertränken, „welches auch hernach geschehen, daß man die so gestohlen haben, ihre ohren abgeschnitten oder ertränkt worden".[6] Doch trotz dieser Protokollnotiz hat man auch in Nürnberg noch länger lebendig begraben. Ein letzter Fall ist noch 1522 belegt: eine Frau, die ihren Mann und ihre Enkelin vergiftet hatte, wurde „auf einen Wagen, mit Händen und Hals geschmiedet, ausgeführet und mit glühenden Zangen gezwicket, ein Pfahl durch das Herz geschlagen, hernach lebendig unter dem galgen begraben".[7]

Weit verbreiteter war die Strafe des Ertränkens, die ebenfalls vor allem an Frauen vollstreckt wurde.[8] Aber auch Männer erlitten den Tod durch Ertränken. Ertränkt wurden vor allem Personen, die gegen sittliche Normen oder gegen die kirchliche Ordnung verstoßen hatten; Kindsmörderinnen, Ehebrecher und Ketzer. Viele Täufer erlitten den Tod auf diese Weise.[9] Wo allerdings kein Fluß vorhanden war, traten andere Strafen an die Stelle des Ertränkens.[10] Neben der Idee der Vernichtung spielte hier die reinigende Kraft des Wassers in seiner schuldabspülenden Symbolik eine große Rolle. Bevorzugt wurde fließendes Wasser. Das Ertränken praktizierten die Gerichte während des ganzen 16. Jahrhunderts. Als es dann allenthalben im Laufe des 17. Jahrhunderts sukzessive eingeschränkt wurde, kam es in Preußen und Sachsen allerdings nochmals zu einer verstärkten Anwendung vor allem zur Bekämpfung des Kindsmordes.[11] Das Ertränken galt ebenfalls als gräßliche Strafe, in der wegen des relativ unsicheren Ausgangs noch viele Elemente des Gottesurteils steckten. Die Exekution wurde allgemein auf einer Brücke ausgeführt. Die Missetäterin wurde z. T. entkleidet und dann in die Hocke gezwungen, um ihr einen Stock unter den Kniekehlen durchzuführen. Hinter diesem band man dann Hände und Füße zusammen. Die Gefesselte wurde ins Wasser gestürzt, wobei ein Henkersknecht sie noch mit langen Stangen unter die Wasseroberfläche drückte. Es gab auch noch andere Varianten: Eine Form des Ertränkens war das sogenannte Säkken, das dem römischen Recht entstammte.[12] Die Verurteilte wurde zusammen mit 3 bis 4 Tieren in einen Sack gesteckt. Dem Urteil nach sollten dies ein Hund, ein Hahn, eine Schlange und ein Affe sein. Da es Affen aber nicht gab und auch Schlangen in der Regel nicht zur Hand waren, steckte man anstelle des Affen eine Katze und anstelle der Schlange ein gemaltes Schlangenbild mit in den Sack. Was diese Beigaben bedeuteten, ist ungewiß, sie mochten als Strafverschärfung dienen oder Zeichen besonderer Schande sein.[13]

„Der hund zeiget an, das ein solcher mensch seiner eltern nie mit ehren bekandt hat, die der hund thut, welcher die ersten neun tage blindt ist. Der han bedeutet des menschen frevel und durstigen hochmuth, den er an seinem vatter oder kindt began-

Abb. 9: Letzte Verbrennung eines Delinquenten in Berlin 1786

gen hat. Die nater bedeutet solcher eltern unglueck. Denn von dieser geberung sagt man also das, wann sie sich gatten wollen, so stecket das menlein sein haupt in das weibleins mund, davon empfehet sie und also beist sie dem menlein vor wollust das heupt ab. Darnach wann sie die jungen geberet, muss sie von ihnen wieder sterben. Dann als dieselben sollen geboren werden, beissen sie sich aus der mutter leib davon sie dann von stund ahn stirbt. Der aff bezeichnet eines menschen gleichnuss oder todes ebenbilde ohne werck. Dann wie der affe inn vielen dingen einen menschen gleich ist und ist aber doch kein mensch, also ist dieser north einem menschen ehnlich gewest, ist aber mit der that und herzen kein mensch gewesen, weil er so unmenschlichen hat an seinen eigenen blut thun doerffen".[14]

Die Strafe des Säckens erreichte als besondere Form des Ertränkens in Sachsen zu Ende des 17. Jahrhunderts noch einen späten Höhepunkt, vor allem bei Kindsmord. Die Wiedereinführung des Säckens in Preußen 1720 wurde allerdings bereits 1740 wieder rückgängig gemacht.[15]

Eine zweite Variante gab es vor allem in der Schweiz; sie erinnert stark an ein Gottesurteil. Der Henker warf die Missetäterin mit einem Seil ins Wasser und zog sie am gegenüberliegenden Ufer wieder heraus, überlebte sie, war sie frei. Die Quellen sprechen von Schwemmen.[16] Oder man warf die Delinquentin ohne Seil ins Wasser und ließ sie gefesselt treiben. Lösten sich im Wasser die Fesseln und konnte sie sich ans Ufer retten, war sie ebenso anschließend begnadigt. „So ward sie", heißt es aus Elbing 1521 einmal, „bis zur roten Fischerbude getragen, und dort noch lebendig an Land geworfen. Der Büttel wollte sie zwar von neuem in den Fluß stürzen, aber das Volk, das nachgefolgt war, da es den klaren Beweis der Unschuld vor Augen hatte, entriß das Weib seinen Händen und lösete dessen Bande".[17] Es galt als unausgesprochenes Recht, daß eine Strafe, die ordnungsgemäß ausgeführt wurde, aber nicht zum Tod führte, nicht wiederholt werden durfte. Auf diesem Recht bestand das Volk, wohingegen die richterliche Obrigkeit auf Wiederholung drängte und diese auch zusehends durchsetzte.[18]

Die dritte und gewisserweise vollkommenste Form einer Vernichtungs- und Reinigungsstrafe stellt die Verbrennung dar.[19] Verbrannt wurden vor allem die wegen Hexerei, Ketzerei, Giftmischerei, Sodomie und Falschmünzerei verurteilten Personen. Dies traf Frauen ebensogut wie Männer. Ihre stärkste Verbreitung fand die Verbrennung im 16. Jahrhundert, der Zeit der Gegenreformation und rigiden Durchsetzung kirchlicher Moral. Seither wurde, sofern überhaupt noch Verbrennungen stattfanden, der Malefikant vorher erwürgt oder ihm ein Säckchen Pulver um den Hals gebunden, damit der Tod vor der eigentlichen Verbrennung eintrat. Denn eine Verbrennung konnte, vor allem wenn das Feuer schlecht gelegt war, sehr lange dauern und sehr schmerzhaft sein.[20] Immer aber war dies ein aufwendiges Hinrichtungsritual. In der Regel wurde bei der Verbrennung ein Pfahl in den Boden gerammt und mit Reisigbündeln, Stroh und Holzscheiten umschichtet. Der Verurteilte wurde mit einer Eisenkette, die man ihm um den Hals oder um den Leib legte, an den Pfahl gefesselt. Er konnte dabei entweder auf den Scheiterhaufen gestellt oder auf einen Hocker gesetzt werden. Das Feuer brannte dann solange, bis nur Asche übrig blieb. Verbrannten die Knochen nicht, zerschlug man sie schließlich zu Pulver. Entweder wurden dann alle Reste unter dem Galgen vergraben oder in einen Fluß geworfen. Die Tötung sollte zur völligen Vernichtung und Auflösung führen, „damit die gedächtnüß dieser schändlichen That soll ausgetilget werden", wie es im Urteil heißt, bzw. „damit also Gottes Zorn und Strafe von Stadt und Land möge abgewandt werden".[21]

In Nürnberg wurde so noch 1659 ein junger Hirte, „ein grausamer und abscheulicher Sodomit auff einem hierzu verordneten Scheiterhauffen gesezet und mit Feuer lebendig verbranndt und vom Leben zum Todt gebracht und hingerichtet, ihme selbsten zu einer gar wohl verdienden straff, sondern aber bey so starck einreissenden und im schwang-gehenden abscheulichen Lastern zur Warnung, Abscheu und Exempel, sich von dergleichen schändlichen Mißhandlungen und hochsträfflichen Übelthaten desto mehr zu hüten". Wie ein Zeuge berichtet, starb der Hirte eines besonders „jämmerlichen und grausamen" Todes, in dem „ihm nicht nur allein die band und stricke an händen und füssen herabgebronnen, sondern auch, daß er wie ihme händ, Füsse und der Leib vom Feuer auffgesprungen gleichwohln noch gelebet hat".[22] Bei Sodomie erfolgte auch die Verbrennung des Tieres. Die Strafe der Verbrennung galt zwar als eine sichere Todesstrafe, aber wie bei dem Lebendigbegraben und dem Ertränken gab es gelegentlich unvorhergesehene Zwischenfälle, wenn es zu einem „erschröcklichen und erbärmlichen Tod" kam. Es war dann auch verständlich, wenn der Scharfrichter, der für die Feuerlegung verantwortlich war, diese Strafe durch andere ersetzt wissen wollte, denn bei einem Mißlingen konnte er zur Rechenschaft gezogen werden.[23] Insofern entsprang die vorhergehende Erdrosselung oder das Umhängen eines Pulverbeutels nicht nur humaner Gesinnung, sondern auch dem Wunsch nach einem reibungslosen Ablauf der Hinrichtung.

2.

Alte Hinrichtungsrituale waren auch das Rädern und die Vierteilung oder das Zerstückeln. Als regelrecht blutige Schlachtfeste besaßen diese weniger reinigende Funktion, sondern verwirklichten par excellence die Idee der Vergeltung und der Abschreckung und korrespondierten dementsprechend mit den alten Verstümmelungsstrafen. Sie wurden vorwiegend an Männern vollstreckt, aber es sind auch Fälle überliefert, bei denen Frauen diese Strafen erleiden mußten.[24] Das Rädern und die Vierteilung standen auf schwere Verbrechen wie vielfachen Mord oder politischen Verrat. Während die Vierteilung zumindest in Deutschland trotz häufiger Androhung nur wenig praktiziert und seit dem 16. Jahrhundert kaum noch ausgeführt wurde – dann allerdings mit um so stärkerer öffentlicher Wirkung –, blieb das Rädern bis weit ins 19. Jahrhundert hinein eine recht verbreitete Strafe für schwere Mordverbrechen. Nicht selten erfolgte allerdings bereits früh eine vorherige Tötung durch das Schwert bzw. durch Erdrosselung.

Die Vierteilung ist nur in wenigen Fällen belegt, um so intensiver ist sie als Strafe beschrieben worden.[25] Sie traf vor allem Landesverräter und Königsmörder und galt als die grausamste Strafe. Eigentlich – und viele Abbildungen bezeugen dies – sollte der Verurteilte dabei von Pferden zerrissen werden. Da aber Pferde selten einen Mann auseinanderreißen konnten, gelang die Vierteilung erst, wenn der Henker die Gelenke einschnitt.[26] In der Regel war aber auch diese Form noch zu kompliziert. In den uns bekannten Fällen verzichtete man auf Pferde; statt dessen legte der Scharfrichter mit seinen Knechten den Missetäter zur Vierteilung nackt auf eine Art Holzpritsche – zumeist auf einem großen Schafott mitten in der Stadt –, fesselte ihn an allen Gliedmaßen und schnitt dann zunächst mit einem großen, eigens dafür gefertigten Messer die Brust von unten her auf, um das Eingeweide mitsamt dem Herzen, der Lunge und der Leber und „alles, was im Leib ist" herauszunehmen, es dann dem Armen Sünder „auf das Maul zu schmeißen" und in der Erde zu verscharren. Dann wurde der Mann auf einen Tisch, eine Bank oder einen Klotz gelegt und ihm mit einem besonderen

Abb. 10: Zeitgenössisches Flugblatt: Todesurteil des Martin und Simon Brandl (1769). (Hauptstaatsarchiv München)

Beil der Kopf abgeschlagen und der Leib in vier Teile zerhauen, die dann einzeln auf eichenen Säulen oder Schnappgalgen an den Hauptstraßen angenagelt wurden.[27]

Von den uns bekannten Fällen ist die Hinrichtung des adligen Verschwörers Grumbach 1567 die aufschlußreichste.[28] Sie gestaltete sich in der Tat zu einem großen Schlachtfest, das von einer „grausam großen Welt Volkes von Fürsten, Grafen, Edelleuten, Kriegsvolk, Bürgern und Bauern" verfolgt wurde. Auf dem Marktplatz von Gotha hatten Scharfrichter – sechs waren insgesamt tätig – ein großes Gerüst aufgebaut, das zeitgenössische Quellen als eine hölzerne Blutbrücke bzw. Fleischbank beschreiben. Viele Berichte kursierten später in der Öffentlichkeit. Die ganze Prozedur der Hinrichtung Grumbachs und seiner fünf Helfer dauerte zwei Stunden. Zwei Fähnlein Knechte umgaben das Schafott. Die Verurteilten wurden nacheinander aus dem Rathaus bzw. Grumbach selbst aus dem Schloß durch den Reichsprofoß mit Reitern und Trompetern abgeholt. Da

Grumbach an der Gicht litt, mußten ihn 8 Stockknechte auf einem Stuhl hertragen. Die Hinrichtung gestaltete sich wie ein hoheitlicher Akt. Jedem Verurteilten wurde vor seiner Hinrichtung das Urteil vom Malefizschreiber hoch zu Roß eröffnet. Ebenso feierlich erfolgte dann die Bekanntgabe des Geständnisses. Grumbach bekannte seine Schuld und bat alle, die durch ihn betrübt wurden, ihm zu verzeihen. Er hatte gebeichtet und bat um Fürbitte vor Gott. Darauf wurde er ausgezogen, aufgebunden und ihm sein Herz aus dem Leib geschnitten, das der Scharfrichter ihm mit den Worten „Siehe Grumbach, dein falsches Herz" um den Mund schlug. Danach hieb der Henker seinen Körper in vier Stücke. Dasselbe Schicksal erlitt Grumbachs Kanzler Brück. Dieser kam in einem schwarzen Trauermantel mit einem Trauerflor am schwarzen Hut zur Hinrichtung. Auch ihm wurde das Urteil öffentlich vorgelesen. Er entschuldigte sich und bat ebenfalls alle um Verzeihung. Als man ihm das Herz aus dem Leib schnitt und oftmals auf den Mund schlug, soll er „gräulich und gar lange" geschrien haben. Die weiteren vier Verurteilten erlitten „mildere" Strafen; sie dokumentieren das volle Ritual der möglichen Hinrichtungen. Der erste wurde zunächst enthauptet und dann gevierteilt; der zweite wurde ebenfalls zum Tode verurteilt, dann aber zu einer Gefängnisstrafe begnadigt; der dritte wurde in „herrlicher" Kleidung enthauptet und der letzte schließlich am Galgen erhängt. Nach der Hinrichtung wurden die Gevierteilten auf einen Karren geworfen und die Teile auf vier Landstraßen vor den 4 Toren der Stadt auf 12 Säulen ausgestellt. Je drei Säulen standen an einem Ort beisammen, eine jede trug ein Viertel eines der Hingerichteten, so daß an jedem der vier Orte von jedem der drei Gevierteilten ein Stück zur Schau gestellt war. Zur Schändung des Namens Grumbach und zur allgemeinen Abschreckung wurde zudem an jeder Säule ein Brustbild Grumbachs mit dem Vers angeheftet:

„Discite justitiam moniti,
Wer Grumbach in seim Stande blieben,
Und hett ihm nicht lassen gelieben,
Kayser, Chur- und Fürsten zu verletzen,

Andere an ihre Stadt zu setzen,
Auch nicht gefasset diese Gedancken
Zu werden ein Herzog in Francken,
Hett Landt und Leut nicht so betrübt,
Nicht einfell, Mord und Raub geübt,
So hieng sein Cörper nicht für Gotha,
Den Raben in vier Stück zerschroten."

Das Rädern galt als gräßliche, schwere wie schmachvolle Strafe. Für schweren Mord wurde sie vor allem an Raubmördern und Gattenmördern und fast ausschließlich an Männern vollstreckt.[29] Seit dem 17. Jahrhundert wurden die Delinquenten allerdings oft vorher enthauptet oder erdrosselt. Dies geschah als Akt der Gnade, ohne daß darunter aber die Abschreckungswirkung gelitten hätte. Von der Erdrosselung erfuhr das Publikum selten etwas. Keine Strafe eignete sich nämlich so sehr zur Abschreckung wie das Rädern.

„Da bei vorkommenden Criminalfällen, in welchen dem Delinquenten durch das über ihn zu sprechende Urteil die Strafe des Rades zuerkannt werden muß, die eigentliche Absicht darunter dahin gehet, daß nicht sowohl der Delinquente gemartert werden, als daß vielmehr an ihm ein affreuses Exempel, andern zum Abscheu geschehen soll, so habe Ich resolvieret, daß von nun an und künftighin es darunter dergestalt gehalten werden soll, daß, wenn einem Delinquenten die Strafe des Rades, es sei nun solches von oben herunter oder von unten herauf zuerkannt werden muß, als dann es bei der Exekution jedesmal dergestalt gehalten werden muß, daß nämlich der Delinquent vor dem Rädern, jedoch ohnvermerkt und ohne daß es die herumstehenden Zuschauer sonderlich gewahr werden können, vorher erdrosselt werden und als dann die Exekution mit dem Rade geschehen soll, es wäre denn das Verbrechen des Delinquenten von solcher Enormité, daß die besonderen Umstände ein ganz abscheuliches Exempel erforderten, so daß dem Delinquenten die Strafe, lebendig gerädert zu werden, besonders zuerkannt werden müßte".

Kabinettsordre Preußens von 1749.[30]

Zumeist wurde der verurteilte Verbrecher nackt entweder an Pflöcken auf die Erde gebunden und ein schweres Rad auf seine Glieder gestoßen, oder der Delinquent wurde auf eine radähnliche Unterlage gelegt und seine Glieder wurden von unten nach oben oder umgekehrt zerschlagen. War der Missetäter nicht ohnehin bereits vorher erdrosselt worden, so konnte ihm auf Begehren ein Gnadenstoß gewährt werden. Das Rad mußte unbenutzt sein.[31] Mit zum Ritual gehörte dann die Aufrichtung des am Rad festgebundenen oder eingeflochtenen Sterbenden oder Toten, um ihn hier dann wie am Galgen den Vögeln zu überlassen. In St. Gallen wurde 1596 ein Dieb und Raubmörder zum Tod durch das Rad verurteilt. Auf einer Schleife wurde er mit dem Kopf nach unten zum Richtplatz gezogen. Dort wurde er dann auf eine Pritsche gebunden, um ihm seine vier Gliedmaßen jedesmal zweimal, d.h. unter und über den Knien sowie unterhalb und oberhalb der Ellenbogen mit dem Rad zu brechen. Ein vom Scharfrichter begehrter Todesstoß mit dem Messer beendete seine Schmerzen. Schließlich wurde der Leichnam in das Rad eingeflochten und aufgerichtet, „so daß die Vögel under und über dem Rad ihren Flug haben mögen".[32] Genau wurde im Urteil die Zahl der Stöße festgelegt. Sie stand zumeist in Korrespondenz zur Zahl der Delikte.[33]

Wie bei jedem Hinrichtungsritual gab es auch beim Rädern eine breite Palette von Strafverschärfungen. Das vorhergehende Schleifen und Zwacken mit glühenden Zangen, eine spätere Enthauptung bzw. Verbrennung, wobei der Kopf auf einer Stange oberhalb des Rades aufgespießt bzw. der ganze Körper des Geräderten verbrannt wurde. Die Grenze zur Vierteilung wurde berührt, wenn beim Rädern die Glieder nicht nur gebrochen, sondern vom Körper gelöst und dann einzeln aufgehängt wurden und dies noch verbunden war mit der Entnahme der Eingeweide, was allerdings selten vorkam. In diesen Fällen handelte es sich nicht mehr nur um Strafverschärfung, sondern bereits um Formen einer Kumulation von Strafen. Wenn etwa ein Missetäter nicht nur wegen Mordes, sondern gleichzeitig wegen schweren Diebstahls oder Blutschande angeklagt und verurteilt wurde, versuchte man dies im Hinrichtungsritual dadurch zum Ausdruck zu bringen, daß man die Radstrafe mit dem Hängen bzw. der Verbrennung verband, entweder über dem Rad einen Galgen errichtete oder den Zerschlagenen hernach noch verbrannte. Besonders erfindungsreich zeigten sich die peinlichen Gerichte der Schweiz.[34] In St. Gallen wurde 1600 ein wegen Kirchenraubs, Mordbrands und Notzucht – er hatte die Frauen nach der Vergewaltigung lebendig begraben – angeklagter und verurteilter Verbrecher folgendermaßen bestraft: Er wurde auf einer Schleife zunächst zum Rathaus gezogen und dort mit einer glühenden Zange in seine Brust einmal und in jeden Arm sechsmal gezwickt. Dieselbe Prozedur wurde dann auf dem Marktplatz an seinen Schenkeln wiederholt. Auf dem Richtplatz angekommen, wurden ihm auf einer Pritsche sowohl Arme wie Beine unten wie oben gebrochen und er so auf das Rad geflochten, daß er den Kopf in einen Galgen stecken mußte, ohne allerdings erwürgt zu werden. Schließlich wurde das Rad mit ihm aufgerichtet und alles zu Asche verbrannt.[35] Manchmal heißt es sogar ausdrücklich, daß der Delinquent ganz langsam verbrannt werden sollte.[36] Diese Strafe ist in St. Gallen zwischen 1560–1620 mindestens zehnmal belegt.[37] Derartige Gräßlichkeiten sind auch zu dieser Zeit im deutschen Raum sonst nur wenig überliefert, aber das einfache Ritual des Räderns blieb noch bis zum Ende des 18. Jahrhunderts, ja bis weit ins 19. Jahrhundert in Gültigkeit. Es war allerdings keine alltägliche Angelegenheit. Derartige Hinrichtungsschauspiele wurden von der Obrigkeit bewußt in Szene gesetzt und zogen viel Volk von nah und fern an.[38] In zahlreichen Flugblättern wurden sie weithin bekannt gegeben. Verurteilt wurden sie lediglich von wenigen Vertretern der aufgeklärten Intelligenz, die allerdings weniger die Härte der Strafe im Auge hatten, als auf die Verrohung des Volkes durch derlei Schauspiele aufmerksam machten, während sie einen Nutzen für den Staat bestritten.[39] Bekannte Beispiele waren im späten 18. Jahrhundert die Hinrichtung des Sonnenwirtes in Württemberg – des Vorbilds von Schillers „Verbrecher aus verlorener Ehre“[40] – und das „große Spectaculum“ der Hinrichtung des bayerischen Hiesl in Bayern.[41]

3.

Die häufigsten Todesstrafen waren das Erhängen am Galgen und die Hinrichtung mit dem Schwert. Sie gab es zwar seit jeher, doch wurden sie seit dem 17. Jahrhundert absolut vorherrschend, als die Hinrichtungen nur noch Sache der Obrigkeiten waren. Durch sie wurden die gängigsten Delikte gesühnt: Diebstahl und Mord.

Die wohl am häufigsten vollzogene Todesstrafe war das Erhängen am Galgen, zumindest in früher Zeit.[42] Sie betraf weitgehend schweren Diebstahl und Betrug und wurde vor allem an Männern vollzogen. Wegen ihres schändlichen Charakters wurde sie seit dem 17. Jahrhundert zugunsten der Enthauptung zurückgedrängt. Es war die schmählichste Strafe, die nicht nur Leben und Ehre des Delinquenten traf, sondern die ganze Familie entehrte. Deswegen ersuchten die Verwandten nicht selten um eine Begnadigung zur Schwertstrafe. Bei Ansässigen und Höherstehenden wurde dem auch zumeist entsprochen, vor allem in späterer Zeit. Das Hängen galt als unauslöschliche Schande, darüber hinaus, und das dürfte für das Verständnis der Zeit nicht minder vernichtend sein, hieß das Preisgeben eines Leichnams zum Fraß für die Vögel, dem Delinquenten ein Begräbnis verweigern und seiner Seele keine Ruhe gewähren. In diesem Sinne gab es Entsprechungen zum Rädern, wo der Körper ebenfalls bis zur Verwesung auf dem Rad liegen bleiben mußte.

„Daß man diesen armen Menschen solle an den liechten Galgen henken mit einem neuen Strick zwischen Himmel und Erdenreich so hoch, daß das Haupt ohngefähr den Galgen berühre und unter ihm Laub und Gras wachsen möge, und solle allda am Strick zum Tode erwürgt werden, daß er daran sterb und verderb und seinen Leib lassen am Galgen hängen, damit er den Vögeln in der Luft erlaubt und dem Erdenreich entzogen werde, also daß fürhin weder Leut noch Gut von diesem Menschen geschädigt und andere seinesgleichen ob dieser Straf ein Schrecken und Warnung empfang“.

Eine alte Urteilsformel aus Aargau.[43]

Abb. 11: Erhängen von Täufern in Amsterdam. Zeichnung von Barent Dircksz (1535)

Das Erhängen wurde auf unterschiedliche Weise vollzogen: es dominierten zwei Verfahren. Entweder mußte der gefesselte Verurteilte selbst die Leiter – und zwar rückwärts – hinaufsteigen, und der Henker stieß ihn dann von oben, nachdem er ihm die Schlinge um den Hals gelegt hatte, von der Leiter, oder der Verurteilte wurde von Henkersknechten an einem Gurt hochgezogen, dann ebenfalls mit einer Schlinge um den Hals herunter gestoßen. Während dieses Verfahren recht umständlich war, gab es beim ersten Verfahren nicht selten die Schwierigkeit, daß bei einem kurzen Strick der Delinquent sich nur langsam erwürgte, weswegen der Henker ihn oft herunterziehen mußte, oder daß überhaupt der Strick riß, weswegen man immer mehr dazu überging, Ketten zu verwenden.

Selbst beim Erhängen konnte man gemäß der Schwere des Deliktes variieren. So wurde etwa genau vorgeschrieben, wie lange einer hängen sollte. Bei einer zu langen Zeit stand allerdings zu befürchten, daß der Körper herunterfiel oder er gestohlen wurde, zumindest einzelne Glieder von ihm. Während dies zumeist auf Personen zurückging, die sich von diesen Teilen irgendeine Heilwirkung versprachen, waren es vor allem Familienangehörige, die den ganzen Leichnam stahlen, um die Schande zu tilgen und ihrem Verwandten die Seelenruhe durch ein Begräbnis zu gewähren.[44] Desweiteren konnte auch eine bestimmte Stelle am Galgen oder die Höhe des Galgens vorgeschrieben werden. Mitten im Galgenkreuz aufgehängt zu werden, galt als ebenso schimpflich wie besonders hoch zu hängen. „Je höher jemand gehängt wurde, desto schimpflicher seine Strafe."[45]

Ein Schauspiel besonderer Art stellte die Hinrichtung des Juden Süß Oppenheimer in Stuttgart 1738 dar.[46] Wegen Landesverrat, Betrug, Unzucht und anderen ihm vorgeworfenen Vergehen wurde er nicht nur auf einen besonders hohen Galgen gehängt, sondern zudem in einen riesigen Käfig, der über den Galgen hinausragte. Hatte er doch bei der Verurteilung bekundet: „Höher als der Galgen ist, könnte man ihn nicht hängen". Deshalb hatte das Gericht keine Kosten gescheut, ihn vor einem großen Publikum höher zu hängen als den Galgen. Dieser Galgen war ohnedies eine besondere Konstruktion, so hoch wie ein

Eigentliche Abbildung und Beschreibung / wie der bekannte Jud /

Joseph Süß Oppenheimer,

Den 30. Januarii 1738. von Asperg unter starcker Wache nach Stuttgard in das sogenannte Herrschafft-Hauß gebracht / ...

Süß! dein Nam ist gut, dein Tod ist aber bitter;
Du ziehest selbst auf dich diß schwehre Ungewitter;
Drum klag allein dich an, nimm mit der Straf vorlieb,
Du hast noch mehr verdient, verwegner Galgen-Dieb.

Weil nun die Juden sich auf ihre Grab-Stein schreiben,
So soll nach deinem Tod dir diese Grab-Schrifft bleiben,
Damit ein jeder mög dieselbe schauen an,
Und dein sehr böses Thun in Kürtze lesen kan.

EPITHAPHIUM.

Cartouche Geists Anfrage an Jud Süssens seinen Geist.

Anmerckungen der in dem Kupffer sich befindlichen Ziffern.

Abb. 12: Hinrichtung von Joseph Süß Oppenheimer 1738. Zeitgenössisches Flugblatt (Germ. Nationalm. Nürnberg)

Turm und aus Eisen gebaut. Er war für den Alchemisten und Betrüger Georg Honauer bestimmt gewesen, der den Herzog von Württemberg um 2 Tonnen Gold betrogen hatte. An diesem mit Flitter vergoldeten Galgen war der Alchemist in einem vergoldeten Gewand 1597 aufgehängt worden.[47] Die Hinrichtung von Jud Süß gestaltete sich geradezu zu einem großen Fest auf der Galgensteige in Stuttgart, wo zahlreiches Militär aufgezogen war und viele Logen eigens für die Kavaliere und ihre Damen errichtet worden waren. Es fehlte auch nicht an Buden, die Wein und Bier ausschenkten. Händler verkauften fliegende Blätter mit dem Bild des Juden und Spottversen. Es war ein erregendes Volksfest, denn Jud Süß, der dem Gericht trotzig widerstand und jeden Bekehrungsversuch von seiten protestantischer Geistlicher abgewiesen hatte, wehrte sich selbst gegen die Henker, als sie ihm den Strick um den Hals legten. Der Verurteilte war auf einem hohen Schinderkarren mitten durch die Stadt zur Richtstätte geführt worden. In einen scharlachroten Mantel gekleidet und mit einem kostbaren, weiterkennbaren Ring, den man ihm belassen hatte, wurde er hochgezogen, während der Stadtvikar dem Sterbenden nachrief „Fahr zur Hölle, verstockter Schelm und Jud" und die ihn begleitenden Juden gleichzeitig mit lauter Stimme beteten: „Eins und ewig ist Jahve Adonei".

Unter Umständen konnte einem Missetäter, der gehängt wurde, auch ein Schild umgehängt werden, auf dem entweder der gestohlene Gegenstand abgebildet war oder das Delikt angeschrieben war. Eine Strafverschärfung war das zusätzliche Abschlagen einer Hand, die dann auf eine Spitze gesteckt werden konnte. Nicht zuletzt konnte die Strafe des Erhängens Teil einer Strafkumulation sein, wie bei den oben genannten Beispielen. Nicht selten belegt ist die nachfolgende Verbrennung.[48]

Einen besonderen Ritus stellte die Hinrichtung von Juden dar. Sie wurden an den Füßen gehängt, und zwar zusammen mit zwei Hunden. Nicht selten starben sie erst nach Tagen.[49] Die Hinrichtung erfolgte zumeist auf freiem Feld an einem dreioder vierbeinigen Galgen.

So einfach die Prozedur zunächst aussah, so forderte sie doch vom Scharfrichter große Aufmerksamkeit. War der Strick zu kurz, erfolgte ein schmerzvolles Erdrosseln, was ebenso zu Auseinandersetzungen mit den Zuschauern führen konnte, wie wenn der Strick zu lang war und deshalb beim Hinunterstürzen des Delinquenten zerriß, d.h. eine Hinrichtung wiederholt werden mußte. Mißlang eine Hinrichtung, so kam es zum Vorwurf der Grausamkeit von seiten der Zuschauer, aber auch von seiten der Angehörigen des Verurteilten, die dann auf Gnade bestehen konnten.

Die vorherrschende Hinrichtungsart war seit dem 17. Jahrhundert die Enthauptung durch das Schwert.[50] Sie war zugleich die leichteste wie auch ehrenhafteste Todesstrafe. Adelige und hohe Standespersonen wurden in der Regel enthauptet.[51] Wie beim Hängen wurden dem Verurteilten die Augen verbunden, die Hände auf den Rücken gefesselt und der Hals entblößt, um ihn sicher zu treffen. Der Delinquent erwartete die Enthauptung entweder stehend, knieend oder auf einem Stuhl sitzend. Weil sie die schmerzfreieste Todesart war, wurde sie von den meisten begehrt. Es war aber nicht leicht, die Enthauptung mit einem einzigen Streich durchzuführen. Wenn nach einem Schlag das Blut hochstieß und der Kopf fiel, war das Publikum zufrieden. Ein Delinquent konnte aber immer überraschend den Kopf bewegen, deshalb suchte der Henker vorher seine Einwilligung zu erlangen. Denn mißlang dem Scharfrichter eine Enthauptung, war sein Leben gefährdet, während ein ‚meisterlicher' Streich bei Volk und Obrigkeit Anerkennung fand. Als einem neuen Henker in Memmingen 1710 eine Hinrichtung „ganz glücklich und wol" gelang, waren „nicht allein wir [die Obrigkeit] uns sondern auch der große und volkreiche zuschauende Umstand sich über dises jungen Menschen so herzhaft und sehr glücklich vollbrachte richtung und Decollation sehr verwundert".[52] Bei der Strafe der Enthauptung sollte der Scharfrichter den Übeltäter „mit dem Schwert vom Leben zum Tod hinrichten, also daß er ihm soll abhauen sein Haubt und aus ihm in einem Schlag zwei Stücke machen, daß zwischen Haubt und Leib mag passiren frei ein Wagenrad".[53]

Enthauptet wurden Totschläger, Räuber, Blutschänder, Kindsmörderinnen (seit dem 17. Jahrhundert), aber auch große Betrüger. Ob ein Delinquent nach der Enthauptung unter dem

Galgen begraben, der Anatomie übergeben wurde, was später oft verzeichnet wird, oder ein Begräbnis auf einem Friedhof erhielt, war oft Teil des Strafmaßes bzw. der Strafmilderung. Als besondere Gnade galt es, wenn ein Verurteilter unmittelbar nach der Enthauptung von Freunden oder Anverwandten ehrenhaft beerdigt werden durfte. Als ein fränkischer Adeliger 1618 wegen Mordes in Frankfurt auf einem „sonderbarn uffgerichten Gerüst uff einem schwarz tuch mit dem Schwerdt vom Leben zum Tod" hingerichtet wurde, war er von Soldaten in einen Sarg gelegt und „in gewöhnlicher Leich Proceß mit Vortragung des Creuzes in die Kirch zu St. Niclas getragen worden: alda er bis uff den folgenden Sontag gelegen und von seinen Verwandten alhie abgeholt und hinaußgeführt worden".[54] Ebenso als Gnade wurde empfunden, wenn einem Verurteilten die Berührung mit dem Henker erspart blieb. Aber nicht nur verschiedene Möglichkeiten einer Minderung der Strafe gab es, zahlreich waren auch die Kombinationen mit anderen Strafen, sei es im Sinne einer Verschärfung, sei es als Teil anderer Hinrichtungsarten. Der abgeschlagene Kopf konnte auf einen Pfahl gespießt oder auf den Galgen gesteckt werden, der Körper auf ein Rad gebunden bzw. unter dem Galgen beerdigt werden. Meistens handelte es sich in diesen Fällen aber um Delinquenten, die vom Rädern begnadigt worden waren. Ein normaler Fall mag dies veranschaulichen. Ein Stadtbote hatte den Rat und die Bürger von Frankfurt diffamiert. Zur Strafe wurden ihm 1607 vor dem Rathaus die zwei Finger der rechten Hand, mit der er geschworen hatte, abgehauen, dann wurde ihm auf der Richtstätte der Kopf abgeschlagen und auf einen Pfahl gespießt, an den auch die abgeschlagenen Finger geheftet wurden „und also das Gesicht am Kopf zu der Strassen zugewendet, und darauff der todte Cörper under den Galgen begraben worden".[55] Es gab also die vielfältigsten Kombinationen, wobei allerdings zumeist Spuren einer spiegelnden Strafe sichtbar blieben.

4.

Zu diesen Hinrichtungsarten mit ihren jeweiligen Strafverschärfungen bzw. Kumulationen untereinander kamen noch

Hinrichtungspraktiken, die, so einmalig und nur aus dem Kontext des Verbrechens verständlich sie sind, doch typische Züge der Strafpraxis der frühen Neuzeit aufdecken. Auf zwei Fälle sei hier verwiesen. Beide stammen aus dem 16. Jahrhundert, dem Jahrhundert größter Strafphantasie. Sie stehen einerseits im Zusammenhang der Verfolgung von Bauern- und Täuferführern unmittelbar nach dem Bauernkrieg bzw. nach dem Untergang des Täuferreichs zu Münster, sind aber andererseits wiederum nicht typisch für den obrigkeitlichen Umgang mit Bauern- und Täuferführern, die im großen und ganzen weitaus milder beurteilt und bestraft wurden als normale Raubmörder oder Gotteslästerer.[56]

Jäcklein Rohrbach, der Anführer des Aufstandes am Neckar, und der Pfeifer Melchior Nonnenmacher wurden nach der Gefangennahme – dieser, weil er als ehemaliger Pfeifer des Adels diesem zum Tode aufspielte, jener, weil er Adelige Spießruten laufen ließ – zum Tod durch Verbrennen verurteilt. Sie wurden mit einer eisernen Kette so an einen Baum gebunden, daß sie sich frei um ihn bewegen konnten. Rings um den Baum allerdings wurde Holz aufgeschichtet. Zwar konnten sich die Verurteilten innerhalb des Feuerrings frei bewegen, doch die Kette war zu kurz, um etwa durch einen Sprung ins Feuer einen rascheren Tod herbeiführen zu können. Das von Adeligen selbst geschürte Feuer verbrannte die Verurteilten langsam. Diese Hinrichtung war ein eindeutiger Racheakt des Adels.[57] Ebenso einen Sonderfall stellt die Hinrichtung der Täuferführer Jan van Leiden, Bernd Knipperdolling und Bernd Krechting 1536 in Münster dar, die aber nicht minder symbolträchtig ist. Der Bischof von Münster hatte vor dem Rathaus eine große Schaubühne errichten lassen, auf der alle drei Täufer und Rebellen an Halseisen festgeschmiedet wurden. Mit glühenden Zangen hatten die Scharfrichter sie „an allen fleischigten und ädrigten Teilen" ihrer Körper gezwickt, „daß von einem jeden Ort, der von der Zange berührt wurde, die Flamme herausgelodert, und ein solcher Gestank entstanden ist, daß beinahe alle auf dem Markte stunden, solchen Geruch in ihren Nasen nicht ertragen konnten". Nachdem man sie lange nacheinander so gemartert hatte, ohne daß sie dabei starben, riß man ihnen schließlich ebenfalls mit einer glühenden Zange die Zunge aus dem Hals und stieß ihnen dabei mit einem langen Dolch tief in das Herz, „damit, wenn man ihnen den Sitz des Lebens verwundet hätte, sie dasselbige desto geschwinder verlieren mögten".[58] Die blutigen Leichname sperrte man schließlich in eigens hergestellte Käfige und hing sie so hoch auf dem Lambertiturm auf, daß man sie allenthalben zur Warnung sehen konnte.

Aber es sind nicht nur diese Sonderfälle zu erwähnen, die in kein klassisches Muster passen. Abschließend ist noch auf das Phänomen von Leichenhinrichtungen einzugehen. Gemeint sind nicht die Fälle von Hinrichtungen, bei denen ein Delinquent vor der Marter des Räderns, Verbrennens oder der Vierteilung enthauptet oder erdrosselt wurde und die ganze Marterprozedur sich nur am toten Körper vollzog, sondern solche Fälle, bei denen bereits Verstorbenen der Prozeß gemacht wurde bzw. an verstorbenen Verbrechern die Strafe vollzogen wurde, die das Gericht ihnen bereits vor dem Tod zugedacht hatte.[59] Hierunter fallen zunächst die ‚eigentlichen' Leichenhinrichtungen, die es allerdings im deutschen Raum ebensowenig gab wie die Hinrichtung in effigie.[60] Ein bekannter Fall ereignete sich 1690 in Celle bei einem großen Prozeß gegen eine ganze Bande von Kirchendieben. Als der Jude Jonas Meyers beim Erhängen „zum grösten Ärgerniß der Umstehenden, und anderer Christen, gantz schändliche, und Gotteslästerliche Reden gegen unsern Heyland, und Seligmacher Christum ausgestossen" hatte, wurde ihm, d.h. dem Leichnam, ein zweiter Prozeß gemacht.[61] Das Urteil lautete auf Herausreißen und Verbrennen der Zunge sowie nochmaliges, nun umgekehrtes Hängen neben einem Hunde.

Zahlreicher sind die Fälle, bei denen sich verfolgte Verbrecher vor der Festnahme oder bereits Inhaftierte vor der Urteilsvollstreckung selbst umbrachten und man dann noch an ihnen das zugedachte Urteil vollstreckte.[62] Selbstmord selbst galt bereits als Verbrechen, in der Regel wurde der Täter vom Scharfrichter entweder verbrannt, in ein Faß gesteckt und in einen Fluß geworfen oder unter dem Galgen vergraben.[63] Aber ein Inhaftierter, der Selbstmord beging, konnte strenger bestraft werden. Einige Beispiele aus Frankfurt mögen dies veranschau-

Abb. 13: Enthauptung 1770. Kupferstich von D. Chodowiecki

lichen: Ein oft in Unfrieden mit seiner Frau lebender Ehemann aus Frankfurt hatte 1685 nach der Ermordung seiner Frau im eigenen Haus sich so angeschossen, daß er anschließend in der Hauptwache starb. Aufgrund eines Gerichtsurteils wurde der Leichnam öffentlich zur Richtstätte geschleift, dort der Kopf abgeschnitten und auf einen Pfahl gespießt, während der Körper auf ein Rad gelegt wurde. Es war dies die Strafe für Gattenmörder.[64] Dasselbe Schicksal erlitt eine Dienstmagd in Frankfurt, die 1690 nach einer Kindstötung in einen Brunnen sprang und sich dort ertränkte.[65] Mit einer großen Prozession gestaltete sich die Hinrichtung eines Straßenräubers und Bürgers in Frankfurt 1690 zu einem bewußt gräßlichen Fest. Er hatte sich im Gefängnis „vorsätzlicher Weiß" um das Leben gebracht. Zur Strafe wurde er nun an seinem Haus vorbei zur Richtstätte geschleift. Dort wurde sein Kopf mit dem Beil abgehauen und auf einen Pfahl gespießt und der Körper zum allgemeinen Abscheu aufs Rad gelegt.[66] Selbstmord blieb bis ins 18. Jahrhundert hinein zwar „einer der grösten und gefährlichsten Todtschläge, da einer seinem Leib und Seele schändlich verderbet". War nun ein Strafurteil bereits vor dem Selbstmord ergangen, „so soll dasselbe am todten Körper, so weit es möglich, anständig, und zur Abschreckung Anderer dienlich ist, vollzogen werden". So heißt es noch im aufgeklärten Preußischen Allgemeinen Landrecht von 1794.[67]

Wenngleich die grausamen Praktiken der Vierteilung, der Verbrennung und des Lebendigbegrabens und Räderns – als die ursprünglichen Formen der Hinrichtungsrituale – auch tatsächlich ausgeführt wurden, so bestimmen sie doch nicht maßgebend die Strafpraxis in der frühen Neuzeit, selbst nicht im 16. Jahrhundert. Dasselbe trifft auch für die abgemilderten Formen der Strafen zu, die dann später nur an bereits enthaupteten bzw. erdrosselten Personen vollstreckt wurden. Die dominanten Hinrichtungsarten waren bereits im 16. Jahrhundert, dann ganz und gar im 18. Jahrhundert, das Erhängen und die Enthauptung. Die grausamen Formen waren nicht völlig verschwunden, existierten im 18. Jahrhundert aber mehr in der Vorstellung – angedroht wurden sie allerdings noch des öfteren. Jeder konnte dagegen durchaus mehrmals in seinem Leben das Erhängen und Enthaupten mitansehen. Beide Formen dienten vorrangig zur mehr oder weniger ehrenrührigen Liquidierung ohne Marter, konnten aber durch Marter oder Schändung vor und nach der Hinrichtung verschärft werden. Dies ist als erstes zu beachten.

Daraus darf allerdings nicht der Schluß gezogen werden, daß das Moment der spiegelnden Strafen, wie es in den grausamen Formen am deutlichsten sichtbar wurde, mit der Abnahme der grausamen Strafen und der Zunahme von Erhängen und Enthaupten völlig aufgegeben worden wäre. Nur der das Delikt spiegelnde Charakter der Strafe änderte sich. Bei aller Mäßigung gab es noch eine Fülle von Möglichkeiten, durch Strafverschärfungen oder die verschiedensten Kombinationen Spuren der alten Hinrichtungsrituale deutlich werden zu lassen; das

Erhängen konnte mit dem Aufhängen von Schandtafeln verbunden werden oder gar mit einer Verbrennung nach dem Tod des Delinquenten. Auch das Enthaupten schloß nicht aus, daß der Kopf aufgespießt, die Hand abgeschlagen wurde. Die alten Strafformen wurden zwar zunehmend verdeckt, doch in wichtigen Spuren blieb das alte System bis zum Ende des 18. Jahrhunderts, ja bis ins frühe 19. Jahrhundert hinein bestehen.

Durchgängig blieb im peinlichen Strafsystem noch ein drittes aufschlußreiches Moment erhalten. Die Strafe vollzog man nicht allein am lebenden Körper, sondern auch und bewußt am toten. Zwei Dimensionen sind dabei zu unterscheiden. So geht es etwa beim Erhängen darum, wie lange ein Delinquent hängen bleiben mußte, was für den Toten zwar ohne Bedeutung, aber in der Rechtspraxis und Öffentlichkeit ein Teil der Strafe war. Zum anderen wurde die Tortur auch dann fortgesetzt, wenn ein Verurteilter beim Rädern bereits nach dem ersten Stoß des Rades starb. Der Leichnam wurde weiter gestoßen, dann aufs Rad gelegt bzw. ausgedärmt oder geköpft. In diesen Fällen gehörten alle Martern vor und nach der Hinrichtung zur Strafe. Offensichtlich ging es zum einen nicht nur darum, den Delinquenten zu töten, sondern an ihm eine dem Delikt entsprechende Strafe zu exemplizieren, die mit dem Subjekt unmittelbar nichts zu tun hatte. Zum anderen wurde kein Unterschied gemacht, ob die Strafe an einem lebenden oder toten Körper vollzogen wurde. Mit der Strafe sollte nicht nur Abscheu vor dem Verbrechen erzeugt werden, sondern auch ein Exempel dafür statuiert werden, wie ein Vergehen gesühnt wurde.

Jedenfalls, so unterschiedlich der tote Körper mit ins Hinrichtungsritual einbezogen wurde, eine klare Grenze zwischen lebendig und tot wurde lange nicht gezogen. Die Vorstellung, daß man eine Person und ihr verbrecherisches Tun auch noch durch eine Marter an ihrem Leichnam strafen könne, reicht bis ins 19. Jahrhundert hinein.

VII.
Volk und Gericht

1.

Jede Hinrichtung, wie überhaupt jede Bestrafung eines Delinquenten vollzog sich vor der Öffentlichkeit. Nur der Adel und hohe Standespersonen machten zumeist eine Ausnahme. Ohne Öffentlichkeit wären auch manche Funktionen der Todesstrafe hinfällig, ging es ja nicht nur darum, einen Verbrecher zu töten, sondern die die Hinrichtungen veranstaltenden Obrigkeiten erhofften sich eine Abschreckung vom Verbrechen, zugleich auch eine überzeugende Machtdemonstration ihrer obrigkeitlichen Strafgewalt sowie eine Billigung des vollstreckten Urteils von seiten der Untertanen. Aber auch das Volk bestand auf der Öffentlichkeit der Hinrichtung. Einerseits kontrollierte es den ordnungsgemäßen Ablauf, andererseits wollte es den Todesgang eines Delinquenten mit Gebet begleiten, d.h. ihm ein christliches Sterben ermöglichen und schließlich wollte es Zeuge eines Rechtsaktes und Reinigungsaktes sein, der geradezu erlösende Bedeutung haben konnte. Nicht zuletzt wünschte sich auch der Delinquent die Öffentlichkeit, sie gab ihm die Möglichkeit, etwas wiedergutzumachen, sich von Freunden und Bekannten zu verabschieden und mit Unterstützung durch Gebete den schweren Todesgang christlich zu beenden. Die Öffentlichkeit der Hinrichtung ist bis Ende des 18. Jahrhunderts nie zur Diskussion gestellt worden.[1]

Wenn Obrigkeiten dennoch einen Delinquenten heimlich hinrichteten, oder ein Delinquent eine heimliche Hinrichtung wünschte, wurde darauf hingewiesen, daß man dem Delinquenten bzw. dem Volk schweres Unrecht tue. Als der Bischof von Magdeburg Hans Schenitz heimlich hängen ließ, klagte Luther 1539 den Kardinal an: „Es ist Menschlich und wird allenthalben billich gebraucht, das man die Uebelthäter, so man richten wil, lesst trösten, ire Freunde zu jn gehen, mit jnen reden, und darnach, wenn man sie ausfüret, öffentlich eine gantze Stadt (wer das wil) mit gehen, und bey jrem ende sein und bleiben".[2] Und als der Alchemist Bragadino in München 1591 zum Tod verurteilt wurde und bat, von einer Hinrichtung in aller Öffentlichkeit abzusehen, machten seine Beichtväter ihn darauf aufmerksam, „daß, wo mit ihm öffentlich in Gegenwart ganzer Versammlung gemeinen Volkes prozediert werde, es wegen vielen des gemeinen Gebets ihm und seiner Seele neben standhafter Freudigkeit nit wenig ersprießlich sein werde".[3]

Mit der öffentlichen Urteilsverkündung begann zahlreiches Volk sich zu versammeln. Manche Leute zogen mit dem Armensünderzug vom Rathaus bzw. dem Gefängnis bis zur Richtstätte. Die meisten aber strömten unmittelbar zur Richtstätte, um sich einen Platz zu sichern, von dem aus man die Hinrichtung genau verfolgen konnte. Es kamen oft so große Mengen zusammen, daß „bei dem großen Zulauff der Leute sich unterschiedliche beschädiget, teils ja zerquetschet und zertreten worden".[4] Es war nicht nur das gemeine Volk, das zusammenlief, auch Standespersonen fehlten nicht, sie leisteten sich nicht selten bezahlte Sitzbänke. Vor allem die Hexenhinrichtungen und Verurteilungen von politischen Verrätern und Rebellen waren große Volksschauspiele, zu denen viele Tausende zusammenströmten. Wegen der zu erwartenden Menge mußten die Richtstätten oft weit außerhalb der Stadt errichtet werden. In Clingen sollen 1788 bei einer Hinrichtung rund 20000 Zuschauer anwesend gewesen sein.[5] In Basel war 1819 die ganze Einwohnerschaft bei der letzten öffentlichen Hinrichtung.[6] 1836 füllten in Hamburg am Morgen einer Exekution „viele Tausende Schaulustiger den Weg vom Stadtvogteigelände bis zu dem am Hamburger Tor gelegenen Hochgerichte, sowie andere Tausende die Gegend umher".[7] In Breslau zählte die Polizei 1841 zwischen 12–15000 Menschen bei einer Hinrichtung.[8] Einige nutzten diese Gelegenheit, um Tribünen zu bauen und dafür Eintrittsgelder zu verlangen. Andere erreichten einen beträchtlichen Umsatz an Speisen und Getränken. Die letzte öffentliche Hinrichtung in Wien (1868) nahm geradezu jahrmarktsähnliche Züge an; es wurden Hunderte von Buden errichtet, „alles rund um die Leiche herum, die bis zum Sonnenuntergang hängenblieb. Da wurde gezecht, gejubelt, gesungen, von Verkäufern wurden ‚Armesünderwürstel' und ‚Galgenbier' angeboten, und schließlich endete das Ganze, wie alle Volksfeste, in wüsten Balgereien und Raufhändel", so daß die Justizverwaltung sich schließlich genötigt sah, dem ‚Unfug' ein Ende zu bereiten, indem sie die öffentlichen Hinrichtungen überhaupt einstellte und „deren Schauplatz in den kleinen Lichthof des Landgerichts für Strafsachen verlegte, in den nur wenige Bevorzugte Einlaß fanden."[9] Es waren schließlich diese ‚Verhöhnung' der ernsthaften Hinrichtung schwerer Verbrecher und die Möglichkeit von Tumulten, die die staatlichen Gerichte im 19. Jahrhundert sukzessive nötigten, überhaupt auf öffentliche Hinrichtungen für die breite Masse zu verzichten.[10]

2.

Das Volk hatte zwar seit dem 16. Jahrhundert keinen unmittelbaren Einfluß mehr auf öffentliche Hinrichtungen ausüben können, da aber Hinrichtungen ohne Öffentlichkeit, d.h. ohne ‚Zustimmung' des zuschauenden Volkes, keine soziale Rechtsgültigkeit besaßen, andererseits die Obrigkeit gerade durch die öffentliche Hinrichtung dem Volk einen Denkzettel verpassen wollte, besaßen die Zuschauer dennoch vielfältige Möglichkeiten, in die Gerichtsprozedur einzugreifen. Zwar war dies von seiten der Obrigkeit verboten, aber das Volk beanspruchte stillschweigend einige Rechte, die trotz aller Verbote nicht beseitigt werden konnten und immer virulent waren. „Es gibt in diesen Hinrichtungen, welche die Schreckensgewalt der Fürsten kundtun sollten, etwas Karnevaleskes, das die Rollen vertauscht, die Gewalten verhöhnt und die Verbrecher heroisiert"![11] Das Volk ließ sich jedenfalls nicht auf eine passive Zuschauerrolle festlegen. Gerade die strenge Zeremonialisierung der Hinrichtung, die in der 2. Hälfte des 17. Jahrhunderts einen Höhepunkt erreichte, ergab sich nicht nur aus der Trennung von Gericht und Strafpraxis, war nicht nur Element einer Entwicklung in der Rechtspraxis, sondern entsprang auch der Furcht, das Volk könne das Urteil nicht akzeptieren und sich nicht so untertänig verhalten, wie es sollte. Sie diente also dem Ziel, alle Außeneingriffe in das Hinrichtungstheater auszuschalten, das Volk einzuschüchtern und den zu einem hoheitlichen Verfahren umstilisierten Racheakt als ein gerechtes, auf göttlichen und menschlichen Rechten gründendes und für alle verbindliches Urteil erscheinen zu lassen. Die Selbstdarstellung der Obrigkeit in den späteren ‚öffentlichen Hinrichtungen' implizierte immer die Furcht, das Volk könne unberechenbar gegen die hoheitliche Entscheidung Stellung beziehen, d.h. das obrigkeitlich-staatliche Urteil nicht akzeptieren.

Mit zunehmender Unterdrückung des Volkes durch die sich intensivierende Herrschaft seit dem 16. Jahrhundert, wie sie auch im Hinrichtungszeremoniell sichtbar wird, war freilich der Spielraum unmittelbar aktiver Teilnahme stets geringer geworden, aber trotz der Umwandlung des Hinrichtungszeremoniells zu einem ‚moralischen' Schauspiel, wie es vor allem das 18. Jahrhundert zeigte,[12] ließ sich das Volk nie ganz auf eine rein passive Zuschauerrolle zurückdrängen. Ein Grund mehr, warum öffentliche Hinrichtungen im 19. Jahrhundert hinter Gefängnismauern verlegt wurden.

Soweit die Quellen Auskunft geben, war das Volk in der Tat aktiver Zuschauer, auf den die richterliche Obrigkeit wie insbesondere der Scharfrichter Rücksicht nehmen mußten. „Der Verurteilte bekam es zu merken, ob das Volk guter oder schlechter Laune war, da man ja ihn je nachdem mit Beifall- und Mitleidsrufen, bald mit Schimpf- und Zornesrufen überschüttete."[13] Es war vorher kaum auszumachen, wie die Zuschauer sich zum Delinquenten verhalten würden. Deswegen bemühten sich Gerichte, Geistlichkeit und Scharfrichter, den Armen Sünder auf eine demütige, reuige, das Urteil akzeptierende Rolle einzustimmen. Zwar gab es selten große Störungen von Hinrichtungen, auch wenn bekannt war, daß ein Malefikant unschuldig war – bei problematischen Fällen ordneten die Gerichte ein starkes Militäraufgebot an. Auch differierten die Rechtsanschauungen der Richter und des Volkes nicht in allen Fällen, in der Gerichtspraxis im allgemeinen stimmten sie lange weitgehend überein. Wenn ein Dieb oder Mörder gerichtet wurde, trug das Volk keine Bedenken gegen ein hartes Urteil und verfolgte die Hinrichtung mit Spannung und Genugtuung.

Dennoch gab es in manchen Punkten beträchtliche Unterschiede im Rechtsbewußtsein des Volkes und dem der Richter, die hier und da bei Hinrichtungen zu Konflikten führten. Augenzeugenberichte von seiten des zuschauenden Volkes gibt es bis ins 18. Jahrhundert nicht. Aber überliefert sind eine Reihe von Bräuchen, die für unterschiedliche Deutungen der Hinrichtung interessant sind, und vor allem Aktionen, die bis zu Tumulten anwachsen konnten und eine Differenz zwischen frühneuzeitlicher Gerichtspraxis und Rechtsvorstellungen im Volk aufscheinen lassen, eine Differenz, die nie zur Deckung kam.

Wir gehen hier im folgenden Abschnitt nur auf die Handlungen ein, die nach dem 16. Jahrhundert noch ausgeübt wurden. Es geht etwa um das Recht des sog. Losheiratens, um die Begnadigung eines Delinquenten, wenn ein Strick riß oder die Hinrichtung auf andere Weise mißglückte, und um das Recht, bei ‚üblem Richten' den Henker selbst zu bestrafen, also insgesamt um Rechte, die in der Vorstellungswelt bis ins 19. Jahrhundert hinein spürbar blieben und ein Indiz dafür sind, daß trotz aller Zeremonialisierung der Ausgang der Hinrichtung, speziell der Kampf zwischen Henker und Delinquent, d.h. übertragen zwischen Obrigkeit und Volk, noch potentiell offen schien.

3.

Das frühneuzeitliche Gerichtswesen kannte ein sehr differenziertes Gnadensystem. Verwandte, Freunde, hohe Standespersonen konnten Fürbitten einreichen, jedoch wer wie begnadigt wurde, wollte allein die richterliche Obrigkeit entscheiden. Daneben gab es aber Überzeugungen und Bräuche im Volk, wonach aufgrund bestimmter Umstände ein Verurteilter begnadigt werden mußte. Diese konnten aber überhaupt erst unmittelbar vor oder während der Hinrichtungsprozedur relevant werden und sorgten in der Öffentlichkeit der Richtstätte bis zum Schluß für Aufregung. Auch wenn ein Armer Sünder bereits zur Hinrichtung geführt wurde, konnte noch Unvorhergesehenes eintreten, was möglicherweise als Fingerzeig Gottes gedeutet wurde. So hielt sich zum Beispiel bis ins 19. Jahrhundert hinein die Überzeugung im Volk, daß ein zum Tod Verurteilter durch eine Jungfrau – eine Delinquentin durch einen jungen Mann – durch eine Heirat begnadigt werden konnte.[14] Gleicherweise konnte auch der Henker eine Verurteilte befreien, wenn er sie zur Ehefrau nahm.[15] Obrigkeitliche Quellen sprechen (1622) von dem „falschen wahn", der bei dem gemeinen Mann viel im Schwang sei, daß, wenn ein Übeltäter durch richterliche Erkenntnis zum Tode verurteilt und dem Scharfrichter übergeben wurde, es zulässig sei, „daß ein Weibsbild (welches ihn zur Ehe begehre) solchen dem Nachrichter unversehens vom Strick abschneyde, und also von der zuerkandten Lebensstraff erledige".[16] Dies sei aber dem Recht zuwider, weswegen einem solchen Begehren nicht nachgegeben werden dürfe. Wenngleich die gelehrten Juristen immer eindeutig gegen diesen Brauch Stellung bezogen, verhielt sich die richterliche Obrigkeit in solchen Fällen bis ins 18. Jahrhundert noch ambivalent. Obwohl die Ehe mit einem Delinquenten letztlich Ausschluß aus der politischen Gemeinschaft nach sich zog, d.h. das Paar des Landes verwiesen wurde bzw. eine verurteilte Frau, die den Henker heiratete, das Schicksal eines unehrlichen Lebens ertragen mußte, dies also kein leichter Weg der Befreiung war, sind doch eine Reihe von derartigen Fällen bis ins 18. Jahrhundert hinein belegt. 1555 befreiten gleich zwei Jungfrauen zwei wegen politischer Vergehen zum Tode Verurteilte, eine von ihnen erschien bereits im Brautschmuck.[17] Während ihrem Willen stattgegeben wurde, wurden die (letzten) Eheangebote von Frauen aus den Jahren 1834 bzw. 1864 in Dresden bzw. Marburg von den Gerichten abgelehnt.[18]

Ein spektakulärer Fall ereignete sich 1561 in Köln. Tilman Isenhaupt war mit seinem Buchhändler in einen blutigen Streit geraten, der sich im Dom fortsetzte und zur Verwundung von 5 oder 6 Menschen führte. Bei der Gerichtsverhandlung traten zwei Mägde auf, die ihn zur Ehe begehrten und um seine Freilassung baten. Während die Schöffen durchaus einwilligen und ihn begnadigen wollten, lehnte der Delinquent diese Art der Rettung ab. Als er bereits auf das Schafott stieg und das Volk den Gerichtsvorsitzenden bedrängte und um Gnade bat, forderte dieser den Henker auf, seine Pflicht zu tun. Es kam schließlich zu einer handgreiflichen Auseinandersetzung zwischen

Isenhaupt und dem Scharfrichter, als dieser sich dem Richter widersetzte: „Ich kans nit doin und darfs nit doin“. Das Volk begann, den Richter zu bedrohen und den Henker mit Steinen und Erdklumpen zu bewerfen. Die Situation löste sich erst, als mitten im Tumult ein Bauer auf das Schafott stieg, den Strick durchschnitt und Isenhaupt, vom Volk unterstützt, heruntersprang und entkam.[19] Es entsprach dem Rechtsbewußtsein des Volkes, daß ein Delinquent durch Losheiraten befreit wurde. Der Jungfräulichkeit wurde dabei eine (schuld-)reinigende Kraft zugesprochen. Konkret bestimmte dies noch die Strafpraxis des 16. Jahrhunderts, aber seither sind keine Zeugnisse mehr bekannt, nach denen die richterliche Obrigkeit derartigen Wünschen nachgegeben hätte, wie es auch unbekannt ist, ob ein solches Begehren Unterstützung von seiten des Volkes gefunden hätte.

Größere Schwierigkeiten hatten die Gerichte, gegen im Volk noch lange wirksame alte Rechtsvorstellungen eine erneute Hinrichtung des Delinquenten durchzusetzen, wenn beim ersten Mal ein Strick riß oder ein ins Wasser Gestoßener nicht ertrank. In einem solchen Vorfall sah man allgemein ein Gottesurteil oder war überzeugt, daß mit der einen Strafe das Verbrechen gesühnt sei. Die Kluft zwischen dem neuen gelehrten Recht und der alten Rechtsvorstellung des Volkes trat im Laufe des 16. Jahrhunderts deutlich hervor.[20] Während das Volk weiterhin auf die Einhaltung der Tradition pochte, versuchte die richterliche Obrigkeit, dieses Ansinnen sukzessive zurückzudrängen und dann ganz zu unterbinden. Als in Jena 1591 ein Verurteilter zum vierten Male aufgeknüpft werden sollte, nachdem er dreimal „am Gericht hin und hergeschwebet“ und immer wieder heruntergefallen war – weiter oben wurde beschrieben, daß dies beim Erhängen ohne weiteres möglich war, vor allem wenn ein frisches Seil genommen wurde bzw. werden mußte –, wurde dies vom Volk verhindert. Der Delinquent wurde befreit, kam nochmals vor Gericht und wurde ‚nur‘ des Landes verwiesen.[21] Wurde dem Wunsch der Zuschauer nicht stattgegeben, mußte die Obrigkeit lange damit rechnen, daß die Leute ein nochmaliges Hängen zu verhindern suchen und den Henker zur Strafe steinigen würden. Als es in

Nürnberg einmal einem Scharfrichter nicht gelang, durch Erhängen den Tod des Delinquenten sofort herbeizuführen, er deshalb mit aller Kraft und „unbarmherzig" den Körper herunterzog, bis er den Delinquenten endlich tatsächlich erwürgt hatte, hatte jedermann „ein groß mißfallen an seinen henken gehabt". Man schimpfte auf den Henker, verfluchte ihn und wünschte ihm alles Üble. Es fehlte nicht viel, daß man ihn gesteinigt hätte, wie das Protokoll schreibt, „wan man die gefroren erdschollen hatte gewinnen können".[22] Wenngleich seit dem 17. Jahrhundert kaum noch eine Chance bestand, daß das Volk dieses Gnadenrecht tatsächlich durchsetzen konnte – die Obrigkeit ließ in den uns bekannten Fällen meistens erneut hängen –, blieb das Problem doch bis ins 18. Jahrhundert Gegenstand der juristischen Diskussion, so daß man annehmen muß, daß die Gerichte immer wieder konkret mit diesen Vorstellungen konfrontiert wurden. Wahrscheinlich drängten auch die Henker – die wußten, wie leicht ein Erhängen mißlingen konnte – die Richter, Regelungen zu treffen, um den Scharfrichterfrieden, wie er in der Carolina eindeutig formuliert war, zu garantieren. Deswegen wandte sich das Landrecht von Preußen 1721 scharf gegen Tumulte des umstehenden Volkes, falls der Henker bei der Hinrichtung durch den Strang „übel und ungerade" richtete. Solche Unruhen, bei denen mancher Henker „todt geblieben", seien ein Verstoß gegen die Obrigkeit, der allein das Recht zu strafen zustehe.[23] Tatsächlich war auch für die Henker, wenn sie ihr Handwerk übel ausführten, eine Strafe vorgesehen, aber das Volk kannte die Nachsicht der Obrigkeit gegenüber den Henkern.

„Vor der wirklichen Hinrichtung des Missethäters solle man auf dem Richtplatz öffentlich ausruffen lassen, daß, falls sich in der Execution ein – oder anderes Unglück zutrüge, der Streich mißlunge, der Strick zerrisse etc. doch Niemand bey Leib- Gut- und Lebensstraffe sich unterstehen solle, an den Scharffrichter, oder dessen Knechte, weniger an den Verurteilten, oder an die Gerichtspersonen Hand anzulegen, vielweniger einen Tumult darüber zu erregen. Es sollen demnach ungefehre Zufälle den Richter, oder dessen Abgeordnete von Vollstreckung des Ur-

theils insgemein nicht abhalten, und wollen Wir kraft dieser Unser Verordnung alldiejenigen Mißbräuche abgeschaffet haben, wo der gemeine Pöbel zu glauben pfleget: daß, wenn nach 3. Schwerdstreichen der Hinzurichtende noch bey Leben, oder etwann der Strick zerreisset, oder sich eine Weibsperson zu Ehelichung des Verurteilten antraget, und was mehr dergleichen Irrwahne sind, demselben eben andurch die Straffe nachgesehen seyn solle; Wir befehlen vielmehr, daß die einmal zuerkannte Todesstraffe dessen allen ungeachtet an dem Übelthäter wirklich vollzogen werden müße.“

Constitutio Criminalis Theresiana (1769) 128/9.

4.

Mißlungene Hinrichtungen durch den Strang waren aber relativ selten im Vergleich zum ‚üblen Richten‘ durch das Schwert, bei dem es nicht nur zu lauten Protesten der Zuschauer, sondern sogar zu tätlichen Angriffen auf den Henker kam.[24] Hier ging es allerdings nicht um eine Begnadigung, die in diesem Fall auch unvorstellbar war. Aber wenn der Delinquent durch einen Fehlschlag schwer getroffen, doch nicht getötet war, und der Henker zum zweiten Mal ausholte, dann galt es, diese Grausamkeit bzw. Strafverschärfung durch den Henker zu rächen. Das Volk bestand auf meisterlicher Durchführung der Hinrichtung und sah erst durch die Bestrafung des Henkers eine solche grausame Ungeschicklichkeit wiedergutgemacht. In derartigen Fällen griff das zuschauende Volk meist nicht unmittelbar und spontan ein, sondern wartete die ganze Prozedur ab – also den Tod des Armen Sünders nach einem möglicherweise 3. Schlag –, um dann erst den Henker seinerseits zu bestrafen.

Einen der frühesten Fälle kennen wir aus dem Jahre 1464 aus Augsburg.[25] Nach einem Fehlschlag bewarf das Volk den Henker zunächst mit Erdklumpen, dann mit Steinen, schließlich erschlug ihn ein Bleichknecht mit einer hölzernen Stange. Die Totschläger wurden aufgegriffen und zur Sühne nach Rom um Buße und Ablaß ihrer Sünden geschickt. Zahlreich waren die Fälle im 16. und frühen 17. Jahrhundert.[26] Alle Verbote, den Henker nach einer mißlungenen Hinrichtung anzugreifen, halfen nicht, solange die Obrigkeiten nicht entsprechende Schutzmaßnahmen treffen wollten und konnten. Als in Nürnberg zu Anfang des 16. Jahrhunderts mehrfach das ‚gemeine Volk' gegen die Scharfrichter aufbegehrte, bei einem Vorfall nicht nur den Scharfrichter, sondern auch die Kapläne und Stadtknechte – es war tiefer Winter – mit Schneebällen bewarf,[27] sah sich der Rat der Stadt zu der Anordnung gezwungen, die Hinrichtung mit einer nicht zu geringen Anzahl von Schützen und Stadtknechten abzusichern, um Übergriffen „unter einer so großen menge volcks, die sich allweg mit hemern, peikeln und andern waffen zur richtstatt versamblet, gewaltsamlich oder ernstlicherweise zu wehren; dann sich gar leichtlich ein solcher tumult und zusammenlauf darob erheben kündt, das alle eins raths diener ufm platz pleiben müssen".[28] In Lübeck sollen 1533 anläßlich einer schlechten Exekution sogar gleich 5 Scharfrichter erschlagen worden sein.[29]

Zu besonders schweren Zusammenstößen kam es, wenn ein Henker sich mit seinem Schwert zu verteidigen suchte. Als ein Scharfrichter in Gräfenthal 1569 einen Mörder nicht gleich mit einem Streich töten konnte, wurde das Volk unruhig und ging auf ihn los. Der Henker versuchte, sich mit seinem Schwert zu wehren, „worauf das pöbel Volck als ganz ergrimmt, auf Ihn loos geschlagen, daß er auf dem platz getödtet wurde".[30] Ein Henker hatte auch in Frankfurt 1590 einen Armen Sünder nicht richtig getroffen. Als darauf „etliches leichtfertiges Gesindlein" ihn mit Steinen bewarf, setzten er und seine Helfer sich mit dem Richtschwert zur Wehr und konnten sich nur mit Mühe retten. Der schwer verwundete Scharfrichter mußte entlassen werden, aber auch „die anfenger dieses tumults" kamen nicht ungestraft davon, ein Messerschmied, der bei der Flucht des Henkers das Richtschwert aufhob, wurde von seiner Zunft für ‚unredlich' erklärt.[31] Damit dies nie wieder vorkomme, drängte der neue Henker 1612 den Rat, den Zünften – offensichtlich waren diese diesmal aktiv – mit Ernst die „Bedrohungen, Steinlesen und andere Thätlichkeiten" bei einem üblen Richten zu verbieten, zugleich auch den Scharfrichter durch ausreichend Söldner zu schützen.[32] Die Obrigkeiten konnten allerdings schwer abschätzen, wieviel Volks zu einer Hinrichtung kommen würde und mit welchen Übergriffen man rech-

Abb. 14: Mißlungene Enthauptung in Schardingen/Bayern 1571. Kupferstich von Johann Luyken (1700)

nen mußte. Erst im 18. Jahrhundert, als jedesmal Militär aufzog, änderte sich dies grundlegend.

Die Zuschauer reagierten selten spontan. In Prag hatte ein Scharfrichter 1591 fünf Missetäter zu richten; obwohl bei zweien dies nur „jämmerlich" gelang und das Volk schon unruhig wurde, wartete es die Prozedur ganz ab. Als alle gerichtet waren, warf der „Pöfell" dann aber so heftig mit Steinen, daß der Henker sich wehren mußte. Als er dabei zwei Leute traf, wurde der „Pöfell" noch hitziger, so daß der Richter mit den Soldaten eingreifen mußte, „wie dann der Zichtiger [Henker] als baldt gefangen und auf Morgens sollen gerichtet werden".[33]

Besonders prekär wurde es immer, wenn Zweifel am Urteil über den Delinquenten bestanden. Als so in Anwesenheit einer großen Menschenmenge ein Verurteilter in Weißensee 1601 hingerichtet werden sollte und seine Ehefrau rief: „Er solle hinziehen und der ihn richten würde, solle keinen mehr richten, sondern sein Leben bei ihm lassen", wurde der Henker unruhig und schlug in der Tat fehl. Als er dann dem Delinquenten unmittelbar auf der Erde das Haupt abschneiden wollte, wurde er von den erbosten Zuschauern überwältigt. Weder Richter noch Ratsgenossen konnten ihm helfen. Als er zu fliehen versuchte, wurde er mit Steinen überschüttet, in einem Stall erschlagen und sein Leichnam aufgehängt. Die anschließende Untersuchung blieb ohne Ergebnis. Die Witwe des Ermordeten beschwerte sich: „Nunmehr will es niemand gethan haben, ob aber die armen Leute dieselbigen Personen [nicht] gekannt haben oder ob es ihnen auszusagen verboten ist, kann ich nicht wissen".[34]

Die Obrigkeit hat zwar oft versucht, Volksunruhen zu unterbinden, aber wenn nach üblem Richten ein Henker getötet wurde, fiel die Bestrafung, wenn es überhaupt dazu kam, relativ gelinde aus. Besonders grausam war das Ende des Scharfrichters in Zellerfeld, als er 1607 einen Mörder auch nach fünf Hieben nicht getötet hatte. Wütende Bergleute schleppten ihn auf die Gasse und zerhackten ihn in Stücke. Diesmal kam es zur Bestrafung. Zwei der Bergleute wurden auf dem Marktplatz enthauptet, einer wurde gerädert und einige des Landes verwiesen.[35] Das gleiche Schicksal erlitten die „Rädelsführer und Hauptschreier", die 1611 bei Magdeburg einen Scharfrichter angegriffen und getötet hatten. Als der Henker vier Hiebe ausführen mußte, um einen Malefikanten zu töten, „ist unterm gemeinen Volck, deren etlich Tausent beysammen zur stell gewesen, eine grosse empörung entstanden und hat sich ein gefährlich tumult erhoben. [...] Der Diebshenker, der Schelm soll sterben, er muss sterben" schrieen einige, das Volk warf mit Steinen „grimmig und unsinnig" und verschonte weder die Knechte noch den Prediger. Der Henker flüchtete zunächst ins Gewölbe des Rabensteins, doch wurde er, als auch er sich mit seinem Schwert wehren wollte, von einem Stein so getroffen, daß er stürzte. Ein Angreifer zertrümmerte darauf seinen Schädel. Zwei der Aufrührer wurden zum Tode verurteilt.[36] Ebenso grausam verlief die Verfolgung eines Henkers in Breslau 1628, der eine Kindsmörderin übel richtete.[37] Mehr Glück hatte ein Henker in Nürnberg 1641. Als er eine Kindsmörderin enthaupten sollte, wurde er auf dem Schafott unsicher, schritt „umb sie herum wie eine Katz umb einen heißen Bray". Kein Wunder, daß sein erster Hieb fehlschlug. Die Verurteilte schrie zwar nicht auf, bat aber, sich wieder auf den Stuhl setzend, „weyl sie so dapffer gehalten hat, solle man sie laufen laßen". Doch der Henker ging nicht auf die Bitte ein, sondern versuchte ohne Rücksicht auf die Stimmung im Volk, zum zweiten Male vergeblich, seine Pflicht zu tun. Als er schließlich der am Boden liegenden Verurteilten den Kopf abschnitt, begannen die Zuschauer mit Steinen auf ihn zu werfen. Nur die Stadtschützen konnten ihn vor der Volkswut retten. Er erhielt sogar seinen Lohn, mußte dann aber den Dienst quittieren.[38]

In allen diesen Fällen wird dem Henker das üble Richten angelastet, wobei durchaus Mitleid mit dem Delinquenten mitspielen kann. Diesen aber nach einer fehlgeschlagenen Enthauptung zu befreien, auf diese Idee kamen die Zuschauer anders als beim Erhängen nicht. Nur ein Beispiel aus Hamburg von 1681 ist bekannt. Wegen Totschlags war ein Mann zum Tode verurteilt worden. Als der Scharfrichter ihn köpfen wollte, traf er nur die Platte des Schädels. Diese Gelegenheit nutzten seine Freunde, um ihn unter dem Vorwand zu befreien: „er habe ja nun sein Recht ausgestanden". Er wurde nach Hause gebracht und von einem Chirurgen geheilt.[39] Ein Protest von seiten der Obrigkeit ist nicht bekannt.

Auch als seit der Mitte des 17. Jahrhunderts eine größere Zahl von Soldaten die Richtstätte abschirmte und die Angriffe auf den Henker bei mißlungenen Hinrichtungen merklich abnahmen, sind noch Tumulte bei Hinrichtungen bekannt. Auf jeden Fall befürchtete der Henker bis in die Mitte des 19. Jahrhunderts hinein die Volkswut, wenn ihm eine Hinrichtung mißlang. Dies zeigt die ‚Decollation' eines Raubmörders in München 1854. Der Henker mußte siebenmal zuschlagen, bis der Kopf fiel. Nur dank der anwesenden Soldaten konnte verhindert werden, daß die wütenden Zuschauer über ihn herfielen. Zur Rede gestellt, entschuldigte er sich mit der häufiger überlieferten Ausrede, er habe den Kopf des Verurteilten zweimal gesehen und „wußte daher nicht, welcher von beiden der wirkliche war".[40]

Der Angriff auf den Henker galt nicht primär den Absichten der Obrigkeit bzw. dem Urteil. Wogegen das Volk protestierte, war die durch das Urteil nicht legitimierte Grausamkeit der Hinrichtung, zu der es durch das üble Richten kam. Die offizielle Strafe billigte das Volk in der Regel.

Daß es überhaupt zu so häufigem Fehlrichten kam – die Quellen berichten reichlich davon, ohne daß es allerdings immer zu Tumulten führte –, gründete in der Überforderung des Henkers, unter den Blicken einer großen, oft stark emotionalisierten Zuschauerschaft mit einem Hieb einen Kopf abzuschlagen. Irritiert wurde der Scharfrichter außerdem vielfältig durch das zurufende Publikum, durch das bedauernswerte Verhalten des Armen Sünders, dessen gehässigen oder vorwurfsvollen Blick er mehr als alles sonst fürchtete. Um dem vorzubeugen, entschuldigte er sich oft beim Delinquenten für seine Pflicht: eine Geste, die das Volk verstand, aber die Obrigkeit, vor allem die Richter oft nicht tolerierten, weil es für sie keinen Zweifel gab, daß der Henker das Recht vertrat. Die meisten mißlungenen Hinrichtungen scheinen bei Enthauptungen von Kindsmörderinnen geschehen zu sein. Wenn sie schön und jung waren, das Volk für sie großes Mitleid empfand oder gar der Henker selbst die Strafe für zu streng hielt, verunsicherte ihn dies beträchtlich.

Das Volk griff allerdings nicht nur, das sei ergänzend erwähnt, bei derartiger unnötiger Grausamkeit der Scharfrichter ein, die das Maß des Gerichtsurteils überstieg. Bekannt ist auch, wenngleich seltener überliefert, daß das Volk aktiv wurde, wenn ein Verbrecher vom Gericht zu gnädig beurteilt wurde. Als ein Stadtbote von Nürnberg zusammen mit seiner Frau wegen Verrat und Verstößen gegen die Moral 1612 vom Gericht nur mit Rutenschlägen und Stadtverweisung bestraft wurde, wurde er vor dem Stadttor von Bürgern so mit Steinen beworfen, daß er niederfiel und starb. Während seine Frau sich „unter dem Volk verlaufen hatte", mußte er von Stadtschützen auf dem Friedhof St. Peter begraben werden. Das Gericht konnte freilich diesen Fall nicht ungesühnt lassen und verwies einen

Bauern, der „sehr hart" mit Steinen geworfen hatte, auf ewig aus der Stadt.[41] Ähnlich war die Stadtbevölkerung von Nürnberg 1658 nicht zufrieden mit dem Urteil über eine Goldspinnerin, die wegen ihres gott- und ruchlosen Lebens in der ganzen Stadt bekannt war – sie hatte abergläubischen Handel getrieben und ihren Mann lebensgefährlich bedroht. Nachdem sie mit einer Rute vor einer Kirche barfüßig büßen mußte und dann für ewig aus der Stadt verwiesen wurde, haben sie „Buben und Jungen" mit Kot, Sand und Erde „heßlich" beworfen und sie von einem Ort zum anderen getrieben. Sie kam allerdings nicht nur mit dem Leben davon, sondern durfte später sogar zurückkehren.[42] In Augsburg wurde ein Mann, der seine Frau aus einem Turmfenster hinausgeworfen hatte, so daß sie bald darauf starb, zur Strafe 1666 auf den Pranger gestellt und mit einer Rute ausgestrichen. „Dieweilen er ein Aufstecher gewesen" war, wurde er ebenfalls vor dem Stadttor gesteinigt. Sein Leichnam soll 4 Tage unter freiem Himmel gelegen haben, erst dann wurde er „mit harter Mühe" begraben.[43] Ein letzter Fall ist auch noch aus dem Jahre 1801 aus Eisenach belegt. Ein Dieb war nur zu Staupenschlag und Landesverweisung verurteilt worden; das Volk steinigte ihn.[44] Die Steinigung erfolgte in allen Fällen nicht bei der Abstrafung in der Stadt, sondern erst nach der Ausweisung vor dem Stadttor, als der Delinquent schutzlos war.

Wegen der genannten Vorkommnisse beim ‚üblen Richten' nimmt es nicht wunder, daß die Obrigkeit zum Schutze der von ihr angestellten Scharfrichter und zur Aufrechterhaltung der Ordnung bei der Hinrichtung zunehmend Soldaten aufziehen ließ. Die Androhung von Strafen für die Verletzung des Nachrichterfriedens reichte allein kaum aus. Geringer wurde die Gefahr von Unruhen natürlich, als seit der zweiten Hälfte des 17. Jahrhunderts das Hinrichtungszeremoniell ausgebaut, die Distanz zwischen Richtstätte und Zuschauern vergrößert wurde und vor allem aus der Hinrichtung als einem Akt zur Wiederherstellung von Ordnung und Wahrheit ‚nur' noch ein Schauspiel des Todes wurde, das Schauer und Erschütterung verbreitete. Damit wurden zwar Aktivitäten des Volkes unterbunden und die Hinrichtung selbst sicherer, dies ging aber auf

Kosten der ursprünglichen Intentionen der Abschreckung und der Selbstreinigung; an ihre Stelle traten um so stärker die bloße Neugier, die Einschüchterung, weniger durch die Hinrichtung selbst, als durch die zeremoniale Demonstration von Macht, und die Erschütterung durch das Schicksal des Armen Sünders.

VIII.
Ars moriendi: Die Liturgie des gewaltsamen Sterbens

1.

Die mehr oder weniger grausame Tötung eines Delinquenten war nur die eine Seite der öffentlichen Hinrichtung; die rituelle Tötung wurde eingebunden in ein umfassendes Zeremoniell, das den Charakter einer religiösen Opferfeier annehmen konnte, die nicht minder als erbaulich sakrale Handlung aufgenommen wurde wie ein kirchliches Fest, in dem christliche und abergläubische Vorstellungen verschmolzen.[1] Gerade darin lag auch die große Wirkung der Hinrichtungen begründet, die viele Menschen anlockten, „des Sünders letztem Kampf als Zeuge zuzusehen“[2] und dadurch eine Befriedigung und ‚heilsame‘ Wirkung zu erfahren. Freilich gestaltete sich das Zeremoniell vom 16. bis 18. Jahrhundert zusehends strenger. Die bewußte Strafdemonstration einerseits und der pädagogisch didaktische Zug des Schauspiels andererseits wurden stärker. Doch blieb die Hinrichtung immer zugleich ein Volksfest, bei dem es um Heil und Unheil ging. Negativer Mittelpunkt war trotz aller Bemühungen der Obrigkeit der Henker als Symbol der weltlichen Gewalt und Strafe. Die bildliche Überlieferung hatte den Henker nachhaltig als Symbol des Bösen, als Peiniger und Töter des Märtyrers gezeichnet.[3] Die Augen aller Zuschauer konzentrierten sich auf den Armen Sünder, das Opfer des Henkers und der Strafgewalt. Daß es sich um einen Verbrecher handelte, also um einen Menschen, der den Tod verdientermaßen erleiden mußte, wurde nicht bezweifelt. Aber mit dem öffentlich verkündeten Geständnis und der erklärten Todesbereitschaft trat der Arme Sünder nicht mehr als Bösewicht auf, sondern als reumütiger Christ, der zur Schlachtbank geführt wurde, um dadurch sich und die Welt von seinem Verbrechen zu befreien.

Es blieb den Obrigkeiten stets unbegreiflich, wie ein übler Verbrecher in der Stunde seines Todes so viel Sympathie und Mitleid gewinnen konnte.[4] Natürlich gab es auch Delinquenten, die sich in diese Erwartungen nicht fügten, doch die Mehrzahl der Armen Sünder ging unerschrocken als „Kinder des ewigen Lebens" in den Tod.[5]

Die besondere Stellung des Armen Sünders im Hinrichtungszeremoniell wird dadurch noch aufgewertet, daß ihn ein oder zwei Geistliche bis zum Schafott mit Gebeten und Gesang begleiteten. Oft gekleidet in ein besonderes Gewand – ein weißes Kleid etwa –, durchschritt der Arme Sünder oder die Arme Sünderin gefesselt langsam eine Menschenmenge auf dem Weg zur Hinrichtung. Er bzw. sie betete auch, blieb oft stehen, um einen Trunk zu nehmen, zu beichten und sich von den Umstehenden zu verabschieden. Nicht selten wurde der Zug im 18. Jahrhundert von Schuljugend begleitet, die eindrucksvoll Sterbe-Lieder sang, um dem Ganzen den Charakter eines christlichen Begräbniszugs zu geben.[6] Den Höhepunkt des Geschehens bildete die Ankunft auf dem Rabenstein. Hier bedankte sich der Arme Sünder öffentlich bei Geistlichkeit und Obrigkeit für die gerechte oder milde Behandlung; und beim Publikum, vor allem bei denjenigen, denen er Schaden zugefügt hatte, bat er um Entschuldigung. Auch segnete er das Volk und hielt nicht selten eine „bewegliche und wohl abgefaßte Oration", in der er von der Verderbtheit seines Verbrechens warnte und das wahre christliche Leben pries.[7] Schließlich versprach er, wenn er bald gereinigt von allen Sünden vor Gott trete, für diejenigen besonders bei Gott einzutreten, die er im Leben geschädigt habe. Es war allgemeine Überzeugung, daß ein Armer Sünder, der bereitwillig den Tod erlitt, nicht nur von allen Sünden befreit werde, sondern unmittelbar in den Himmel komme.[8]

Zwar gab diese einmalige Situation manchen Delinquenten durchaus die große Gelegenheit, sich zur Schau zu stellen und wenigstens in der letzten Stunde ihres Lebens einmal aus der Anonymität herauszutreten. Es gab auch eine große Zahl von Fällen, in denen ein Armer Sünder tatsächlich als reumütiger Christ zur Hinrichtung ging, dort das würdige Zeugnis eines christlichen Sterbens ablegte und dadurch wie ein Märtyrer gefeiert wurde. Nicht mehr der Schurke stand da im Vordergrund, sondern der Bekehrte, der reumütige Christ. Doch nicht nur diese christliche Note verlieh dem Hinrichtungszeremoniell einen religiös-sakralen Zug, sondern es gingen in diesen Opfergang auch stark abergläubisch-magische Vorstellungen ein. Das dargebotene Blutopfer besaß eine ‚magische' Kraft. Vom getöteten Armen Sünder, seinem Blut, seinen Gliedern oder dem Strick erhoffte das Volk Heilung bestimmter Krankheiten und ähnliche Wunder. Allgemein war man davon überzeugt, daß der Körper eines Menschen, der nicht eines natürlichen Todes, also mit gesundem Leib und ohne Krankheit starb, über wirksame Heilkräfte verfügte. Dies galt nicht nur für die Enthaupteten, deren Blut ein Henker nicht selten mit Erlaubnis der Obrigkeit in einer Schale auffangen durfte, um „es unterschiedlich – armen und preßhaften Leuthen, welche mit der schweren Kranckheit oder hinfallenden Sucht beladen gewesen, zu trinkken [zu] geben, wovon sie curirt, gesund und heil worden".[9] Sondern auch für Gehenkte und Geräderte, deren Körper ja von der Sonne und dem Mond beschienen und von dem Gestirn „gewaltig imprimiert und influiert" wurde, so daß Teile des Körpers „in Kräften und Tugenden gar wunderbar" wirken können. „Und wenn die Ärzte und sonst männiglich wüßten", wie Paracelsus einmal schrieb, „was mit dieser mumia vorzunehmen sei oder wozu sie nützt, es würde kein Übeltäter über drei Tage am Galgen oder auf dem Rad liegen bleiben, sondern, wo es anders möglich wäre, hinweggenommen werden".[9a]

Eine besondere Form des Reliquienkultes umgab also die Hinrichtung. „Unzweifelhaft mischte sich solchen falsch angewandten religiösen Vorstellungen auch die fromme Eitelkeit eines Märtyrertums bei, das bei dem öffentlichen Hinrichtungsakt vor aller Welt eindrucksvoll in Erscheinung treten würde. Auch die Volksauffassung neigte dazu, den durch das Erleiden der Todesstrafe Entsühnten fast einem Märtyrer gleichzuachten. Die magische Wirkung, die seinem Daumen, seinem Blut, dem Strick, mit dem er gehängt wurde, und den Alraun, der aus seinen Säften unter dem Galgen erwachsen ist, beigelegt werden, kennzeichnen eine abergläubische Abart des Reliquienkultes. Auch der Grabstätte des Gerichteten wurden wohl ähnliche Wirkungen zugeschrieben wie einem Heiligengrab".[10]

Für das Volk verschmolzen die beiden Aspekte. Obwohl die abergläubische Seite erstaunlich wenig bekämpft wurde, sind doch seit dem 16. Jahrhundert Bestrebungen erkennbar, das Hinrichtungszeremoniell stärker zu verchristlichen. Wir haben bereits gehört, wie die Geistlichkeit verpflichtet wurde, den Delinquenten in den letzten Tagen vor dem Tod auf das Ende vorzubereiten, um die Einwilligung zu einem christlichen Sterben zu erlangen und eine erbauliche Hinrichtung zu garantieren. Einige Beispiele aus dem Nürnberger ‚Memorial' verdeutlichen dies nicht erst für das 17. und 18. Jahrhundert, als allgemein die Geistlichkeit den Hinrichtungsfeierlichkeiten den Anstrich eines moralischen Schauspiels gab, sondern bereits für die Zeit um 1600. Eine junge Frau wurde in Nürnberg 1610 wegen Blutschande zum Tode verurteilt. Sie hatte sich gründlich auf den Tod vorbereitet. Auf dem Weg zum Rabenstein hatte sie fortwährend gebetet, die Leute „viel und offtmahls" unterwegs gesegnet „deß schönen und lieblichen Tags, wie auch ihres Kirchgangs von Herzen getröstet". Nachdem sie ihr Geständnis wiederholt hatte, sah sie über sich zum Himmel, „seuffzete und sprach, da hinauf gehöre ich, dahin sehne ich mich, dahin verhoffe ich auch bald zu kommen". Sie bat alle Leute um Verzeihung, betete laut ein von ihr selbst verfaßtes „trostreiches" Gebetlein, hat dem Nachrichter ihren Kopf „redlich dargehalten" und ist „in ihren Erlöser Jesu Christo seelig, wie ich verhoffen will, eingeschlaffen, der verleihe ihr auch am grossen Tag seiner Erscheinung eine fröhliche Auferstehung". Ihr Gebet, womit sie sich auf dem Rabenstein getröstet hat, fand der Superintendent von Obersulzberg so erbaulich, daß er es in seinem Gebetbuch etwas verändert veröffentlichte:

„Herr Christ, hilff mir in der lezten Noth
wann mich ergreifft der bittere Todt,
wann mein Mund nimmermehr mag sprechen,
und mein Herz im Leib thut brechen,
und meine Augen sich wenden,

Thue mir deinen Heiligen Geist senden,
daß er mich führ auf Himmels Steg,
Stärck und erhalt auf solchen Weg,
das bitt ich dich Herr Jesu Christ,
weil du für mich gestorben bist,
Hast auch am Creuz für mich gelitten,
Mit Höll, Todt und Teuffel gestritten,
Hilff daß mein Herz und auch der Mund,
dich lob und preiß zu aller Stund.
Verleih mir auch ein seeligs End,
dein Göttlich Hülff nicht von mir wendt,
Gehe nicht mit mir in dein Gericht,
vor dir kan ich bestehen nicht,
und laß mich frölich auferstehen,
mit dir ins Ewige Leben gehen,
Hiemit sey dieß Gebet vollendt,
Herr nimm mein Seel in deine Händ".[11]

1612 wurde ein Mörder zum Tod durch das Rad verurteilt. Auch er zeigte sich „mutig". Er hatte beim Aufbruch zur Richtstätte keinen Wein zu sich genommen, sondern ein warmes Bier mit Gewürz und Pomeranzen und Lebküchlein gegessen, die ihm die Frau des Ermordeten zuschickte, „zur Erinnerung, daß sie ihm von Herzensgrund verziehen habe, was er an ihren Mann Übels begangen hat". Auch er starb trotz der gräßlichen Strafe wohl und christlich. „Der allmächtige Gott seye seiner armen Seel am grossen Tag des Herrn gnädig und führe ihn mit der bußfertigen Sünderin und dem Schächer am Creuz, samt andern bußfertigen Sündern in das Himmlische Paradieß, zum ewigen Leben ein."[12] Selbst ein 1617 zum Tod durch das Feuer Verurteilter hatte sich schließlich auf sein Ende christlich vorbereitet. Nachdem er das Abendmahl genommen hatte, betete er auf dem Weg zur Richtstätte und bat die umstehenden Leute um Verzeihung. Er tröstete sich mit den Sprüchen und Exempeln der hl. Märtyrer und beichtete nochmals, ehe er auf den Scheiterhaufen ging. Obwohl es mit der vorherigen Strangulierung Schwierigkeiten gab, er also bei lebendigem Leib verbrennen mußte, fügte er sich in sein Schicksal und betete laut: „Welches Gebet sonder Zweiffel der liebe Gott wird erhöret und seine arme Seele in das Bündelein des Lebens an- und aufgenommen haben. Es ist ein solcher starker Glaube in ihm gewesen, deßgleichen ich bey keinen armen Sünder ... noch zur Zeit befunden habe, darum zweifle ich auch gar nicht, er seye zwar durch den erschröcklichen und erbärmlichen Tode, zum ewigen Leben hindurch gedrungen und ein Kind und Erbe deß ewigen Lebens worden".[13]

Den Charakter einer religiös erbaulichen Volksfeier unterstrichen aber nicht nur das Verhalten und die Abschiedsworte des Delinquenten, sondern vor allem die Schlußrede, die der Geistliche bei der Hinrichtung, oft anknüpfend an die Äußerungen des Armen Sünders, vor dem Volk hielt.[14] Derartige Predigten sind bereits aus dem 16. Jahrhundert überliefert, zu einem festen Bestand der Hinrichtungen wurden sie allerdings erst im späten 17. und dann 18. Jahrhundert, nicht selten wurden sie nun auch gedruckt. Die Geistlichen nutzten hier die Gelegenheit, mit erbaulichen Reden und aufschlußreichen Parallelen zum Jüngsten Gericht alle Sünder zur Umkehr aufzufordern und am Beispiel des Lebens und Sterbens eines Armen Sünders die Ruchlosigkeit des Verbrechens aufzuzeigen wie die Reumütigkeit zu preisen bzw. die Halsstarrigkeit als Werk des Teufels anzuprangern.

„Ja ihr, die ihr nicht noch auf der Welt und an eurem Ende ein Scheusal der Natur, eine Verachtung des Volckes, und ein Schandfleck eurer Freundschafft werden wollt, schaffet und machet, daß ihr unter den Händen eurer Freunde euren Geist aufgeben könnet, als daß ihr unter den Händen der Peiniger solches thun müsset. Schaffet und machet, daß ihr frölich, sanfft und stille auf eurem Bette oder Stroh aus dieser Welt fahren könnet, als daß ihr auf einen solch schauerischen Richtplatz mit Furcht und Herzenleid, euer Leben endigen müßet. Schaffet und machet, daß eure entseelte Leiber auf den Schultern ehrlicher Christen zu Grab getragen werden können, als, daß solche durch die Henkersknechte dahin gebracht werden müßen. Schaffet und machet, daß eure erkaltete Gebeine ein Räumlein bey den geheiligten Gräbern frommer Christen dort

auf den Gottesacker bekommen können, als daß solche zur Schmach und Schande unter den Galgen verscharret werden und daselbst verwesen müssen.“

Aus der Predigt des Pfarrers von Dietersdorf 1761.[15]

Die Hinrichtung als moralisch-religiöse Veranstaltung wird besonders deutlich an einem Fall in Dillingen. Ein Delinquent hatte nach 4 Jahren Gefängnis und Tortur seine Schuld immer noch nicht eingestanden. Als er nun dennoch verurteilt werden sollte, erbat er sich als Geistlichen den Stadtpfarrer. Da diesem der Antrag „unangenehm“ war, „einem solchen blutigen Schauspiele anzuwohnen“, wurde der bekannte Moraltheologe J.M. Sailer gebeten, ob er „den hartnäckigen Verbrecher nicht zurecht bringen“ könne. Dieser stellte dem Delinquenten „mit innigsten Mitleid“ vor, daß das Urteil endgültig sei und er nur komme, ihm die Dienste der Kirche anzubieten. Der Delinquent faßte Vertrauen und legte ein „aufrichtiges“ Bekenntnis seiner Sünden ab und stellte sich gefaßt auf den Tod ein. „In dem Vertrauen auf Jesus, der ihm seine vielen und großen Sünden verzeihe und ihn zu Gnaden aufnehmen werde, fand er diese Ruhe“. Als die Armesünderglocke läutete, verabschiedete sich der Delinquent von seiner Frau. Wohlvorbereitet auf den Tod, sagte er dem Geistlichen: „Ich bin nun, obgleich meinem Körper der Tod bevorsteht, so gefaßt, daß ich, wenn man mir das Leben schenkte, Anstand nähme, ob ich von dieser Gnade Gebrauch machen wollte“. Er nahm ein kleines Kreuz in die Hand, das er nach seinem Tod seiner Tochter vermacht haben wollte „als Andenken von ihrem unglücklichen Vater“, als Erinnerung an die letzten Worte: „Fürchte Gott. Habe Gott vor Augen, Bete gern! Halte seine heiligen Gebothe! Hüte dich auch vor den kleinsten Sünden. Wer kleine Sünden für gering achtet, fällt nach und nach in die größten Verbrechen.“ Sailer begleitete den Verurteilten auf dem Armesünderkarren. Nachdem der Stab gebrochen war, unterwarf der Delinquent sich „der verdienten Strafe“ und dankte seiner „gnädigen Obrigkeit“. Auf der Richtstätte dankte der Delinquent dann auch seinen treuen Begleitern für den Trost, der ihm zuteil wurde. Bevor er sich auf den Stuhl setzte und das Halstuch abnahm, richtete er noch einige Worte an die „unzählige Volksmenge“: „Bethet Alle für mich. Ich hoffe zu Gott zu kommen und werde dann sogleich auch für Euch bethen, und Euch so mit baarer Münze bezahlen“. Auch Sailer nutzte diese Gelegenheit, vor der versammelten Volksmenge eine „tief ergreifende, erschütternde Anrede“ zu halten. Jeder, der den sündlichen Neigungen nachgebe, könne so schauerlich enden. Hochmut, Wollust, Geiz, Arbeitsscheu, Spielsucht, Nichtachten der Gewissensbisse, dies alles könne den Menschen auf die Richtstätte führen. Gleichzeitig stellte Sailer aber auch den Delinquenten als Beispiel wahrer Buße vor. Er lobte an ihm die gänzliche Sinnesänderung, das aufrichtige Bekenntnis seiner Vergehen, die schmerzliche Reue, das Vertrauen auf den Erlöser und die Bereitwilligkeit, mit der er sich der Todesstrafe unterzog. „Die Zuschauer kehrten erschüttert und voll guter Vorsätze von der Richtstätte zurück.“ Hier steht freilich nicht nur das Schicksal des Armen Sünders im Vordergrund, dessen Beispiel erschüttert, sondern der Geistliche und seine das Volk erbauende Moralpredigt.[16]

2.

Eine moralisch-erbauliche Zielsetzung vertreten auch die vielen in Umlauf gebrachten Armesünderblätter, die nicht nur nach der Hinrichtung verbreitet, sondern auch schon nach der Urteilsverkündung verteilt wurden.[17] Sie schildern die Gräßlichkeit der Verbrechen und die Bekehrungsgeschichte des Armen Sünders, verbunden mit einem Aufruf, sich den Delinquenten zum warnenden Beispiel zu nehmen, da man an ihm sehen könne, wohin schon die kleinsten Vergehen führten. Beigefügte Kupferstiche illustrierten die Geschichte. Der pädagogisch-didaktische Zug ist unverkennbar. Zumeist wurden die Flugblätter mit „Wohl-verdientes Todes-Urteil Nebst einer Moral-Rede“ betitelt, aber es konnte etwa auch heißen: „Frage woher doch bey jetzigen Zeiten eine so überaus große Zahl des Diebs- und Räubergesindes komme, erwogen an den Hinrichtungstage eines Vieh-Diebes, so durch das Schwerdt geschehen, am 25. Jenner 1773“; oder „Auferbauliches Lebens – Ende der Agatha Laimerinn, welche den 21 July 1769 allhier durch das Schwerdt vom Leben zum Tod hingerichtet, und von jedermann wegen ihren auserordentlichen Geistes, und Gemüthsfassung dann der annoch auf der Richtstätte gehaltenen Anrede bewundert worden. Auf das neue in Versen vorgetragen".[18] In der ‚Moralrede' zur Hinrichtung eines Diebes in München 1771 heißt es:

„So gehe dann in dich, und leide mit Geduld
Die Strafe, welche kommt von deiner eignen Schuld.
Sey jenem Schächer gleich, der an dem Creutz gestorben,
Und sich das Himmelreich durch wahre Reu erworben.
Die Liebe ruft dir zu, die Gnade nimmt dich auf,
O so vollende nun den letzten Lebenslauf,
Der Himmel, und die Zeit sind dir itzt noch gewogen.
Und seht das Blut-Urtheil ist wirklich schon vollzogen.
Ihr Müßiggänger! die ihr Gott, und auch der Welt,
Die Tage, und euch selbst der Hoffnung Früchte stehlt,
Schaut dieses Blut hier an, vernehmet seine Lehren:
Lernt die Gerechtigkeit zu fürchten, und verehren".[19]

Die moralische Schlußfolgerung hatte die Geistlichkeit, aber auch die richterliche Obrigkeit immer im Sinn gehabt; während sie noch im 16. Jahrhundert untergeordnet gewesen war, wurde sie im 18. Jahrhundert dominant, als die Idee der Reinigung und Sühne zurücktrat bzw. zusehends verdeckt wurde. Doch war es nicht nur die Geistlichkeit, die in der Hinrichtung eine Gelegenheit sah und sie wahrnahm, ihre Moral zu verkünden. Von einer gewissen Vereinnahmung der Hinrichtung für pädagogisch-didaktische Interessen kann man auch bei den Aufklärern sprechen.[20] Chr. Felix Weiße berichtet beispielsweise vom Gespräch zwischen einem Vater mit seinen Kindern über die Hinrichtung eines Mörders in Leipzig (1776). Als der Vater seine Kinder fragt, ob sie den „fürchterlichen Aufzug" mitansehen wollten, lehnen diese zunächst ab, einerseits hätten sie Mitleid mit dem Delinquenten, andererseits sei ihnen der Anblick widerwärtig. Es kommt zu einem Gespräch, in dessen Verlauf der Vater zu erkennen gibt, daß es zwar für das weibliche Geschlecht unschicklich sei, zu einem derartigen ‚Fest' zu gehen, da auch die Erfahrung den Frauen unnötig sei, aber für die Mannspersonen wäre dies eine Schule des Mutes und der Tapferkeit. „Wenn man aber in der Jugend sich zu einem gesetzten Wesen gewöhnt und seinem Herzen Gewalt antut, mit einer gewissen Standhaftigkeit ein solches Schauspiel anzusehen, so erspart man sich gewiß manche Qual auf eine Lebenszeit.“[21] Ein zweiter Grund schließt sich an. Aus einer Hinrichtung könne man für sich die Lehre ziehen, wie aus den kleinsten Pflichtvernachlässigungen ein großes Verbrechen entstehe und der Grund dazu schon in der Jugend gelegt werde. „Laßt also, meine Kinder, solche schreckliche Strafen immer auch auf euer Herz, so sehr ihr es davon entfernt glaubt, einen heilsamen Eindruck machen.“[22] Die Leidenschaften müßten frühzeitig unter den Gehorsam der Vernunft und der Religion gebändigt werden. Schließlich soll der Anblick einer solchen Strafe die Kinder mit Dankbarkeit und Freude gegen Gott erfüllen, daß sie gute Eltern hätten und eine Erziehung genießen dürften, durch die sie frühzeitig das Gute vom Bösen unterscheiden lernten. Die Kinder, die nun tatsächlich die Verurteilung mitansahen, reute dies nicht, „weil es in der Folge unter uns und unsern Freunden eine Veranlassung zu mancher lehrreicher Unterredung wurde“.[23]

Hinrichtungen als Erziehungsmittel für Jugendliche, weswegen Lehrer ihre Klassen an Todesschauspielen teilnehmen ließen, ja auch aufgeklärte Obrigkeiten dies unterstützten, hatten viele frühe Aufklärer in ihr Programm aufgenommen. Nach Chr. Wolff sollte man „keinen Übelthäter heimlich oder im verborgenen, sondern öffentlich für jedermanns Auge strafen, und daher auch solches vorher kund machen, damit eine zahlreiche Menge der Vollstreckung beywohne“.[24] Aber Aufklärer waren es auch, die den gräßlichen Hinrichtungen einen besonders verderblichen Einfluß nicht nur auf die Jugend, sondern auf das ganze einfache Volk zuschrieben. Selbst diejenigen, die weiterhin nicht nur für die Todesstrafe, sondern auch für die öffentliche Hinrichtung plädierten, waren mit der gängigen Hinrichtungspraxis nicht mehr einverstanden.[25] Der Volksfestcharakter und die Konzentration auf das Mitleid mit dem Armen Sünder verdeckte ihnen den eigentlichen Sinn der Hinrichtung, die Menschen von der Gräßlichkeit des abgestraften Verbrechens abzuschrecken. Erstmals deutlich kritisierte der preußische Staat bereits unter Friedrich II. die gängige Praxis: in dem „viele Gemüther des schlecht unterrichteten Pöbels“ zu der Ansicht kommen müßten, „der abgethane Delinquent sey ohnfehlbar seelig gestorben und es sei dieses der sicherste Weg, um gleichfalls seelig zu sterben“, werde der Abschreckungszweck der Strafe vereitelt. Deswegen wurde erwogen, das „feierliche“ Geleit durch Geistliche abzuschaffen und den Tod der Missetäter in den Augen des Publikums so „schreckhaft“ wie möglich darzustellen.[26] Trotz aller bürokratischen Disziplinierung der Hinrichtungszeremonie ließ sich doch das Hinrichtungsschauspiel nicht leicht in den Dienst eines auf Moral und Nutzen zielenden Staatsinteresses lenken; das Volk bestand zäh auf seinen Interessen. Wie eine Resignation klang eine Beobachtung preußischer Beamter um 1800. Es sei gerade „das abenteuerliche Zeremoniell des sogenannten Hochnotpeinlichen Halsgerichts, das seinen Ursprung aus den finsteren Zeiten der Gewalttaten und der Gesetzlosigkeit herschreibt“, das „am meisten dazu beiträgt, der ganzen Handlung einen theatralischen Anstrich zu geben und eben dadurch das Zuströmen der Menschen zu befördern und den Tag der Hinrichtung zu einem Volksfest zu machen; die zahlreiche Menge der Zuschauer sieht denn nur auf diese äußeren Gebräuche und nach diesen vorzüglich auf das Benehmen des Missetäters bei der Hinrichtung, welches, es mag sein wie es will, jederzeit dazu wirkt, den Zweck der Bestrafung zu vereiteln; denn Abscheu zeigt das Volk gewöhnlich nur gegen die Henker und deren Geschäft, da es dagegen den standhaften oder fühllosen Missetäter bewundert, und den, der das ganze Gewicht seiner Lage fühlt, bemitleidet“.[27]

Weit rigider noch als die staatlich-obrigkeitlichen Kräfte wandten sich die Aufklärer gegen das Hinrichtungszeremoniell. In ihrem bekannten Diskurs über die Todesstrafe in den 70er Jahren des 18. Jahrhunderts im Anschluß an die große Anklageschrift des italienischen Aufklärers Beccaria gegen das peinliche Strafsystem ging es bald auch nicht nur um eine aufklärerische Reorganisation des Hinrichtungszeremoniells, es erbaulich wie schreckhaft zu gestalten, sondern sogar um die Abschaffung der Todesstrafe schlechthin, d.h. der Einstellung der öffentlichen Hinrichtungen, da sie das Volk doch nicht zu bändigen verstünden.[28] Es waren allerdings weniger humanitäre Gründe, die gegen die Hinrichtung sprachen, sondern einmal die moralischen der Volksverrohung, und dann Nützlichkeitserwägungen: Mit dem Tod konnte ein Delinquent den von ihm verursachten Schaden nicht wiedergutmachen. Erste Analysen wiesen auch stark darauf hin, daß die Todesstrafe keinen Rückgang der Kriminalität bewirkte.[29] „Der stärkste Zaum, den man also dem Verbrechen anlegen kann, ist nicht das schrekkende, aber übergängige Schauspiel des Todes, sondern die lebenslange Beraubung der Freiheit eines Menschen, welcher gleichsam in ein Lasttier verwandelt, durch seine ermüdende Arbeit die von ihm verletzte Gesellschaft entschädigt, und ein langwieriges Beispiel der Plage seiner Mitbürger abgibt."[30] Dementsprechend forderten auch immer mehr deutsche Aufklärer die Abschaffung der Todesstrafe, zumindest der öffentlichen Hinrichtung. „Die öftern Hinrichtungen helfen gar nichts, schaden vielmehr, sind nur Schauspiele für das Volk geworden und machen es noch fühlloser."[31]

Wenngleich die Gerichte in der Revolutionszeit manche Reformen wieder aufgaben – am signifikantesten war die Wiedereinführung der Todesstrafe in Österreich, die unter Joseph II. 1786 aufgehoben worden war –,[32] so hatte sich die Strafpraxis vor allem in der zweiten Hälfte des 18. Jahrhunderts mit und ohne aufklärerischen Einfluß doch entscheidend geändert. Es war nicht nur die Folter abgeschafft, sondern auch die die Hinrichtung begleitende Marter eingeschränkt worden; Verbrecher wurden nur noch in ganz eindeutigen Fällen zum Tode verurteilt, d.h. nur bei schwerem Diebstahl, Raub oder bei vorsätzlichem Mord, wohingegen sittliche Vergehen nicht mehr mit dem Tod bestraft wurden.[33] Die meisten Verbrecher wurden in die entstehenden Zucht- und Arbeitshäuser gesperrt.[34] Dies verdeutlicht eine Auflistung aus Würzburg 1769–1788. Von insgesamt 3445 Verurteilten wurden 18 mit dem Tod, 446 mit Ehrenstrafen, 686 mit Schlägen, 885 mit Zuchthaus, 806 mit Arbeitshaus, 315 mit Arreststrafen und 289 mit Geldstrafen bestraft.[35] Auch verbot man bald wieder die Besuche von Hinrichtungen durch die Schuljugend, wie man überhaupt den Zustrom von Zuschauern einzudämmen suchte, wenngleich dies nur schwer durchführbar war. Noch 1851 mußte die Lokalschulkommission vom Ansbacher Magistrat aufgefordert werden: „Voraussichtlich wird bei der am nächsten freitag dem 14ⁿ. d. Mts Vormittags stattfindenden Hinrichtung der Raubmörderin Hilpert eine ungewöhnlich große Menschenmenge dahier zusammenströmen, so daß gegründete Besorgniß entsteht, es möchten im Gedränge der den Zug begleitenden Haufen hie und da körperliche Verletzungen durch Quetschungen vorkommen. Da nun insbesondere die bei derartigen Gelegenheiten immer stark vertretene Schuljugend am allermeisten solchen Verletzungen ausgesetzt ist, so dürfte es angemessen sein, in den Schulen geeignete Vorwarnungen zu erlassen und die Schulkinder namentlich darauf aufmerksam zu machen, daß sie sich wenigstens von dem Zuge nach dem Richtplatze und von dem damit verbundenen Gedränge fernhalten.“[36]

Die Gräßlichkeit der Hinrichtungen wie ihre hohe Zahl war in der Tat zu Ende des 18. Jahrhunderts bereits beträchtlich reduziert worden. Das schloß allerdings nicht aus, daß gerade durch die große Seltenheit der öffentlichen Hinrichtungen die Imaginationskraft und das öffentliche Interesse noch gesteigert wurden, so daß eine Abschreckung eigentlich nicht gewährleistet war. Es war gerade die mit obrigkeitlicher Unterstützung durchgeführte Theatralisierung der Hinrichtung, die den von der Obrigkeit intendierten Sinn der Abschreckung verdeckte, ja dem Volk zugleich die Möglichkeit gab, eine Hinrichtung als Volksfest zu begehen.

Mit der Tötung des Armen Sünders war das Hinrichtungszeremoniell noch nicht beendet. Erst wenn der Scharfrichter den Richter um die Bestätigung der richtigen Ausführung seines Amtes gebeten hatte, schloß die offizielle Strafhandlung.[37] Je nach Hinrichtungsart verfuhr der Scharfrichter mit seinen Knechten mit dem Getöteten sehr unterschiedlich. Die Geräderten und Gehängten blieben oft tagelang, je nach ihrer Strafe, auf dem Rad liegen bzw. am Galgen hängen. Manche wurden dann unter dem Galgen begraben, manche aber blieben so lange auf dem Rad oder am Galgen, bis ihre Körper verwest waren und die einzelnen Glieder abfielen. Ein christliches Begräbnis blieb ihnen versagt. Bei der Strafe des Verbrennens vergrub der Henker die Asche ebenfalls auf dem Galgenplatz oder warf sie in einen Fluß, falls einer in der Nähe war. Hier waren alle Spuren verwischt, dasselbe galt beim Ertränken, wenn nicht ausdrücklich eine Beerdigung angeordnet wurde. Nur bei der Strafe des Schwertes konnte es ein christliches Begräbnis geben. Der Getötete wurde entweder in einen Sack gesteckt oder in einen einfachen hölzernen Sarg gelegt und weitgehend ohne Publikum auf einem eigens für unehrenhafte Menschen vorgesehenen Friedhof beerdigt. Die Ehre der Bürger einer Stadt verbot die Beerdigung auf einem ‚ehrbaren' Friedhof. Manche Enthauptete wurden auch unter der Richtstätte verscharrt. Die Verweigerung eines christlichen Begräbnisses zählte zur verhängten Strafe oder ergab sich aus einer „mit der Ehrlosigkeit behafteten That".[38] Zwar sollte die Beseitigung oder Beerdigung in aller Stille vollzogen werden, aber nicht selten gab es Nachspiele. Manche wollten den Getöteten aus der Nähe sehen oder ein Tuch in sein Blut tauchen; beides gewährten die Henkersknechte nicht selten für Geld.[39] Das Verscharren und die Beerdigung überließ der Richter dem Scharfrichter und seinen Knechten. Er selbst ritt mit den Beisitzern nach der Tötung zurück zum Rathaus, um dort mündlich über den Strafvollzug zu berichten. Ein Mahl schloß die ganze Strafprozedur ab.[40] Der Scharfrichter seinerseits wurde mit Geld und Naturalien entlohnt, ebenso durfte er das erbaute Gerüst auf einer Richtstätte behalten bzw. für sich verwenden. Anläßlich der Hinrichtung der Kindsmörderin Brandt in Frankfurt 1772 heißt es: „Soviel ich mit Zuverlässigkeit vernommen, hat der Nachrichter 10 Pfundt Rindfleisch und 12 Pfundt Kalbsbraten, ehedem gekocht und letzteres gebraten mitsamt der Fleisch- und Braten-Brühe, Topf und Brat-Pfanne, dieses mahl aber alles roh aus löbl. Hospital empfangen, und gegen Abend durch seine Knechte das ihme heimgefallene executions Gerüst abbrechen und nach Hauß führen lassen".[41]

3.

Die Todesstrafe selbst hatte in der frühneuzeitlichen Gesellschaft sehr unterschiedliche Funktionen, die schwer auf einen Nenner zu bringen sind.[42] Es ist zu bedenken, daß die richterliche Obrigkeit ein Todesurteil oft anders begründete als das gemeine Volk, dem ja normalerweise auch der Delinquent entstammte. Dann vollzog sich mit der Verherrschaftlichung der Gerichts- und Strafpraxis auch ein beträchtlicher Wandel im Strafverständnis vom 15./16. Jahrhundert bis zum 18. Jahrhundert. Schließlich steht die Todesstrafe in einem direkten Bezug zum Delikt; es gab Verbrechen, die immer mit der Todesstrafe geahndet wurden, aber auch solche, die mit dem Wandel gesellschaftlicher Normen unterschiedlich bewertet wurden. Gemeint sind ‚soziale' Delikte wie Mord, Totschlag, Diebstahl oder Betrug, deren Beurteilung einer anderen Wertordnung unterlag als die der sittlichen Vergehen wie Sodomie, Ehebruch, Unzucht und Blutschande. Ein allgemeingültiges Strafrecht gab es auch mit der ‚Carolina' nicht.

Offiziell diente die Strafe einmal als Sühne für ein todeswürdiges Verbrechen, als Genugtuung für den angerichteten Schaden, wobei allerdings nicht immer klar wurde, warum dieses oder jenes Verbrechen todeswürdig war. Genaue Begründungen werden in den Urteilen nicht mitgeteilt. Eine Strafe bemaß sich in der Regel nach der Häufigkeit des Delikts, nach der Qualität der Ausführung des Verbrechens und nach dem sozialen Stand des Delinquenten. Nicht selten geschah es, daß ein Diebstahl von minderem Wert in einer Stadt mit dem Tod bestraft wurde, während in einer anderen ein schwerer Diebstahl nur die Landesverweisung nach sich zog. Auch und vor allem bei den sittlichen Delikten gab es beträchtliche Unterschiede, einmal wurde Sodomie mit dem Tode, einmal nur mit einer Ehrenstrafe geahndet. Die Qualität eines Vergehens ist erst näher zu bestimmen, wenn eine regional aufgeschlüsselte Konkordanz zwischen Delikt und Strafe vorliegt.[43] Jedenfalls bestimmte sich die Strafe als Sühne aus der Qualität des Verbrechens, unabhängig davon, wieviel Schaden der Verbrecher angerichtet hatte.

Zum anderen diente die Todesstrafe ausdrücklich zur Abschreckung. Seit dem 17. Jahrhundert wurde sie zusehends mit der Idee der Vergeltung verbunden.[44] Jeder sollte in einer Stadt oder in einem bestimmten Landstrich bei der Hinrichtung die für ein bestimmtes Vergehen gegen die Rechtsordnung verhängte Strafe genau sehen können und so vor ähnlichen Taten gewarnt werden. Erhöht wurde der Abschreckungscharakter der Hinrichtung durch die noch an Toten vollzogenen Strafen: das Verbleiben am Galgen, das Aufhängen von Körperteilen oder das Anhängen einer Tafel, auf der das Verbrechen symbolisch dargestellt wurde. Die Gräßlichkeit der Strafe sollte abschrecken. Daß bei dieser Funktion der Strafe besonders obrigkeitliche Interessen ins Spiel kommen konnten, versteht sich von selbst: einmal konnte die Todesstrafe als Bändigungsmittel der Untertanen unter die Herrschaftsgewalt der Obrigkeit fungieren, sie demonstrierte genau, was toleriert und nicht toleriert wurde. Deswegen war auch die öffentliche Urteilsverkündung mit der Aufzählung der Verbrechen nötig. Zum anderen besaß der frühmoderne Staat aufgrund fehlender konstanter Kontrollen keine anderen Möglichkeiten zur Eindämmung von Kriminalität als eben derartige abschreckende Maßnahmen. Wenn bestimmte Verbrechen vermehrt auftraten, gab es keine andere Wahl, als die Strafe in ihrer Gräßlichkeit zu verschärfen, z.B. anstatt der Schwertstrafe die Strafe des Räderns anzudrohen. Gerade das Rädern wurde wegen seiner demonstrativen Gräßlichkeit als Abschreckungsstrafe für besonders schwere Vergehen bis weit ins 19. Jahrhundert praktiziert.

Die Hinrichtung mit ihren Ritualen, ohne die ja die Todesstrafe in der frühneuzeitlichen Gesellschaft nicht das wäre, was sie war, nämlich eine Form rituellen Tötens, läßt sich aber nicht ausreichend aus der Idee der Sühne und der Abschreckung erklären. Gewisserweise verdeckt unter den offiziellen Begründungen, spielten sicherlich noch andere Ideen eine gleich starke Rolle, so etwa die, mit der Tötung des Verbrechers auch das Verbrechen aus der Welt zu schaffen. Es geht also um die Idee der Reinigung, ja Selbstreinigung der Gesellschaft. Deswegen konnte es auch keine Freiheitsstrafe zur eventuellen Besserung des Delinquenten und seiner Wiedereingliederung geben.

Diese Idee der Reinigung tritt deutlich hervor in den alten Hinrichtungsritualen des Lebendigbegrabens, der Verbrennung und des Ertränkens; sie zeigt sich mehr bei der Bestrafung sittlich-religiöser Delikte wie Hexerei und Ketzerei, Sodomie und Blutschande als bei der Ahndung sozialer und politischer Vergehen und schließlich stärker bei der Bestrafung von Frauen als von Männern, aber als ein durchgängiges Muster ist sie in Spuren überall greifbar. Diese Idee der Reinigung war nicht speziell christlich, konnte aber durch die Idee der Abwehr von Gottes Zorn in der Weise verstärkt werden, daß man Gottes Ungnade und Strafe über Stadt und Land befürchtete, wenn die Menschen sich nicht von diesem Verbrechen reinigten. Sozial-magische und religiöse Reinigungsvorstellungen verschmolzen vor allem in der nachreformatorischen Zeit, als Strafverfahren auch ein spezielles Anliegen der christlichen Obrigkeiten wurden.[45]

Desweiteren hatte bekanntlich die Todesstrafe, wie überhaupt jede Strafaktion in der frühneuzeitlichen Gesellschaft, einen exemplarischen Charakter.[46] Es ging weniger darum, Verbrechen mit gräßlichen Strafen zu beantworten und das Volk vor den Folgen eines ähnlichen Verbrechens zu warnen, es also abzuschrecken, als in einem Todesurteil exemplarisch alle abzustrafen, die sich eines gleichen Verbrechens schuldig gemacht hatten. Wenn z.B. ein Räuberanführer gestraft wurde, so wollte man nicht nur ihn wegen bestimmter Vergehen bestrafen, auch nicht nur alle Mitschuldigen, ja tendenziell alle diejenigen, die evtl. eine solche Untat verteidigten oder entschuldigten, mitbestrafen, sondern man wollte darüber hinaus alle Untertanen als potentielle räuberische Missetäter treffen. Insofern weckte auch die öffentliche Hinrichtung bei vielen Zuschauern das befreiende Bewußtsein, noch einmal davongekommen zu sein.[47] Das Exemplarische traf sich weitgehend mit dem Abschreckungscharakter, war aber nicht mit ihm identisch.

Schließlich spielte auch die Idee der Vergeltung eine nicht unbedeutende Rolle; sie war allerdings im 16. Jahrhundert schwächer wirksam als im späten 17. und 18. Jahrhundert und wurde in dem Grade, wie die Obrigkeiten sich als christlich verstanden, zum Maß vor allem der gerechten und harten Bestrafung. Das setzte allerdings eine verbesserte Strafpraxis voraus, gründliche Prozeßführung und das Bewußtsein, im Namen Gottes und einer geltenden Rechtsordnung unabhängig von allen mildernden Umständen im Sinne der altständischen Gesellschaft Recht zu sprechen. Ein schweres Verbrechen sollte nicht willkürlich, sondern mit den entsprechenden schweren Strafen vergolten werden.[48] Wer ein Verbrechen beging, hatte es unmittelbar mit der Strafgewalt Gottes und mit der Obrigkeit als der Wahrerin seiner Gewalt zu tun. Im preußischen Edikt von 1718 heißt es entsprechend: „Solte sich nun finden, daß der Thäter das Leben verwürcket; So soll darauf ohne Ansehen einiger Persohn gesprochen und mehr auf Gottes Befehl, so derjenigen Blut, die Menschen Blut vergossen, wieder vergossen haben will, als auf ungegründete Ausflüche, welche zum Deckmantel der Boßheit erdacht seyn, sehen und dessen nicht schonen sollen, welchen Gott und die Gesetze hierin nicht wollen geschonet wissen“.[49] Bei allen Formen der Todesstrafe und den sie bestimmenden Ideen geht es nicht primär um den Missetäter, sondern um das Verbrechen, die Tat; sie ist es, die Sühne und Abschreckung, Reinigung, exemplarische Bestrafung oder Vergeltung fordert, wie sie durch die öffentliche Hinrichtung demonstriert werden sollen. Insofern hat der Kritiker des peinlichen Strafrechts nicht recht, wenn er schreibt: „Die Todesstrafe ist für den größten Teil der Zuschauer weiter nichts als ein blutiger Aufzug, ein Menschenopfer, ein Schauspiel für Müßige und etliche die Veranlassung eines mit Unwillen vermischten Mitleidens. Diese beiden Leidenschaften beschäftigen den Zuschauer weit mehr, als daß sie ihm den heilsamen Schrecken einjagen sollten, welches die Gesetze durch Lebensstrafe zu bewirken suchen.“[50] Denn die Todesstrafe mit ihren Ritualen – ob sie in dem von Beccaria angesprochenen Sinn nützlich war, kann sicherlich bezweifelt werden – entsprach selbst noch im 18. Jahrhundert und darüber hinaus dem Denk- und Verhaltenssystem der Gesellschaft, die ja auch noch weit stärker von traditionellen Mustern geprägt war als bereits von der Aufklärung. Auf die Todesstrafe meinten Obrigkeiten, Kirchen und auch das Volk noch lange nicht verzichten zu können. Allein die Tötung des Verbrechers löschte das die Ordnung der Lebensgemeinschaft verletzende Verbrechen aus. Die Idee der Besserung eines Missetäters durch eine Strafe und die Verbindung von sozialem Nutzen und Strafe waren der traditionalen Gesellschaft fremd.

Schluß

Das peinliche Strafsystem, das die frühneuzeitliche Gesellschaft bestimmte, entstand als Reaktion auf die zunehmende Kriminalität im Spätmittelalter. Sowohl die Ausbreitung der Landfriedensbewegung, die alle Formen von Rache, damit auch die Fehde verbot, als auch der Ausbau der Territorialstaatlichkeit, die die Entscheidung über Leben und Tod allein zu regeln beanspruchte, bestimmten diese Entwicklung. Die Monopolisierung der Strafgewalt führte im Laufe der Zeit einerseits zu einer Kriminalisierung allen Verhaltens, das vom neuen Moralanspruch christlicher Obrigkeiten abwich, andererseits aber auch zu einer sukzessiven Zurückdrängung alter ‚gräßlicher' Strafpraktiken und der alten magisch-rituellen Rechtskultur des Volkes.

Mit der Durchsetzung des peinlichen Strafsystems, die im Reichsgebiet allerdings nicht zeitgleich erfolgte, vollzog sich ein beträchtlicher Wandel in der Sinn- und Zweckbestimmung von Prozeßführung und öffentlicher Strafpraxis. Während bis dahin der Kläger die zentrale Instanz war, wohingegen der Richter nur als Schiedsrichter fungierte, während Prozeßführung und Exekution nicht nur eine Einheit bildeten, sondern beides öffentlich verlief, wird unter dem Einfluß des frühmodernen (römischen) Rechts und juristisch gebildeter Rechtsprecher der Prozeß von der Strafausführung in der Weise getrennt, daß die Wahrheitsfindung im Prozeß zu einer geheimen Sache der Obrigkeit und die Exekution zu einem öffentlichen Schauspiel vor dem Volk wurde. Die Rechtsfindung war zum ausschließlichen Belang der Obrigkeit geworden. Da aber ein Rechtsurteil nur Gültigkeit und Verbindlichkeit erlangen konnte, wenn es auch öffentlich vollzogen wurde, stellte die öffentliche Bestrafung nicht nur einen Tribut an die Interessen des Volkes dar. Sinn und Zweck war die nachträgliche Einholung der Zustimmung des Volkes zu einem Urteil, das ohne seine Mitwirkung gefällt worden war und das dem vorgeworfenen und vom Missetäter eingestandenen Verbrechen entsprach.

Das frühneuzeitliche Strafsystem war ohne Zweifel ein für unsere Vorstellung grausames Strafsystem. Doch wäre es verfehlt, es mit dem Terrorsystem moderner totalitärer Staaten zu vergleichen. Die grausamen Strafakte waren nämlich keine Willkürakte, sondern sie waren einmal eingebunden in ein strenges Ritual, das den einzelnen Strafaktionen überhaupt erst Rechtscharakter verlieh und von der Öffentlichkeit kontrolliert wurde. Die Grausamkeit der Strafe mußte der Gräßlichkeit des Verbrechens entsprechen, durch sie wurde es erkannt, abgeurteilt und gesühnt. Gleichzeitig handelte es sich um exemplarische Strafen, d.h. durch sie wurden alle mitbestraft, die sich des gleichen Verbrechens schuldig gemacht hatten, aber nicht ergriffen worden waren. Zum anderen erfuhr das System der grausamen Strafen eine Milderung durch ein intensiv praktiziertes Gnadenbitten, das herrschaftliche Milde und soziales Mitleid zu ihrem Recht kommen ließ. Als eine soziale Ausgleichsinstanz kam es allerdings vornehmlich den Delinquenten zugute, die einerseits sich dem Schuldspruch freiwillig fügten, andererseits einflußreiche Freunde besaßen, die um Gnade bitten konnten.

Die frühneuzeitliche Strafpraxis ahndete alle Delikte mit einem komplizierten System von Ehren-, Körper- und Todesstrafen. Es gab zwar auch Geld- und Gefängnisstrafen, doch im Mittelpunkt standen die Strafen, die den Delinquenten in seiner Ehre oder an seinem Körper sichtbar trafen. In vier verschiedenen Stufen vollzog sich je nach Schwere des Deliktes das Strafritual. Auf der untersten Ebene gab es die Kirchenstrafen, die dem Sünder nach Ableistung einer Buße die Wiederaufnahme in die Gemeinschaft ohne Schande garantieren sollten. Dann wurden Ehrenstrafen verhängt, die den Delinquenten in seiner Ehre schmälern sollten, ohne damit aber den Ausschluß aus der Gemeinde zu erwirken. Auf der nächsten Stufe gab es die sogenannten Verstümmelungs- und Körperstrafen, oft verbunden mit der Landesverweisung; sie bedeuteten den Ausschluß aus der Gemeinschaft und führten nicht selten zum ‚sozialen' oder auch physischen Tod. Die schwersten Delikte wurden schließlich mit dem Tode bestraft, entweder erfolgte dabei eine Strafe, die den Delinquenten gänzlich vernichten sollte, damit keine Erinnerung an ihn und seine Tat erhalten bliebe, oder der Delinquent wurde als gräßlicher Missetäter öffentlich ausgestellt, oder es erging eine Todesstrafe, die die Ehre des Hingerichteten weitgehend unangetastet ließ. Mit der feststellbaren Abnahme grausamer Verbrechen und der Entkriminalisierung religiöser, z.T. auch sittlicher Vergehen seit dem 17. Jahrhundert korrespondierte ein Rückgang grausamer Strafpraktiken, ohne daß allerdings unmittelbare Bezüge in der Weise bestanden, daß die harten Strafen zu einer Reduzierung schwerer Verbrechen geführt hätten und deshalb nur mehr milde Strafen vonnöten gewesen wären. Es war mehr der erfolgreiche Prozeß einer Disziplinierung der Bevölkerung sowie die durchgeführte soziale Kontrolle und rechtliche Sicherung eines Stadt- oder Landesbürgers, die mit dem Ausbau des Herrschaftssystems in Verbindung stand, durch die die grausamen Strafen wie Vierteilung, Lebendigbegraben, Verbrennen oder Ertränken unnötig wurden. Anstelle alter reinigender Hinrichtungsrituale dominierte die einfache, ‚nur' abschreckende Tötung durch das Schwert oder den Strick, ohne daß damit allerdings alle Spuren der alten Tradition, d.h. der alten Reinigungsrituale völlig verschwanden. Sie blieben vor allem in den einfachen körperlichen Strafen bzw. in den Strafverschärfungen sichtbar, die vor Ende des 18. Jahrhunderts nicht abgeschafft wurden. Nicht der Verbrecher stand ja im Vordergrund, sondern das Verbrechen, das zur Wiederherstellung der Ordnung am Körper des Delinquenten notfalls mit dem Tod gesühnt werden mußte.

Die frühneuzeitlichen Strafaktionen waren immer ritualisierte Strafschauspiele, aber seit dem 17. Jahrhundert ist geradezu eine bewußte Theatralisierung der öffentlichen Strafen festzustellen. Die öffentlichen Hinrichtungen nahmen immer mehr den Charakter pompöser Feierlichkeiten an, die weit mehr als andere aufwendige Festlichkeiten des barocken Zeitalters viele Zuschauer anlockten, Männer wie Frauen, Kinder wie Alte, ehrbare wie arme Leute. Diese Tendenz steht einerseits im Zusammenhang einer Humanisierung der öffentlichen Strafaktion – gewisserweise zur Kompensation für die alten grausamen

Strafaktionen –, andererseits suchte man dadurch alle potentiellen Eingriffe und Unruhen bzw. Kontrollmöglichkeiten des Volks nicht nur abzuwehren, sondern insgesamt auch das Volk durch die Vorstellung der Gräßlichkeit des Verbrechens abzuschrecken, zu bändigen und in Zucht zu halten. Da jedoch, bei aller Reduzierung des abergläubisch-magischen Gehalts, die Strafaktion, vor allem die Hinrichtung, zu einer quasi religiösen Totenprozession bzw. -feier gestaltet wurde, bei der ein Verbrecher zum reumütigen Christen, ja zum Märtyrer stilisiert werden konnte, dessen Segen und Blut Heil versprachen, war die Abschreckungswirkung letztlich sehr gering. Im Gegenteil, das, was die Obrigkeit mit den Strafaktionen intendierte, verlor sich mit der von ihr unterstützten Theatralisierung der Hinrichtungsrituale wieder, so daß sie das Volk als eigenes ‚Fest' feiern konnte.

Mit der Verherrschaftlichung des Gerichtswesens seit dem 17. Jahrhundert wurden nicht nur die Einflußmöglichkeit des Volkes auf die Gerichtspraxis, sondern auch die die öffentlichen Strafaktionen begleitenden abergläubischen Vorstellungen und magischen Praktiken zurückgedrängt, nicht zuletzt um die Abschreckungswirkung zu verstärken. Dennoch war die richterliche Obrigkeit im Zusammenwirken mit den Geistlichen letztlich machtlos gegenüber den Interessen und Praktiken des Volkes. Weder die Humanisierung und Theatralisierung der öffentlichen Hinrichtungen von seiten der Obrigkeit noch die Stilisierung öffentlicher Strafaktionen zu moralisch-erbaulichen Schauspielen durch die Geistlichkeit und frühen Aufklärer konnten abergläubische Vorstellungen gänzlich ausschalten. Dies gelang auch dann nicht, als die Aufklärer erstmals einen bewußten Kampf gegen den Volksaberglauben aufnahmen; im Gegenteil, so lange das peinliche Strafsystem Gültigkeit besaß und Strafaktionen öffentlich vollzogen wurden, hatten die Ordnungskräfte nur beschränkte Möglichkeit, die Interessen des einfachen Volks zu lenken. Als rational eingesetzte Abschrekkung erwiesen sich die Strafpraktiken als ein stumpfes Mittel, was schließlich zur Abschaffung von öffentlichen Körper- und Todesstrafen überhaupt führte.

Das peinliche Strafsystem erhob den Anspruch, im Namen

Gottes gegen alle Verletzer von Recht und Ordnung mit Gewalt und Strafe vorzugehen. Alle Missetaten sowohl gegen die soziale, moralische wie religiöse Ordnung sollten geahndet und gesühnt werden. Dabei interessierten weder die Motive des Delinquenten noch seine Besserungsmöglichkeiten, sondern je nach Schwere des Deliktes und sozialem Status die Unschädlichmachung, ja Beseitigung der Delinquenten. Erst durch eine ihn dauernd brandmarkende oder ihn gar tötende Strafe war seine Tat gesühnt. Kriminalpolitische Erwägungen spielten nur eine geringe Rolle. Auch sollten zwar Personen aller sozialen Gruppen unterschiedslos ihrem Vergehen entsprechend bestraft werden, aber aufgrund ihres sozialen Status und des Fürbittenwesens wurden eindeutig ehrbare und adelige Schichten weniger bestraft als das einfache Volk. Dies nahm bis zum 18. Jahrhundert so zu, daß hier fast nur noch Leute aus unteren Schichten die volle Strafe für ein Delikt erleiden mußten, sozial schwache Gruppen mit wenigen sozialen und ehrbaren Verbindungen dem Zugriff der richterlichen Obrigkeit mehr ausgeliefert waren als integrierte Gruppen, auf die man Rücksicht nehmen mußte. In diesem Sinne erwies sich das peinliche Strafsystem in der Praxis als ein Bändigungs- und Ausgrenzungsmittel von unteren Volksschichten, die sich den Normen und Anforderungen der ‚ständischen' Gesellschaft nicht fügten.

Das System der Körperstrafen mitsamt der alten Gerichtspraxis und der Hinrichtungsrituale wurde erstmals im 18. Jahrhundert von seiten der Aufklärer einer Kritik unterworfen, die zwar nicht unmittelbar zu seiner Reform und Aufhebung führte, aber entscheidende Vorarbeiten für die Strafrechtsreformen des 19. Jahrhunderts leistete. Dabei ging es nicht primär um Humanität in unserem Sinne, sondern um eine gerechte, der Missetat entsprechende Strafe. Ständeschranken sollten gebrochen und der Delinquent so bestraft werden, wie er es aufgrund seiner Tat verdiente. Alle öffentlichen Ehren- und Körperstrafen sollten beseitigt werden, weil sie ohne Nutzen für die Allgemeinheit seien und das Volk nur verrohen ließen. Weiterhin sollten die Motive des Verbrechens berücksichtigt werden, was die Abkehr vom Verbrechen und Hinwendung zur Psyche des Verbrechers bedeutete. Es sollte schließlich das Strafsystem ei-

Abb. 15: Aus: Wohlverdientes Todesurtheil nebst einer Moralrede des Thomas Lidl. Kupferstich von Jungwirth 1772 (Hauptstaatsarchiv München)

nerseits eingesetzt werden zur Besserung der Verbrecher, damit die Kriminalität abnehme, andererseits auf Nutzen in der Weise angelegt werden, daß ein Delinquent zur Sühne seiner Untat den gesellschaftlichen Schaden, den er verursacht hatte, materiell wiedergutmachen sollte. Die Zucht- und Arbeitshäuser mit ihren Systemen von abgestuften Freiheitsstrafen waren das Ergebnis des utopischen Wunsches der aufklärerischen Gesellschaft, Gerechtigkeit und Gleichmaß der Strafe, Besserungsaussichten und sozialen Nutzen unter Berücksichtigung der Würde des Menschen miteinander zu verbinden. Daß sie neue Unwürdigkeiten schufen, war den aufklärerischen Bürgern ebensowenig bewußt wie den traditionellen Ständen ihr Theater des Schreckens als unmenschliche Institution.

Kriminalstatistische Auswertungen

*Tabelle 1: Frankfurt** 1562–1696

	Strafurteile ins.	Hinrichtungen	davon Frauen () = Hinr.	davon Juden () = Hinr.	Mord	Totschlag	Kindsmord	Diebstahl	Raub	Unzucht	Ehebruch	Betrug	Zauberei	andere Straftaten	Schwert	Schwert mit Strafverschärfung	Strang	Rad	Ertränken	Lebendigbegraben	Stadtverbot	Stadtverbot u. and. Strafen	andere Strafen	Kriegsdienst	ohne Angaben
1562–1580	240	91	39 (2)	6 (2)	12	10	2	157	2	15	0	29	0	8	11	7	63	5	6	0	20	107	15	0	6
1581–1600	286	106	50 (4)	7 (4)	14	8	3	172	1	29	8	35	2	34	18	7	70	1	8	1	121	48	6	0	6
1601–1620	298	78	71 (3)	6 (1)	13	16	4	181	5	47	15	11	1	54	20	5	46	5	3	0	111	93	7	3	5
1621–1640	116	28	42 (4)	4 (2)	7	8	4	56	7	19	6	5	0	16	17	0	9	1	0	0	39	51	8	0	1
1641–1660	58	13	24 (4)	6 (0)	2	5	7	19	2	10	3	6	1	1	7	2	2	0	0	0	28	14	3	1	1
1661–1680	146	8	28 (2)	19 (1)	4	8	2	82	2	17	3	20	0	6	4	1	3	0	0	0	73	48	10	5	2
1681–1696	167	16	42 (1)	28 (1)	3	7	1	89	7	20	10	14	0	9	6	0	10	0	0	0	77	61	7	1	5
	1311	340	296 (20)	76 (11)	55	62	23	756	26	157	45	120	4	128	83	22	203	12	17	1	469	422	56	10	26

* berechnet nach STA Frankfurt, Strafenbuch 1562–1696

*Tabelle 2: Nürnberg** 1503–1743

	Hinrichtungen	davon Frauen	Mord/Totschlag	davon Kindsmord	Diebstahl/Raub	Unzucht/Ehebruch	Zauberei/Hexerei	Gotteslästerung	Pol. Verrat	Schwert	Schwert mit Strafverschärfungen	Strang	Rad	Ertränken	Verbrennen	Lebendigbegraben
1503–1520	83	8	8	1	29	–	–	–	3	54	1	16	4	3	–	5
1521–1540	90	6	27	1	42	2	–	1	7	47	5	27	3	5	2	1
1541–1560	85	8	43	5	27	1	–	1	6	55	5	7	9	8	1	–
1561–1580	202	14	50	8	116	13	–	–	4	84	13	79	14	10	2	–
1581–1600	181	21	37	5	119	7	2	–	1	67	15	84	13	1	1	–
1601–1620	115	19	31	5	72	11	1	–	–	76	3	32	3	–	1	–
1621–1640	75	6	8	3	50	2	1	–	–	52	9	14	–	–	–	–
1641–1660	33	17	15	10	5	3	3	–	–	20	6	5	1	–	1	–
1661–1680	33	11	19	7	7	1	–	–	–	22	4	5	2	–	–	–
1681–1700	38	10	10	6	18	–	1	–	–	21	3	14	–	–	–	–
1701–1720	29	11	8	7	15	1	–	–	–	15	6	7	1	–	–	–
1720–1743	45	5	10	9	34	1	–	–	–	20	10	10	5	–	–	–
	1009	136	266	67	534	42	8	2	21	533	80	300	55	27	8	6

* 1503–1600 nach GNM Nürnberg HS 3857; 1601–1692 nach STA Nürnberg: Amts- und Standsbücher 226; 1693–1719 nach GNM Nürnberg HS 3837; 1720–1743 nach STA Nürnberg: Amts- und Strafenbücher 225.

Tabelle 3: Würzburg 1769–1788

	Insgesamt	Fälle	davon Frauen	Diebstahl	Unzucht	Streunen/ Betteln	Mord/Totschlag	Kindsmord	Ehebruch	Gewalt- tätigkeit	Betrug	Widersetz- lichkeit	Lebenswandel	Todesstrafe	Zuchthaus	Arbeitshaus	Arrest	Schläge	Geld
1769	216	186	86	65	24	32	3	1	56	8	12	5	–	–	121	23	10	41	19
1770	153	118	46	36	2	13	2	2	42	1	16	1	11	2	75	7	2	18	5
1771	210	163	51	121	12	7	6	1	28	2	19	5	–	4	131	12	11	29	7
1772	360	272	91	245	19	18	4	1	24	9	26	4	2	2	187	17	27	50	19
1773	202	159	54	119	15	3	3	1	14	2	7	–	10	2	26	79	8	48	13
1774	142	116	26	60	9	5	4	2	19	11	4	4	4	5	6	50	14	33	22
1775	145	116	49	71	7	7	–	2	25	4	1	7	4	–	13	66	4	30	14
1776	119	97	41	51	11	7	2	2	25	1	3	2	7	–	8	60	7	13	12
1777	144	111	41	65	9	1	1	6	25	9	11	–	2	–	3	69	11	28	8
1778	154	110	50	73	14	8	–	3	17	13	9	4	3	1	14	51	18	41	16
1779	121	96	39	56	2	11	2	4	20	13	4	3	1	–	21	38	7	35	11
1780	112	84	33	50	6	9	2	–	20	5	9	1	2	–	5	50	4	15	8
1781	186	117	55	64	13	17	–	1	45	4	14	2	7	–	8	78	17	21	36
1782	139	97	35	56	9	13	5	–	18	14	6	–	2	2	25	50	11	21	8
1783	136	98	43	48	7	13	3	5	24	8	6	9	–	–	34	25	18	25	19
1784	197	143	59	70	17	13	–	–	38	29	8	–	8	–	69	19	28	44	23
1785	146	98	31	58	13	11	1	–	10	15	12	3	7	–	42	2	23	43	11
1786	183	145	70	91	16	18	1	4	28	12	9	3	6	–	69	9	44	53	18
1787	146	105	48	56	12	6	–	2	19	9	12	3	4	–	17	35	18	49	8
1788	189	140	56	83	9	16	5	1	23	10	10	5	10	–	11	66	33	49	12
	3400	2571	1004	1538	226	228	44	38	520	179	198	61	90	18	885	806	315	686	289

Tabelle 4: Frankfurt 1562–1696

	Sch.	H/ Sch	Sch/ Aufst.	B/F/ Sch/ Aufst.	St	Rad	Z/ Rad	Rad/ Aufst.	Ertr.	Verbr.	Z/ Leb. begr.
Diebstahl											
Diebstahl/Betr.											
Diebstahl/Gewalttat/ Beleidig.											
Diebstahl/Raub	**15**	**1**	**1**		**192**				**2**		
Betrug	3				4				3	4	
Gewalttät.											
Mord/Totschl.	55		4		1	2	1				1
Mord/Diebst.	2					3			1		
Mord(versuch)	**1**										
Raubmord	1	1				4		2			
Kindsmord	13		1						4		
Kindsaussetzung											
Verrat					1						
Hehlerei											
Vergiftung											
Erpressung	2										
Unzucht	1										
Unzucht/Diebst.					2				2		
Unzucht/Betr.	**1**										
Hurerei											
Blutschande	7								1		
Ehebruch											
Ehebr./Betr.											
Ehebr./Betr./ungeb. Verhalten				**1**							
Exhibitionismus											
Kuppelei											
Abtreibg.											
Vergewaltig.											
Sodomie										1	
Sodomie/Diebst.										1	
ungeb. Verhalten											
Hexerei/Zauberei										1	
Gotteslästerung											

Z Lv	R Lv	U Lv	H Lv	A Lv	B Lv	V Lv	E Lv	O Lv	H/B Lv	O/R Lv	H/R Lv	H	H/R	R	R/B	Schn.
171	**137**	**1**	**96**	**3**	**3**	**1**			**2**	**1**	**37**	**5**	**4**	**7**	**2**	**2**
3	1		3				1									
2	2															
63	20		15					1	1		6	1		1		
11	7		4													1
15	**2**	**1**		**1**		**9**								**1**		
4	3		1													
			1			1										
14	**3**		**8**							**2**	**1**					
	1															
32	8		13			1	1					1		1		
10	10		10								3		2			
13	7		6								3					
43	16		4							3						
3			3								1					
1			1													
9	1		3													
	1															
											3					
18			1			2					1					
2																
3	**2**		**1**													

Tabelle 5: Nürnberg 1600–1692

	Sch	Sch/ Aufst.	Hd/ Sch/ Aufst.	Z/ Sch/ Aufst.	Sch/ Verbr.	Hd/Sch/ Aufst. Verbr.	St	St/ K	St/ Fe	St/ Aufst.	Rad
Diebstahl	**51**	**2**					**57**				
Diebst./Betrug	3						2				
Diebst./Landstr.	2						3				
Diebst./Raub	**6**	**2**					**3**				
Raub	11	6					3	1		1	
Raub/Ehebr.	3						1				
Betrug	2						1				
Brandstift.	**2**										
Gewalttät.											
Mord/Totsch.	33	4				1					
Raubmord	1										
Mord/Ehebr.	**1**										
Kindsmord	22	6	2								
Verrat							1				
Notzucht	2										
Notzucht/Raub	**4**										
Blutschande	1				2						
Blutsch./Diebst.	1						1				
Blutsch./Betrug	1										
Blutsch./Ehebr.	**7**			**1**	**1**						**2**
Blutsch./Ehebr./ Betrug	1										
Kuppelei											
Bigamie/Dieb.	**1**										
Hurerei											
Hurerei/Kuppel.	2										
Sodomie											
unerl. Heirat									**1**		
Zauberei	3				2				1		
Zaub./Ehebr./ Betrug											
Fluchen/Gottesl.											

Abkürzungen:

A = Aufziehen (Wippe), Aufst. = Aufstecken des Kopfes, B = Brennen, barf. vorKi.= barfüßig vor Kirche, E = Eselreiten, Ertr. = Ertränken, F = Finger abschlagen, Fe = Feuertod, G = Gefängnis, H = Halseisen, Hd = Hand abschlagen, Landstr. = Landstreicherei, Leb.begr. = Lebendigbegraben, Lv

Rad/ Aufst.	Z/ Rad/ Aufst.	Rad/ Sch	Fe	F/ Fe	Z/Schl/ Viert./ Aufst.	Lv	R/ Lv	P/ Lv	B/ R/ Lv	vorKi. Lv	W/ un-ehrl.	barf. vorKi.	Sp	P/ B	G	W/ G
							17	**2**					**1**			
	1	1		1												
							2	2	2	1				1		
								2								
1		1			1	1										
1		1														
	1						2									
											6					3
															2	
1															**2**	
							3									
							1	2		2						
							1		1							
			2													
			1													
												6				

= Landesverweis, O = Ohr abschneiden, P = Pranger, R = Rute, Sch = Schwert, Schl = Schleifen, Schn = Schnellen, Sp = Springer, St = Strang, unehrl. = unehrlich, zum Schelm machen, V = Verbannung, Verbr. = Verbrennung, Viert. = Vierteilung, W = Wippe, Z = Zange (glühende)

Anmerkungen

Einleitung

1. Die Erschließung des Strafsystems in der frühen Neuzeit ist fast ausschließliches Forschungsfeld der Rechtshistoriker gewesen. So reichhaltig ihre Forschung ist – die Werke von R. His, Gg. Schindler, E. Schmidt u.v.a. wurden mit Gewinn herangezogen –, so konzentriert sie sich doch vorrangig auf die Durchsetzung des ‚modernen' Strafsystems im Zusammenhang der Wirkungsgeschichte der Carolina, des Ausbaus des Gerichtswesens und der Entwicklung der Rechtswissenschaft; sozialhistorische Problemstellungen, vor allem eine Analyse der konkreten Strafpraxis vom 16.–18. Jahrhundert, wurden dabei vernachlässigt. Weiterführender im Sinne unserer Fragestellung ist allein das Werk von H. v. Hentig, der in seinem Hauptwerk über die Strafe sowie in zahlreichen anderen Studien den kulturgeschichtlichen Zusammenhängen nachgegangen ist, aber leider bei einer phänomenologischen Betrachtungsweise stehen blieb; er hat zwar viel Material aus verschiedensten Kulturen von der Antike bis zur Gegenwart gesammelt, es aber aus dem sozialen Kontext gelöst. In enger Verbindung zur phänomenologischen Analyse steht die Forschung der sog. rechtlichen Volkskunde, deren Beitrag zur Rekonstruktion der vormodernen Strafbräuche und Strafpraktiken fruchtbar ausgewertet werden konnte (v. Künssberg, Bader, Kramer, Schuhmann). Gewisserweise eine erste größere Summe auf der Basis rechtshistorischer und volkskundlicher Literatur schuf W. Schild mit seiner „Alten Gerichtsbarkeit". Am produktivsten jedoch erwies sich eine Auseinandersetzung mit M. Foucaults „Überwachen und Strafen"; so problematisch sein strukturalistischer Ansatz für eine historische Analyse ist, so lenkt seine zivilisationstheoretische Perspektive die Erforschung der Strafsysteme auf eine neue Bahn. – Die vorliegende Arbeit stützt sich aber nicht nur auf eine kritische Auswertung der Literatur; wichtig wurde die Erfahrung im Umgang mit den archivalischen Quellen zur Kriminalitätsgeschichte von Nürnberg, Frankfurt, aber auch von Würzburg, Augsburg und anderen Städten. Die starke Konzentration auf Städte ergab sich aus dem Mangel an Untersuchungen zur Straf- und Kriminalitätsgeschichte in der ländlichen

Gesellschaft. – Für vielfältige Hilfe bei der Erstellung der Kriminalstatistik danke ich Eva Labouvie und meiner Frau für kritische Durchsicht des Manuskriptes.

I. Vor Gericht

1. Zur ‚Strafrechtspflege' allgemein: E. *Schmidt,* Einführung in die Geschichte der deutschen Strafrechtspflege (1965[3]); weiterhin auch die älteren Darstellungen von H. *Knapp,* Alt-Regensburgs Gerichtsverfassung, Strafverfahren und Strafrecht bis zur Carolina (1914); *ders.,* Das alte Nürnberger Kriminalrecht (1896); *ders.,* Die Zenten des Hochstifts Würzburg I/II (1907); Einzeluntersuchungen u.a. Gg. *Schindler,* Verbrechen und Strafen im Recht der Stadt Freiburg im Breisgau von der Einführung des neuen Stadtrechts bis zum Übergang an Baden (1520 bis 1806) (1937); K. E. *Meinhardt,* Das peinliche Strafrecht der Freien Reichsstadt Frankfurt a.M. im Spiegel der Strafpraxis des 16. und 17. Jahrhunderts (1957); E. *Leiser,* Strafgerichtsbarkeit in Süddeutschland (1971); Fr. *Hartl,* Das Wiener Kriminalgericht. Strafrechtspflege vom Zeitalter der Aufklärung bis zur österreichischen Revolution (1973); K. *Kühne,* Das Kriminalverfahren und der Strafvollzug in der Stadt Konstanz im 18. Jahrhundert (1979).
2. Die peinliche Gerichtsordnung Kaiser Karls V. von 1532 (Carolina) Hg. von G. *Radbruch* (1967). Krit. Ausgabe: J. *Kohler*-W. *Scheel* (Hg.), Die Carolina und ihre Vorgängerinnen, Text, Erläuterung, Geschichte, 4 Bde (1900/15).
3. Über die Grenzen einer staatlichen Strafverfolgung neuerdings die aufschlußreiche Arbeit von C. *Küther,* Räuber, Volk und Obrigkeit. Zur Wirkungsweise und Funktion staatlicher Strafverfolgung im 18. Jahrhundert, in: H. *Reif* (Hg.), Räuber, Volk und Obrigkeit. Studien zur Geschichte der Kriminalität in Deutschland seit dem 18. Jh. (1984) 17ff.
4. u.a. *Knapp,* Die Zenten II, 380ff., 430ff.
5. s.u.a. *Knapp,* Die Zenten II 499ff.; *Meinhardt,* Das peinliche Strafrecht (Frankfurt) 60ff.
6. Beispiele in St. Gallen: C. *Moser-Nef,* Die freie Reichsstadt und Republik St. Gallen V. Geschichte ihres Strafrechts (1951) 263.
7. Carolina 6.
8. Carolina 218.
9. Vgl. allgemein: H. *Gwinner,* Der Einfluß des Standes im gemeinen Strafrecht (1934).
10. Vgl. u.a. *Meinhardt,* Das peinliche Strafrecht (Frankfurt) 64ff.

11. Ebd. In Frankfurt ist ein Fahndungsbuch von 1604–1616 erhalten. Dort heißt es z.B. „Bernhardt Schraff von Offenburg, dieser ist ein becker, aber zücht auf dem Land herumb wie ein Garkoch, aber ist ein Dieb, Falschmünzer und Mörder. Ist eine kurtze dicke Person, hat einen dicken gelben Barth (ebd. 65).
12. Germ. Nationalmuseum (Abk. GNM) Nürnberg, HS 3857, fol. 37 (v. 5. 1. 1546).
13. S. *Birkner* (Hg.), Leben und Sterben der Kindsmörderin Susanna Margaretha Brandt (1973) 36.
14. O. E. *Breibeck,* Ertz-Maleficanten. Wilddiebe, Räuber, Mordbanditen (1977) 34ff.; dazu auch F. Chr. B. *Avé-Lallement,* Das deutsche Gaunertum (o.D.).
15. Ausführlich hierzu: K.-E. *Meinhardt,* Kriminalfälle aus der Reichsstadt Frankfurt (1964) 56ff.
16. *Meinhardt,* Das peinliche Strafrecht (Frankfurt) 65f.
17. Allgemein hierzu: R. G. *Bindschedler,* Kirchliches Asylrecht und Freistätten in der Schweiz (1906); K. *Hellinger,* Zur Geschichte des Asyl- und Begnadigungsrechts, in: Goltdammers Arch. f. Strafr. 63 (1917); G. K. *Schmelzeisen,* Das Asyl in der germanisch-deutschen Rechtsgeschichte, in: GWU 29 (1978).
18. *Meinhardt,* Das peinliche Strafrecht (Frankfurt) 67.
19. H. Fr. v. *Tscharner,* Die Todesstrafe im alten Staate Bern (1936) 97, 100.
20. Allgemein: R. *Quanter,* Deutsches Zuchthaus- und Gefängniswesen von den ältesten Zeiten bis in die Gegenwart (1905, ND 1970); E. *Schmidt,* Entwicklung und Vollzug der Freiheitsstrafe in Brandenburg-Preußen bis zum Ausgang des 18. Jahrhunderts (1915); E. *Wagner,* Die Entwicklung der Freiheitsstrafe in Lübeck von der Carolina bis zur Gegenwart (1929); G. *Appenzeller,* Strafvollzug und Gefängniswesen im Kanton Solothurn vom 15. Jahrhundert bis zur Gegenwart (1957).
21. Dazu: A. *Ebeling,* Beiträge zur Geschichte der Freiheitsstrafe (1928); F. *Kaul,* Die Entwicklung der Freiheitsstrafe zur Zentralstrafe im Strafsystem Preußens (1932); M. *Sothmann,* Das Armen-, Arbeits-, Zucht- und Werkhaus in Nürnberg bis 1806 (1970).
22. Carolina 11. In der Gothaischen Gerichts- und Prozeßordnung heißt es sogar: „Würde aber die scharffe Frage im Urtheil ohne Mäßigung erkennet, so sol der Scharfrichter, nebst vorangemeldeter Peinlichkeit, den Gefangenen auch mit angezündetem Schwefel und Kertzen, und sonsten mit andern, nach Landes Arth dießfalls gewöhnlichen Mitteln, jedoch gleichwohl noch mit dieser Bescheidenheit, daß ihm dadurch an seinem Leibe kein Schade zugefügt

werde, angreiffen" (Zit. nach R. *Quanter,* Die Folter in der deutschen Rechtspflege sonst und jetzt, 1900, 129).

23. H. *Knapp,* Das Lochgefängnis. Tortur und Richtung in Alt-Nürnberg (1907); C. *Drangsfeld,* Die Folterkammer in Regensburg (1913).
24. So heißt es beispielsweise bei Anton Prätorius: „In dicken, starken Thürmen, Pforten, Blockhäusern, Gewölben, Kellern, oder sonst tiefen Gräben, sind gemeinlich die Gefängnisse" ... Hier „sitzen etliche gefangen in grosser Kälte, daß ihnen auch die Füsse erfrieren, und abfrieren, und sie hernach, wenn sie loskämen ihr Lebtage Krüppel seyn müssen. Etliche liegen in stäter Finsternuss, daß sie der Sonne Glanz nimmer sehen, wissen nicht, obs Tag oder Nacht ist. Sie alle sind ihrer Gliedmassen wenig oder gar nicht mächtig, haben immerwährende Unruhe, liegen in ihrem eigenen Mist und Gestank, viel unflätiger und elender, denn das Viehe, werden übel gespeiset, können nicht ruhig schlafen, haben viele Bekümmernuss, schwere Gedanken, böse Träume, Schrecken und Anfechtung. Und weil sie Hände und Füsse nicht zusammen bringen und wo nöthig hinlenken können, werden sie von Läusen und Mäusen, Steinhunden und Mardern übel geplaget, gebissen und gefressen. Werden über das noch täglich mit Schimpf, Spott und Dräung vom Stöcker und Henker gequält und schwermütig gemacht. Summa: wie man sagt, alle Gefangen arm. Und weil solches alles mit den armen Gefangen bisweilen über die Massen lang währt, zwei, drei, vier, fünf Monat, Jahr und Tag, ja etliche Jahr: werden solche Leute, ob sie wohl anfänglich gutes Muths, vernünftig, geduldig und stark gewesen, doch in der Länge schwach, kleinmütig, verdrossen, ungeduldig, und wo nicht ganz, doch halb töricht, misströstig und verzagt". Zit. nach *Helbing-Bauer,* Tortur. 211 ff.
25. Vgl. den Bericht ebd. 213 ff.
26. Zit. nach *Quanter,* Deutsches Zuchthaus- und Gefängniswesen 47.
27. Vgl. u. a. *Quanter,* Folter 64 f.
28. Vgl. S. 49.
29. Über das Ermittlungsverfahren vgl. v. a. W. *Schild,* Alte Gerichtsbarkeit. Vom Gottesurteil bis zum Beginn der modernen Rechtsprechung (1980) 153 ff.; s. auch H. *Deichert,* Zur Geschichte der peinlichen Rechtspflege im alten Hannover, in: Hann. Geschichtsblätter 15 (1912) 97 ff.; O. *Zwengel,* Das Strafverfahren in Deutschland von der Zeit der Carolina bis zum Beginn der Reformbewegung des 19. Jhs (1963); G. *Kleinheyer,* Zur Rechtsgestalt von Akkusationsprozeß und peinlicher Frage im frühen 17. Jahrhundert (1971); W. *Leiser,* Strafgerichtsbarkeit (1971).

30. Zum Problem der Urteilspraxis vgl. u. a. E. *Boehm,* Der Schöppenstuhl zu Leipzig und der sächsische Inquisitionsprozeß im Barockzeitalter, in: Zs. f. ges. Strafrechtswiss. 59–61 (1940/2).
31. *Helbing-Bauer,* Tortur; *Quanter,* Folter 164f.
32. A. *Schoetensack,* Der Strafprozeß der Carolina (1904).
33. Hierzu allgemein: Carolina 25.
34. Allgemein: H. *Glitsch,* Gottesurteile (1913); H. *Fehr,* Gottesurteil und Folter, in: Fs. f. G. Stammler (1926); H. *Nottarp,* Gottesurteil-Studien (1956).
35. H. *Ewers,* Die Bahrprobe (1951); H. *Fehr,* Das Bahrrecht, insbesondere in der Schweiz, in: Dt. Jb. f. Vk. 6 (1960).
36. H. J. *Wolf,* Hexenwahn und Exorzismus. Ein Beitrag zur Kulturgeschichte (1980) 333ff.; G. *Schormann,* Hexenprozesse in Deutschland (1981) 47f.
37. Beispiele in: Ch. *Hinckeldey* (Hg.), Strafjustiz in alter Zeit (1980) 213ff.; zu den Hexenprozessen auch Fr. *Merzbacher,* Die Hexenprozesse in Franken (1957).
38. Allgemein: *Quanter,* Folter; *Helbing-Bauer,* Tortur.
39. Vgl. *Soldan-Heppe,* Geschichte der Hexenprozesse I (1911); *Wolf,* Hexenwahn 237ff.; auch J. *Hansen,* Zauberwahn, Inquisition und Hexenprozeß im Mittelalter und die Entstehung der großen Hexenverfolgung (1900).
40. Carolina 29–32.
41. U. a. P. *Gehring,* Der Hexenprozeß und die Tübinger Juristenfakultät. Untersuchungen zur württemb. Kriminalrechtspflege im 16. und 17. Jahrhundert, in: Zs. f. württ. Landesgeschichte 1 (1937); G. *Baumgärtl,* Die Gutachter- und Urteilstätigkeit der Erlanger Juristenfakultät (1962); J. *Schrittenloher,* Aus der Gutachter- und Urteilstätigkeit der Ingolstädter Juristenfakultät im Zeitalter der Hexenverfolgung, in: Jb. f. frank. Landesforschung 23 (1963).
42. Carolina 1, 3.
43. Zit. nach *Quanter,* Folter 59f.
44. *Quanter,* Folter 69ff.; *Helbing-Bauer,* Tortur 188ff.
45. Beispiele: ebd. 208ff.
46. *Quanter,* Folter 64ff.
47. Zit. nach *Helbing-Bauer,* Tortur 210.
48. Vgl. *Quanter,* Folter.
49. *Moser-Nef,* St. Gallen V, 61.
50. H. *Zwetsloot,* Friedrich Spee und die Hexenprozesse (1954); H. P. *Geilen,* Die Auswirkung der Cautio Criminalis von Friedrich von Spee auf den Hexenprozeß in Deutschland (1963).

51. Codex juris criminalis Bavarici (1751); Constitutio Criminalis Theresiana (1769).
52. Beispiel: GNM Nürnberg HS 3857, Fol. 52 (4. 11. 1567).
53. Vgl. Carolina.
54. Vgl. Beispiel; S. 201 f.

II. Der endliche Rechtstag

1. Allgemein: *Schmidt,* Strafrechtspflege 168 ff.; *ders.,* Strafrechtspflege und Rezeption, in: Zs. f. d. ges. Strafrechtswiss. 62 (1942/4); *ders.,* Die Kriminalpolitik Preußens unter Friedrich Wilhelm I. und Friedrich II. (1914); Fr. W. *Lucht,* Die Strafrechtspflege in Sachsen-Weimar-Eisenach unter Carl August (1929); weiterhin: *Meinhardt,* Das peinliche Strafrecht (Frankfurt) 87 ff.; *Hartl,* Das Wiener Kriminalgericht 138 ff.; *Kühne,* Das Kriminalverfahren (Konstanz) 81 ff.; *Schild,* Alte Gerichtsbarkeit 154 ff.
2. G. *Seifarth,* Der Untergang der Öffentlichkeit im deutschen Rechtsgang (1932); *Boehm,* Der Schöppenstuhl zu Leipzig; E. *Kaufmann,* Inquisitionsprozeß und Öffentlichkeitsprinzip, in: Jurist. Schulung (1961).
3. U.a. *Schindler,* Verbrechen und Strafen (Freiburg) 148 ff.
4. *Gwinner,* Einfluß des Standes im gemeinen Strafrecht.
5. *Schmidt,* Kriminalpolitik; W. *Peitzsch,* Kriminalpolitik in Bayern unter der Geltung des Cod. Juris Criminalis Bav. v. 1751 (1968).
6. U.a. *Soldan-Heppe,* Geschichte der Hexenprozesse; G. *Bode,* Die Kindstötung und ihre Bestrafung im Nürnberg des Mittelalters, in: Arch. f. Strafe u. Strafpr. 61 (1914); *Avé-Lallement,* Das deutsche Gaunertum; H. *Bettenhäuser,* Räuber- und Gaunerbanden in Hessen. Ein Beitrag zum Versuch einer historischen Kriminologie Hessens, in: Zs. d. Vereins f. Hess. Gesch. u. Landeskunde 75/6 (1964/5). Im Zusammenhang einer Verurteilung eines Sodomiten in Nürnberg 1659 heißt es u.a., daß er lebendig verbrannt werde, „ihm selbsten zu einer gar wohl verdienten Straf, andern aber bey so stark einreisenden und im schwang gehenden abscheulichen Lastern zur Warnung, Abscheu und Exempel ..." (StA Nürnberg, Amts- und Standbücher 226, f. 161).
7. U.a. bekannter Fall der Katharina Lips aus Oberhessen v. 4. 5. 1672, in: *Soldan-Heppe,* Hexenprozesse I, 387 f.; *Helbing-Bauer,* Tortur 285 ff. „Hierauf ist ihr nochmals das Urteil vorgelesen worden und erinnert worden, die Wahrheit zu sagen. Sie ist aber beständig bei dem Leugnen geblieben, hat sich selber herzhaft und

willig ausgezogen, worauf sie der Scharfrichter mit den Händen angeseilt, hat wieder abgeseilt, peinlich Beklagtin hat gerufen: ‚O wehe! O wehe!' Ist wieder angeseilt, hat laut gerufen: ‚O wehe! O wehe! Herr im Himmel! Komme zu Hilfe!' Die Zehen sind angeseilt worden, hat um Rache gerufen und ihre Arme brechen ihr. Die spanischen Stiefel sind ihr aufgesetzt, die Schraube auf dem rechten Bein ist zugeschraubt, ihr ist zugeredet worden, die Wahrheit zu sagen. Sie hat aber darauf nicht geantwortet. Die Schraube auf dem linken Bein auch zugeschraubt. Sie hat gerufen, sie kenne und wüsste nichts, hat gerufen, sie wüsste nichts, hat um das Jüngste Gericht gebeten, sie wüsste ja nichts, hat sacht in sich geredet, sie wüsste und kenne nichts. Die linke Schraube gewendet. Peinlich Befragte ist aufgezogen, sie hat gerufen: ‚Du lieber Herr Christ, komme mir zu Hilfe!' Sie kenne und wüsste nichts, wenn man sie schon ganz tot arbeite. Ist höher aufgezogen, ist still worden und hat gesagt, sie wäre keine Hexe. Die Schraube auf dem rechten Bein zugeschraubt, worauf sie ‚O wehe!' gerufen. Es ist ihr zugeredet worden, die Wahrheit zu sagen. Sie ist aber dabei blieben, dass sie nichts wüsste, ist wieder niedergesetzt worden, die Schrauben sind wieder zugeschraubt, hat geschrieen: ‚O wehe! O wehe!' Wieder zugeschraubt auf dem rechten Bein, ist stille worden und hat nichts antworten wollen, zugeschraubt, hat laut gerufen, wieder stille worden und gesagt, sie kenne und wüsste nichts. Nochmals aufgezogen, sie gerufen: ‚O wehe! O wehe!' ist aber bald ganz stille worden. Ist wieder niedergesetzt und ganz stille blieben, die Schrauben aufgeschraubt. Es ist ihr vielseitig zugeredet worden, sie ist dabei blieben, dass sie nichts kenne und wüsste. Die Schrauben höher und zugeschraubt, sie laut gerufen und geschrieen, ihre Mutter unter der Erde sollte ihr zu Hilfe kommen. Ist bald ganz still worden und hat nichts reden wollen. Härter zugeschraubt, worauf sie angefangen zu kreischen und gerufen, sie wüsste nichts. An beiden Beinen die Schrauben höher gesetzt, daran geklopft, sie gerufen: ‚Meine liebe Mutter unter der Erde, o Jesu, komm mir zu Hilfe!' Am linken Bein zugeschraubt, sie gerufen und gesagt, sie wäre keine Hexe, das wüsste der liebe Gott, es wären lauter Lügen, die von ihr geredet worden. Die Schraube am rechten Bein härter zugeschraubt, sie anfangen zu rufen, aber stracks wieder ganz stille worden. Hierauf ist sie hinausgeführt worden von dem Meister, um ihr die Haare vom Kopf zu machen. Darauf er, der Meister, kommen und referiert, dass er das Stigma gefunden, in welches er eine Nadel übers Glied tief gestochen, welches sie nicht gefühlt, auch kein Blut herausgegangen. Nachdem ihr die Haare abgeschoren, ist sie wieder angeseilt worden an Händen und Füssen, abermals aufgezogen, da sie geklagt und gesagt, sie müsste nun ihr liebes Brot heischen, hat laut gerufen, ist wieder ganz stille worden, gleich als wenn sie schliefe. Indem fing sie hart wieder an zu reden. Die Schraube am rechten Bein wieder zugeschraubt, da sie laut gerufen, die linke Schraube auch zugeschraubt, wieder gerufen und stracks ganz stille worden und ihr das Maul zugegangen. Am linken Bein zugeschraubt, worauf sie gesagt, sie wüsste von nichts, wenn man sie schon tot machte. Besser zugeschraubt am rechten Bein, sie gekreischt, endlich gesagt, sie könne nichts sagen, man sollte sie auf die Erde legen und totschlagen. Am linken Bein zugeschraubt, auf die Schrauben geklopft, härter zugeschraubt, nochmals aufgezogen, endlich ganz wieder losgelassen worden."

8. GNM Nürnberg, HS 3857, f. 249.
9. Vgl. u.a. *Meinhardt,* Das peinliche Strafrecht (Frankfurt) 87.
10. J. F. *Henschel,* Die Strafverteidigung im Inquisitionsprozeß des 18. und im Anklageprozeß des 19. Jahrhunderts (1972).
11. K. *Beyerle,* Von der Gnade im Deutschen Recht (1910); K. *Hellinger,* Zur Geschichte des Asyl- und Begnadigungsrechts, in: Goldtshammers Arch. f. Strafrecht 63 (1917); vor allem K. *Schué,* Das Gnadenbitten in Recht, Sage, Dichtung und Kunst, in: Zs. d. Aachener Gesch. Ver. 40 (1918); H. *Schuhmann,* Der Scharfrichter. Seine Gestalt – seine Funktion (1964) 188ff.
12. Vgl. S. 150.
13. *Schué,* Gnadenbitten.
14. GNM Nürnberg HS 3857, II f. 7.
15. Ebd. II 10. Vgl. auch die Verurteilung eines Diebes v. 19. 9. 1607 (ebd. 124) u. Urteil v. 15. 3. 1610 (ebd. 153) „sollte ursprünglich mit dem Strang gerichtet werden, in Ansehung seiner Jugend aber, und stattlicher Fürbitt, die er gehabt, dann nicht allein seine Mutter, samt ihren 5 Kindern, deren 2. seine rechte, 3. seine Stieffgeschwistricht gewesen, für ihn gebeten, sondern auch sein eigener Herr, der Rinder und das Zirckelschmidts Handwerck, da ist er zum Schwert erbeten worden".
16. *Schué,* Gnadenbitten 179.
17. Ebd. 179f.
18. Dies ergibt sich u.a. aus einer Auswertung der Gnadensprüche in Nürnberg von 1502–1720.
19. GNM Nürnberg HS 3857, I, f. 3.
20. Ebd. f. 7.
21. *Schué,* Gnadenbitten 187ff.
22. Ebd.

23. Ebd. 197f.
24. S. 183.
25. So heißt es in den Urteilen beispielsweise: „Nach strengem Recht hatte er wohl gar den Strang verdient, aber aus besonderen Gnaden und auff eingekommen unterschiedlichen Vorbitten" wird er mit dem Schwert gestraft; oder „eigentlich" hätte er „dem strengen Recht" nach das Rad oder den Strang gar wohl verdient, aber „aus sonderbahren Gnaden und auff eingekommen Vorbitten" wird er nur mit dem Schwert bestraft, wobei sein Körper zudem auf das Rad gelegt wird.
26. S. 121f.
27. Eine detaillierte Analyse des Fürbittenwesens könnte „ständische" Strukturen aufschlüsseln helfen.
28. Dazu für englische Verhältnisse: D. *Hay,* Property, Authority and the Criminal Law, in: D. Hay u.a. Albion's Fatal Tree. Crime and Society in 18th century England (1977) 17ff.
29. Viele Städte hatten eigene Urfehdebücher angelegt, u.a. Augsburg. Vgl. O. *Rieder,* Beiträge zur Kulturgeschichte des Hochstifts Eichstätt. Kriminelles VIII. Teil (1891) 25ff.; W. *Ebel,* Die Rostocker Urfehden (1938); *Merzbacher,* Hexenprozesse 130.
30. Verzeichnis aller Maleficanten, welche allhier in Augspurg von Anno 1353 biß zu unsern Zeiten um mancherley Verbrechen willen auf underschiedliche Art und Weise vom Leben zum Todt gebracht worden sind (Kriminalmuseum Rothenburg, MS, f. 156).
31. *Soldan-Heppe,* Hexenprozesse 387f. Besonders aufschlußreich sind die Urfehden, die Juden zu leisten hatten. Beispiel: „Ich N. Jude schwer bey dem Ewigen Gott Adonai ein wahren aydte, daß ich diß annehmen und gefängnus, und was sich an mir begeben und ergangen hat gegen dem hochwürdigen Fürsten, meinem gnedigen Herrn von Eystett, seiner Gnaden Stüfft, und nachkommen noch ihrer Gnaden Ambtleuthen, Lehenleuthen oder einigen ihren Verwandten, sie seyen geistlich oder weltlich, noch allen denen, so an solchen meinem Annehmen, hilff, rath oder that haben, darunter verdacht oder verwandt sindt, nit andten, effern oder rechen wolle, weder mit wordten oder werckhen, mit noch ohn recht, auch kein schaden deshalben zuziehen durch mich, doch jemandts anders, heimblich noch offenlich, in kein weis noch weeg, wo ich aber hiewider thete, oder durch jemandt von meinenwegen dawider gehandelt wurdte, wie und in was gestalt sich das begebe, daß ich dan ewiglich verflucht seye, und soll über mich gehen und verzehren das feur, das Sodoma und Gomorrha ubergieng und all fluech, die an der Thora, im gesaz geschriben stehen und mir der wahr gott

Adonai nimmer zu hilff noch zu statten kommen, dawider soll und will ich füran von Juden oder anderen Menschen nimmermehr bitten, begehren noch aufnehmen einig erclärung, außlegung, abnehmung oder vergebung diß aydts, also helff mir des alles und jedes der wahr Gott Adonai und nimmer anders Amen" (Zit. nach *Rieder,* Beiträge II, 29f.).

32. In der Constitutio Criminalis Theresiana (1769) heißt es S. 135: „Die Urphed ist eine gerichtliche Angelobung, wodurch derjenige, welcher nach abgeführt-peinlichen Proceß losgesprochen, oder zu einer Leibsstraffe, oder zur Halsgerichts- oder Landesverweisung oder zur beständigen Aufhalt- und Ansiedlung an einem gewissen Orte verurtheilet, oder auch im Weg der Gnaden mit einer ringeren Straffe beleget worden, unter denen unten im anderten Theile ausgesetzten Straffen sich verbindet, entweder 1. Allein, daß er wegen der vorgenommenen Inquisition, und verhängten Straffe gegen Niemanden sich rächen, oder 2. Allein, daß er in das verwiesene Gebiet nicht zurückkehren, oder aus dem angewiesenen Aufenthaltsort nicht austretten, oder 3. Daß er zugleich beeden Verbindungen unverbrüchig nachleben wolle und solle".
33. Man kann davon ausgehen, daß es sich bei den vielen in Urteilsbüchern erwähnten Meineidigen um ‚Rückkehrer' handelte, vor allem in Frankfurt, vgl. StA. Frankfurt, Strafenbuch.
34. Allgemein: *Schild,* Alte Gerichtsbarkeit 153; weiterhin dazu K. O. *Müller,* Zur Geschichte des peinlichen Prozesses in Schwaben im späten Mittelalter. Ellwanger Halsgerichtsordnung von 1466, in: Tübinger Studien f. RG II, 3 (1910) 22–79; H. *Knapp,* Zum Übersiebnen der schädlichen Leute, in: Arch. f. Strafr. und Strafproz. 60 (1913); A. *Luschin,* Hanns Ampfingers Bericht über das gerichtliche Verfahren in Kärnten 1544, in: Carinthia 103 (1913); K. *Kroeschell,* Deutsche Rechtsgeschichte 2 (1250–1650) (1973).
35. *Knapp,* Zum Übersiebnen der schädlichen Leute 364ff.
36. Die ‚neue' Ordnung wurde in manchen Städten bzw. Ländern früh, in anderen spät durchgeführt. In Augsburg wurde die neue Prozeßordnung bereits 1446 eingeführt. Hier heißt es: „Demnach auch die alte gewohnheit bißhero zu Augspurg vermacht, daß die Arme Sünder und Übelthäter von dem Bürgermeister auf der gemeind vor dem Stadtvogt offentlich angeklagt, dieselbe Anklag auch mit Zeugniß und Eyd 7 Raths Verwandten Persohnen confirmieret wurde, und als dann der StadtVogt auf Erkantnuß der Gerichtsherrn, so zustehen pflegten, daß Urtheil über den beklagten fällte, und die Vollziehung der Straff dem Scharff Richter unter freyem himmel vor männiglich befahl, gabe damals Kayser Friedrich unse-

re Stadt ein solches Privilegium, daß der Rath hinfüro alle zeit selber Malefiz Recht in geheim besitzen, und die ubelthäter zum Todt in der Stille, und im verschlossenen Zimmer auf ihrem Rathhauß doch daß der Stadtvogt als Praesident auch dabey wäre, zum wenigsten durch 24 Beysitzer mehrerer Ruhe und Stille halben verurtheilen können" (Verzeichnis aller Maleficanten ... in Augsburg, MS, f. 18f. in: Kriminalmuseum Rothenburg).

37. *Knapp*, Die Zenten des Hochstifts Würzburg II, 380ff.; *Merzbacher*, Hexenprozesse 124ff.; P. D. *Mehrle*, Die Strafrechtspflege in der Herrschaft Kißlegg von den Anfängen bis zum Jahre 1633 (1961) 71ff.

38. *Leiser*, Strafgerichtsbarkeit 98f.

39. Die vielen uns überlieferten Ordnungen über den endlichen Rechtstag entsprechen nicht der konkreten Gerichtspraxis. Diese wiederum ist in den Urteilen nur in Spuren zu rekonstruieren. Einige Beispiele liefert uns wieder das Frankfurter Strafenbuch: Ulrich von Thüngen wurde wegen Mordes am 21. 10. 1619 zum Tode verurteilt. „Demnach er nun nach vollführten Proceß Mitwoch den 21. 10. 1618 das Urtheill oben auff dem Römer an gewöhnlichen ortt selbsten publicieren und verleßen hören, als ist er von dannen alsobaldt durch die Soldaten in die Gerichtstub geführt, daselbe biß umb zwölf Uhr verwahrt, und als dann vor dem römer auff einem sonderbarn uffgerichten Gerüst uff einem schwarztuch mit dem Schwerdt vom Leben zum Tod hingericht, durch die Soldaten in einen Toden Sarg gelegt, und in gewöhnlicher Leich Proceß mit Vortragung des Creuzes in die Kirch zu St. Niclas getragen worden: alda er bis uff den folgenden Sontag gelegen und von seiner verwandten alhie abgehohlt und hinauß geführt worden" (f. 112). Verurteilung eines Bürgers aus Frankfurt am 30. 6. 1619 wegen Mordes ... „und demnach er nach vollführtem Proceß das Urtheil oben auff dem Römer vorleßen hören, ist er ohnegefehr noch ein stund lang in der Weinsteiner Stuben verwahrt, hernacher hinauß geführt, und neben Roßmark in einem Craiß, den die anwesende Soldaten mit langen Spießen gemacht, mit dem Schwert vom leben zum Tod hingericht vom Scharpfrichter aber nit angerührt sondern alsobald von den Todtengräber in ein Leychchar gelegt und mit vortragung des gewöhnlichen Creuzes uff den Kirchhoff zu St. Peter getragen und daselbsten begraben werden sollen. Ist jedoch daselbsten wider hinweg geführt und uf den Guten leut hoff begraben worden" (ebd. f. 115). Verurteilung eines Mörders v. 31. 8. 1688: „Nemlichen des tags vorhero wurde dem Maleficanten durch den Obrist Richter zu dem auff 9 Uhr folgenden tages ange-

stelten Peinlichen Gericht, umb sein Urtheil dabey anzuhören, denunciert, des andern Morgens Zwischen fünff und sechs uhren derselbe in den Römer auff die Gerichtsstube unter einer starken Soldatenwache geführt, und daselbst durch die herrn Pfarrer Ihme so lang zugesprochen, biß die stunde des angestelten Peinlichen Gerichts herbey kommen; da dann herrn Schultheiß (welcher ein klein roth gefärbtes und wie ein Scepter formirtes Stäblein in händen gehabt) und Schöffen von der Referier durch den Obrist Richter auff den grossen Saal, und so bald dieselbe in ihrer ordnung sich gesetzt, der Maleficant mit Richtern und Soldaten in die hinderste Cancellos geführt, und nachdem durch den Gerichtsschreiber das urtheil abgeleßen, und obermeldtes Stäblein so gleich darauf von dem Herrn Schultheiß gebrochen, und mitten auff die Erde geworfen, wiederumb in voriges Gemach (darinnen die herrn Pfarrer so lange gewartet) gebracht, woselbsten Er etwan eine halbe stund gespeißet, und so fort zur execution der großen Stiegen hinab geführet, und darauff in loco consolto des Rabensteins dieselbe zu Ihm vollzogen worden. Es hat aber der Obristrichter selbst, weilen Er als Fiscalisch und Peinlicher Ankläger, sothane execution nicht verfügen lassen den Maleficanten zu der richtstätt nicht begleitet, sondern H. Erff, als ältester Einspenniger hat solches in dem gewöhnlichen rothen habit, an dessen statt verrichtet“ (ebd. 221 f.).

40. Beispiele: „Ordnung wie das Malefiz- oder Blutgericht gehalten und die Urthell vollzogen werden solle“, MS in StA Konstanz Abt. K II Fasz. 48. Hierzu *Kühne,* Das Kriminalverfahren (Konstanz). W. *Merz,* Aktenstücke zur altaargauischen Kriminaljustiz (Strafverfahren gegen Diebe, Verfahren bei der Hinrichtung 1706), in: Schw. Zs. f. Strafrecht 11 (1898) 377 ff. Hinrichtung von Adolf Clarenbach 1529, in: C. *Krafft,* Die Geschichte der beiden Märtyrer der evangelischen Kirche Adolf Clarenbach und Peter Fliesteden (1886) 101 ff. Joh. H. *Rothern,* Der peinlichen Processe rechtsgelehrte Kunst, welche anweiset, wie die im Römisch-Teutschen Reiche üblichen peinlichen Inquisition Anklag- und Achts- oder Bann-Processe von den Richtern und Actuariis wider die Verbrecher rechtmäßig anzustellen und auszurühren (1752^2), dazu: *Boehm,* Der Schöppenstuhl zu Leipzig IV. Teil.
41. Carolina 78 ff.
42. Eine umfassende Liste der ikonographischen Darstellungen bringt: K. *v. Amira,* Die germanischen Todesstrafen. Untersuchungen zur Rechts- und Religionsgeschichte (1922).
43. Beispiel: *Deichert,* Zur Geschichte der peinlichen Rechtspflege (Hannover) 163 ff.

44. Beispiel: *Kühne*, Kriminalverfahren (Konstanz) 103f.
45. So v.a. in Bayern vgl. W. *Leiser*, Strafgerichtsbarkeit in Süddeutschland (1971) 98f.
46. Hierzu H. *v. Hentig*, Gerichtliche Klänge und Geräusche. Eine Kriminalgeschichtliche Studie, in: Schw. Zs. f. Strafrecht 63 (1948) 121–138.
47. z.B. aus dem Malefizbuch von Nürnberg (1600–1692) (StA Nürnberg, Best. Amts- und Standbücher 226) v. 3. 3. 1600: Der Delinquent „hat sich des gnädigen urtheil halber (Tod durch Schwert) vor Gericht zum fleißigsten und höchsten bedancket" (f. 2); v. 5. 2. 1605: „hat sich vor Gericht, gegen die Herren Schöffen, des gnädigen Urtheils halber zum höchsten und fleißigsten bedanket" (f. 23).
48. z.B. hatte der Bauer Hans Strobel vor dem endlichen Rechtstag die ihm vorgeworfene Brandstiftung geleugnet: „darum ist der Gerichtstag verschoben, und ihm ein anderer auf obigen dato angesetzt worden" (GNM Nürnberg HS 3837f. 36) v. 15. 6. 1542. Aus Danzig heißt es 1699: „Wie nun Ein Edles Gericht nach eingelauffenem bericht von solchem bösen Verfahren diesen Menschen bey so beharrlicher unbußfertigkeit hinrichten zu lassen ein billiges bedenken getragen, alß ist die Exekution biß auff den dritten Tag auffgehoben und sind die gewöhnlich gesetzten Schranken an behörigem Orthe stehen geblieben, inzwischen aber der ordentliche Prediger und andere mehr an ihrem fleiß nichts ermangeln lassen". Zit. nach A. *Meye*, Das Strafrecht der Stadt Danzig von der Carolina bis zur Vereinigung Danzigs mit der preußischen Monarchie (1532–1793) (1935) 43.
49. Vor allem, vgl. Fr. *Oetker*, Ladungen vor den Richterstuhl Gottes, in: Preuß. Jb. 43 (1879) 263ff.; S. *Hardung*, Die Vorladung vor Gottes Gericht. Ein Beitrag zur rechtlichen und religiösen Volkskunde (1934).
50. Ebd. 30.
51. Ebd.
52. Ebd. 33.
53. *Moser-Nef*, St. Gallen VI, 820f.
54. *Hardung*, Vorladung vor Gottes Gericht 85.
55. Der Abt von St. Gallen stellte 1647 die Verfluchung unter Strafe, „die weil auch etliche in solche vermessenheit außbrechen, das sie nit scheuhen, ihren nebendtmenschen etwan umb geringer sachen wegen in das Josaphatsthal zu laden, also gebieten und verbieten wir bei daher gelt- und leibesstraff, das niemand fürhin seinen nebendstmenschen mit solcher erschröcklichen ladung in das Thal Josaphats zu berufen oder zu laden sich gelust lassen sollen, son-

dern da ains an das andere was anzusprechen, für sein von Gott vorgesetzte obrigkeit kommen, alda recht nemen oder desselbigen sich ersettigen lassen solle" (ebd. 86).

56. Carolina 96. E. *v. Möller,* Die Rechtssitte des Stabbrechens, in: Zs. f. Rechtsgesch. GA 21 (1900).
57. So in Ansbach vgl. W. *Oppelt,* Über die ,Unehrlichkeit' des Scharfrichters (1976) 133; in Schwäbisch-Hall: H. *Nordhoff-Behne,* Gerichtsbarkeit und Strafrechtspflege in der Reichsstadt Schwäbisch-Hall seit dem 15. Jahrhundert (1971) 118 ff.
58. *v. Möller,* Stabbrechen 100.
59. Carolina 97.

III. Auf dem Pranger

1. Allgemein: vgl. R. *Wrede,* Die Körperstrafen bei allen Völkern von den ältesten Zeiten bis Ende des 19. Jahrhunderts (1898); R. *Quanter,* Die Schand- und Ehrenstrafen in der deutschen Rechtspflege. Eine kriminalistische Studie (1901, ND 1970); H. *v. Hentig,* Die Strafe I. Frühformen und kulturgeschichtliche Zusammenhänge (1954); Ch. *Hinckeldey* (Hg.), Strafjustiz in alter Zeit (1980); *Schild,* Alte Gerichtsbarkeit.
2. L. *Carlen,* Die Galeerenstrafe in der Schweiz, in: Zs. f. d. ges. Strafrechtswiss. 88 (1976); T. *Distel,* Zur Galeerenstrafe in Kursachsen, in: Zs. f. d. ges. Strafrechtswiss. 18 (1898). Auch P. *Frauenstädt,* Zur Geschichte der Galeerenstrafe in Deutschland, in: Zs. f. d. ges. Strafrechtswiss. 16 (1896).
3. GNM Nürnberg, HS 3837, f. 61.
4. Ebd. II, 43.
5. Nach *Moser-Nef,* St. Gallen II 883.
6. Siehe Beilagen.
7. S. 109 f.
8. Vgl. das Beispiel aus Nürnberg:
Körperstrafen von 1578–1615 (nach dem Tagebuch des Meister Franz)
Insges. 350

	M	F	R	PR	PZ	PRO	F	B	H	O	Lv	T	Insges.
Diebstahl	121	21	123	3	–	–	1	–	–	–	–	15	142
Betrug	26	13	28	1	–	–	5	2	–	–	1	2	39

	M	F	R	P R	P Z	P R O	F	B	H	O	Lv	T	Ins-ges.
Hehlerei	1	5	5	–	–	–	–	–	–	1	–	–	6
Hurerei	5	41	36	6	–	1	1	–	–	–	1	1	46
Unzucht	16	12	26	2	–	–	–	–	–	–	–	–	28
Diebshure	–	23	20	–	–	–	–	–	–	1	–	2	23
Kuppelei	6	10	9	4	–	–	1	2	–	–	–	–	16
Bi/Polygamie	12	2	14	–	–	–	–	–	–	–	–	–	14
Notzucht	9	–	9	–	–	–	–	–	–	–	–	–	9
Gewalttat	13	–	11	–	–	–	1	–	1	–	–	–	13
Kindsmord	–	4	4	–	–	–	–	–	–	–	–	–	4
Raub	2	–	2	–	–	–	–	–	–	–	–	–	2
Mord	–	1	1	–	–	–	–	–	–	–	–	–	1
Vergiftung	–	1	1	–	–	–	–	–	–	–	–	–	1
Verleumdung	1	–	1	–	–	–	–	–	–	–	–	–	1
Abtreibung	–	1	1	–	–	–	–	–	–	–	–	–	1
Gotteslästerung	3	1	2	–	1	–	–	1	–	–	–	–	4

Abk: M = Männer / F = Frauen / R = Rute / P = Pranger / Z = Zunge / O = Ohr / F = Finger / B = Brennen / H = Hand / Lv = Landesverweis / T = Todesstrafe in Verb. mit Körperstrafen.

9. Zum Problem der Ehre u.a. H. *Reiner,* Die Ehre (1956); auch: *Quanter,* Schand- und Ehrenstrafen 15ff; G. *Lutz,* Sitte und Infamie (1954); K. S. *Kramer,* Grundriß einer rechtlichen Volkskunde (1974), 46ff.
10. R. *His,* Das Strafrecht des deutschen Mittelalters, 2 Bd. (1935) 174ff.
11. Die Wirkung des Prangers können wir erst abschätzen, wenn wir die soziale Gewichtung der obrigkeitlich eingeschätzten Untaten rekonstruieren. Dazu die Ausführungen von R. *Blickle,* Die Haager Bauernversammlung 1596. Bäuerliches Protesthandeln in Bayern, in: P. Blickle (Hg.), Bauer, Reich und Reformation (1982) 64ff.
12. StA Nürnberg, Amts- und Standbücher 226, 257f.
13. *His,* Das Strafrecht des deutschen Mittelalters I, 525ff.
14. M. *Schaab,* Die Blendung als politische Maßnahme im abendländischen Früh- und Hochmittelalter (1955); *Schuhmann,* Scharfrichter 91.
15. *Schuhmann,* Scharfrichter 91ff.; *Schindler,* Verbrechen und Strafen (Freiburg) 60; *Meinhardt,* Das peinliche Strafrecht (Frankfurt) 137.

16. StA Nürnberg, Amts- und Standbücher 226, f. 62f; 1658 wurde in St. Gallen auch der Hexerei verdächtigten Frauen die rechte Hand abgeschlagen, vgl. *Moser-Nef,* St. Gallen VI, 820.
17. *Schindler,* Verbrechen und Strafen (Freiburg) 61; *Meinhardt,* Das peinliche Strafrecht (Frankfurt) 139; *Schuhmann,* Scharfrichter 94.
18. *Schindler,* Verbrechen und Strafen (Freiburg) 62.
19. Ebd. 60. *Schuhmann,* Scharfrichter 95; *Moser-Nef,* St. Gallen VI, 845.
20. Ebd. 846f.
21. *Schindler,* Verbrechen und Strafen (Freiburg) 71; *Moser-Nef,* St. Gallen VI, 854; *Meinhardt,* Das peinliche Strafrecht (Frankfurt) 140f.; *Schuhmann,* Scharfrichter 106.
22. StA Frankfurt, StrB 32 u.a. *Schindler,* Verbrechen und Strafen (Freiburg) 70; *Meinhardt,* Das peinliche Strafrecht (Frankfurt) 141.
23. *Quanter,* Schand- und Ehrenstrafen 124ff.; *v. Hentig,* Die Strafe I 380; *Schindler,* Verbrechen und Strafen (Freiburg) 62; *Meinhardt,* Das peinliche Strafrecht (Frankfurt) 143f. – W. *Breithaupt,* Die Strafe des Staupenschlags und ihre Abschaffung im Gemeinen Recht (1938).
24. Sonderformen haben sich in der Züchtigung in Schulen und im Spießrutenlaufen beim Militär noch über diese Zeit hinaus erhalten.
25. Allgemein: *Quanter,* Schand- und Ehrenstrafen; J. *Fuchs,* Die Ehrenstrafen der Vergangenheit und Gegenwart (1928); *v. Hentig,* Die Strafe I, 397ff.; *Schild,* Alte Gerichtsbarkeit 212ff.
26. Bes. K. S. *Bader* – G. *Bader-Weiss,* Der Pranger. Ein Strafwerkzeug und Rechtswahrzeichen des Mittelalters (1935); weiterhin: H. *v. Hentig,* Der Pranger. Ein mittelalterliches Strafmittel, in: Schw. Juristenzeitung 32 (1935/6); G. A. *Löning,* Schandlaken, Schandmantel, Schandkleid, in: Zs. f. Rechtsgesch. G. A. 64 (1944); A. *Preu,* Pranger und Halseisen (1949); *v. Hentig,* Die Strafe I, 409ff.
27. *Bader-Bader/Weiss,* Der Pranger 70.
28. Ebd. 80.
29. *Schuhmann,* Scharfrichter 99ff.
30. Z.B. Constitutio criminalis Theresiana (1769) Art. 6 § 8: „Die Schandstraffen sind unterschiedliche, als: an den Pranger, oder vor der Kirchen in die Prechel stellen; in das Narrenhäusel einsperren; Vorstellung auf einer öffentlichen Bühne, oder Schrägen, oder auf einer Schandsäule, ohne oder mit Anhängung der gestohlenen Sache, oder eines das Verbrechen enthaltenden Zettels, und was mehr

dergleichen Straffen sind. Wobey in acht zu nehmen, daß Erstlich: Wenn ein- oder andere dieser Straffen ausdrücklich auf ein Verbrechen in den Gesetzen verhänget ist, solche Straff zum Schrecken, und Erspieglung anderer ihres gleichen ohne weitere Rucksicht zu vollziehen seye. Nebst deme können Andersten: Solche Schandstraffen gegen jene, die zugleich des Halsgerichts, Stadt, Burgfrieds, oder Landes verwiesen werden, nach Bewandtniß des Verbrechens unbedenklich erkennet werden; besonders in Fällen, wo die öffentliche Vorstellung auf der Bühne zu dem Ende beschiehet, damit der Uebelthäter von der Volksmenge in genaue Erkänntnuß gebracht, und bey seiner verbotenen Ruckkehr desto geschwinder entdecket werde. Zum Fall aber Drittens: In kleineren Verbrechen der Straff-Fällige in der Gemeinde bey seinem weiteren Nahrungsstand zu gedulden wäre, sollen dergleichen zur blossen Schand, Hohn, und Spott gereichende, und an dem weiteren ehrlichen Fortkommen überaus behinderliche Ausstellungen ohne gar erhebliche Ursache nicht vorgekehret werden".

31. Vgl. S. 63, weitere Beispiele: 1730 hatte sich eine Frau in St. Gallen einen dicken Bauch zugelegt und als angeblich Schwangere gebettelt, darauf wurde ihr nach der Gefängnishaft „ihr falsch gemachter Bauch vorn angehenkt" und sie mit einem Lasterstein auf den Pranger gestellt, dann aus der Stadt verwiesen. Vgl. *Moser-Nef,* St. Gallen VI 753. Ein Bürger von St. Gallen wurde 1761 wegen Hehlerei zur Strafe eine ¾ Stunde vor dem Rathaus mit einer Tafel „Erzhähler von Diebereien" und mit einem Lasterstein behängt auf den Pranger gestellt und dann mit Verlust der Bürgerrechte auf ewig aus der Eidgenossenschaft verbannt (ebd. VI, 882).
32. Ein Gänsedieb wurde 1759 dazu verurteilt, mit einer Gans an dem Hals auf dem Pranger ausgestellt zu werden (ebd. VI, 512).
33. H. *Moser,* Jungfernkranz und Strohkranz, in: Das Recht der kleinen Leute – FS f. K. S. Kramer (1976).
34. Vgl. S. 78f.
35. *Bader/Bader-Weiss,* Pranger 146ff.
36. S. Beilage.
37. E. v. *Künssberg,* Über die Strafe des Steintragens (1907); F. *Wilhelm,* Über die Strafe des Steintragens, in: Zs. f. öster. VK 14 (1908).
38. *Löning,* Schandlaken; auch *Schindler,* Verbrechen und Strafen (Freiburg) 26f.
39. Ebd. 125; *Schuhmann,* Scharfrichter 104.
40. *Schindler,* Verbrechen und Strafen (Freiburg) 71.
41. U.a. *Moser-Nef,* St. Gallen VI 873: Ein wegen Zauberei verdäch-

tigter Mann wurde 1658 verurteilt zur Entsetzung vom Zolleramt, Entzug aller Ehren, Abgürtung der Seitenwehr und Verbot ehrlicher Gemeinschaft und Gesellschaft, Verbot aller Zunft- und Wirtshäuser: Abschwörung dergleichen teuflischen Zauberkünste in der Urfehde, unter Bedrohung mit der Todesstrafe für den Rückfall. Vgl. auch *Schindler,* Verbrechen und Strafen (Freiburg) 132ff.

42. Beispiele *Moser-Nef,* St. Gallen VI 872. Wegen Gotteslästerung wurde ein Mann 1637 „mit Rücksicht auf seine langwierige Gefangenschaft und ausgestandene Tortur verurteilt zur Ehr- und Wehrlosigkeit auf die Dauer eines Jahres, zum Verbot aller Trinkstuben und Wirtshäuser, Verbot alles gottlosen Fluchens, Schwörens und Gotteslästerns, wie auch der unnützen Spayworte und des Spielens, mit Mahnung zu öfterem Besuch des Gottesdienstes".

43. U.a. StA Frankfurt: Strafenbuch f. 119 (v. 1621).

44. Ebd. f. 119 (1622) „drey tag nach einander vorm Römer öffentlich uffn Esel gesetzt, und anheut durch den Profeßn ohne Wehr und paßport die statt hinaus geführet worden". Dazu *Meinhardt,* Das peinliche Strafrecht (Frankfurt) 147.

45. *Moser-Nef,* St. Gallen VI 875. 1660 wurde ein Ehebrecher und Verleumder zwar noch nicht malefizisch verurteilt, mußte aber vor seiner Verbannung mit seinem „Lastermaul mehrmals die Erde küssen", um seine Unwürdigkeit zu zeigen, dann folgte für 15 Jahre Stadtverbot. Weil er die Urfehde brach, wurde er 1661 als ein meineidiger Bösewicht hingerichtet (ebd. VI 749). Auch *Schindler,* Verbrechen und Strafen (Freiburg) 134ff.

46. Ein typisches Urteil aus Konstanz 1769: „Urthell In Sachen Inquisitionis ex officio wider den gegenwärtigen Inquisiten Sebastian Hascher von Kesswil; seines Alters 53 Jahre, verheirateten Stands, reformierter Religion, und seiner Profession ein Schuhmacher; ist auf zu genügen eingenommene Verhör und Kundschaften, auch sowohl gütlich erfolgt, als sonst Rechts begnügt erhebt, dessen Inquisitens eigener Bekenntnis, nach getanem Rechtsatz, auch eingeholten rechtlichen Rat, und hierüber ordentlich gehaltenen Blutgericht; von Herrn Bürgermeister, Reichsvogt und Rat allhiesiger Stadt Konstanz, als dieses Orts Blutrichtern, bei ihren dessentwegen geschworenen Eiden mit Urtl zu Recht erkannt; daß – obzwar er Delinquent Sebastian Hascher wegen den von ihm verübten unterschiedlich und vielen Diebstählen, absonderlich aber, weilen solche von selbem zum mehreren Teil in locis publicis, wo die offentliche Sicherheit unverletzt bleiben solle, ausgeübt, und seine wegen so vielfältig begangenen Diebstählen hieraus fließende offenbare Incorrigibilitaet nur allzu genug vor Augen gelegt, die Straf des

Tods sehr wohl verdient hätte, jedannoch derselbe noch aus purer Gnad mit solcher noch verschonet, und dahin condemniert sein solle – daß er Sebastian Hascher zu seiner allzu wohl verdienten Straf, anderen seinesgleichen Übeltätern hingegen zu abscheulichem Exempel, dem Scharfrichter an seine Hand und Band geliefert; von solchem auf den Obermarkt geführt, allda ein Stund lang auf den Pranger gestellt; sodann zu dem Kreuzlinger Tor geführt, von da mittelst Einfangung eines halben Stadtschillings bis zu dem Pranger gebracht, alldorten gebrandmarket; von solchem dann wieder mit einem halben Stadtschilling, durch die Stadt hinaus dem oberen Petershauser Tor, mit Ruten gestrichen (zu) vor demselben draußen befindlichen diesseitigen hohen Jurisdiktionsmarke; nach allda behörig abgeschworener Urfehde hiesiger Stadt Konstanz, und derselben alten Gerichten auf ewig verwiesen sein solle; wie wir dann ihn hierzu verurteilen, condemnieren und anerkennen, und dieses – V. R. W." aus: *Kühne,* Das Kriminalverfahren (Konstanz) 169.

47. Allgemein: *Schindler,* Verbrechen und Strafen (Freiburg) 140ff. *Moser-Nef,* St. Gallen VI 770ff.; A. *Staehelin,* Sittenzucht und Sittengerichtsbarkeit in Basel, in: Zs. f. Rechtsgesch. GA 85 (1968); Ch. *Simon,* Untertanenverhalten und obrigkeitliche Moralpolitik. Studien zum Verhältnis zwischen Stadt und Land im ausgehenden 18. Jahrhundert am Beispiel Basels (1981).
48. J. M. *Rameckers,* Der Kindsmord in der Literatur der Sturm- und Drangperiode. Ein Beitrag zur Kultur- und Literatur-Geschichte des 18. Jahrhunderts (1927) 50.
49. Ebd. 51.
50. Ebd. W. *Wächtershäuser,* Das Verbrechen des Kindesmordes im Zeitalter der Aufklärung. Eine rechtsgeschichtliche Unters. der dogmatischen, prozessualen und rechtssoziologischen Aspekte (1973).
51. Zit. nach *Rameckers,* Der Kindsmord 42f.
52. *Moser-Nef,* St. Gallen VI 771. Die Abbitte lautet: „Ich Anna Schüssin bekenne hie vor Gott und einer christlichen Gemeind, daß ich mich mit vielfältigen Sünden, sonderlich aber mit Ehebruch höchlich übersehen, wordurch ich zuvorderst Gott den Allmächtigen und dann christliche und weltliche Obrigkeit heftig erzürnt, meinen lieben Ehemann übel betrogen, meine Kinder und eine ehrsame Freundschaft in großen Schimpf und Spott gesetzt und zugleich eine ganze christliche Gemeind höchlich geärgert hab / deswegen ich große Ursach habe, zuvörderist Gott, die geistliche und weltliche Obrigkeit, meinen Ehemann, Kinder, Freundschaft und eine ehrsame Gemeinde aufs demütigst um Gnade und Verzeihung

zu bitten und demütig zu ersuchen, daß auch sie insgesampt mit mir Gott im Himmel anrufen, daß er mir die Gnad verleihen wolle, daß ich fürohin ein gottselig und ehrbar Leben führen möge Amen".

53. E. *Stutz,* Das Strafrecht von Stadt und Amt Zug (1352–1798). Eine rechtshistorische Studie (1917) 179f. Ein anderer Fall ebd. 178. Wegen wiederholten Ehebruchs sah das Gericht in St. Gallen 1776 zwar von einer Kriminalstrafe ab, in Hoffnung auf moralische Besserung verurteilte es den Mann dann aber zum Pranger, zur Gefangenschaft, zu Kirchenbußen auf dem Schandstuhl und dann zum Zuchthaus mit Schlägen und Klotz zu 20 Jahren (*Moser-Nef,* St. Gallen VI, 773). Dazu auch *Schindler,* Verbrechen und Strafen (Freiburg) 140ff., hier 141: nach einem Urteil vom 6. 2. 1633: „Bartlin Willmann von St. Mergen, der Matheiß Heitzen", auch von St. Mergen, „durch einen Schuß derart verletzt, daß derselbe bald darauf gestorben ist, wird mit folgender Strafe bedacht: ‚1. namblichen und erstens daß ich unverzogenlich bei den herren Cappuzinern allhie beichten, und zuevor ich einen vor denselbigen erlangten beichtzettel einem der 3 häubter gebührender maßen übergeben und zuegestellt aus der statt nit gehe, 2. Des endtleibten seelen zu trost in der pfarkürchen zu St. Mergen zue ewigen zeiten jährlich ein seelnmessen stiften, 3. Sobald ich widerumb nach hauß gelangen würdt, ahn ersten Son- oder Feiertag darauffhin in ietz gedachter pfarkürche zue St. Mergen die gantz heylige meß durch biß auf den gürtell endtblößt vor dem altar in der einen handt ein ruetten und in der andern ein brinnende kertzen haltendt, kneien, 4. Zue fürderlichen gelegenheit ahn ein orth da unßer frau sonderlich genedig und patronin ist, ein wahlfarth verrichten, und in meinem armen gebet deß von mir endtleibten seelen hayl gedenkhen. Zum 5. desselbigen betriebten wittwib und unerzogenen weislin zue besserer ihrer nahrung und aufkhommen einhundert und fünffzig gulden gueter gemeiner freyburger wehrung abstatten'".

54. 1554 wurde in St. Gallen eine Diebin zu regelmäßigem Besuch einer Sonntagspredigt verpflichtet, „damit sy uß Gottes Wort und Gesatzt lernen, den Anfechtungen des täuffels und bösen tadten widerstand zu thun", auch dürfe sie bis auf weiteres an keinem Samstag mehr in die Stadt auf den Markt gehen. *Moser-Nef,* St. Gallen VI 923; weitere Beispiele: ebd. V 398. Wegen Ehebruchs mußte 1684 eine Frau zur Sühne Sonntags in der Hauptpredigt auf einen besonderen Stuhl im Chor sich setzen und Gott und die ganze Gemeinde um Verzeihung bitten.

55. *Rameckers,* Der Kindsmord.

IV. Der Arme Sünder vor dem Tod

1. Allgemein dazu vgl. Fr. *Merzbacher*, Die Hexenprozesse in Franken (1957) 134ff.; *Schuhmann*, Scharfrichter (1964) 111f.; W. *Oppelt*, Über die ‚Unehrlichkeit' des Scharfrichters (1976) 115f.
2. Siehe auch Abb. in: *Schild*, Alte Gerichtsbarkeit; Ch. *Hinckeldey* (Hg.), Strafjustiz in alter Zeit (1980); auch *Schuhmann*, Scharfrichter (Anhang).
3. Z.B. Urfehdebuch der Stadt Nördlingen, 16. Jh. (Stadtarch. Nördlingen); Salbuch von Volkach (Stadtarch. Volkach); Nequam-Buch aus Soest, 14. Jh. (Stadtarch. Soest).
4. Vgl. J.H. *Rothern*, Der peinlichen Processe rechtsgelehrte Kunst (1752[2]); E. *Boehm*, Der Schöppenstuhl zu Leipzig und der sächsische Inquisitionsprozeß im Barockzeitalter (Schluß), in: Zs. f. gesam. Strafrechtswiss. 61 (1942) 368ff.
5. Vgl. H. *v. Hentig*, Vom Ursprung der Henkersmahlzeit (1958) 155ff.
6. Ebd. 92ff.
7. Ebd. 191ff.
8. Vgl. S. 164ff. Beispiele im ‚Memorial' v. Hagendorn. GNM Nürnberg HS 3837.
9. Ebd.
10. Manche mußten auch eine vorgeschriebene Kleidung gewisserweise zum Spott tragen. Vgl. J. *Striedinger*, Der Goldmacher Bragadino (1928) 131.
11. *v. Hentig*, Henkersmahlzeit 5.
12. Ebd. 11ff.; *Schuhmann*, Scharfrichter 127ff.
13. Vgl. z.B. S. 165.
14. Zit. nach *Schuhmann*, Scharfrichter; vgl. Carolina 79.
15. *Schuhmann*, Scharfrichter 130.
16. S. *Birkner* (Hg.), Leben und Sterben der Kindesmörderin Susanna Margaretha Brandt (1973) 115f.
17. Z.B. „Strafenbuch" von Frankfurt (StA Frankfurt) f. 152 (v. 4. 9. 1957). Von einer verurteilten Kindsmörderin heißt es „sie ist in ihrer Andacht gar devot gewesen. Ihr Gebet uff den Cath. Thurn uff den Knien verrichtet, und weder essen noch trinken wollen, der Intention ... Ihren Gott eine nüchterne Seel fürzustellen, habe sich auch der gnad bedankt, daß Ihr Leib an bemeldten Ort begraben werden sollte".
18. *v. Hentig*, Henkersmahlzeit 272.
19. Carolina 79.

20. Hierzu vor allem G. *Radbruch*, Ars moriendi. Scharfrichter – Seelsorger – Armersünder – Volk, in: Schw. Zs. f. Strafrecht 59 (1945) 460–495.
21. Zit. nach *Quanter*, Zuchthaus- und Gefängniswesen 48.
22. Z.B. A. *Meye*, Das Strafrecht der Stadt Danzig von der Carolina bis zur Vereinigung Danzigs mit der preußischen Monarchie (1532–1793) (1935) 43.
23. Zit. nach *v. Hentig*, Henkersmahlzeit 161.
24. In GNM Nürnberg, HS 3837, f. 107–253. Dazu auch Th. *Hampe*, Die Nürnberger Malefizbücher als Quelle der reichsstädtischen Sittengeschichte vom 14. bis zum 18. Jahrhundert (1927). Eine Edition dieser wichtigen Quellen wird von mir vorbereitet.
25. Ebd. 130.
26. Ebd. 182.
27. Über den Scharfrichter gibt es eine umfängliche Forschungsliteratur, vgl. vor allem A. *Keller*, Der Scharfrichter in der deutschen Kulturgeschichte (1921); E. *Angstmann*, Der Henker in der Volksmeinung. Seine Namen und sein Vorkommen in der mündlichen Volksüberlieferung (1928); J. *Gernhuber*, Strafvollzug und Unehrlichkeit, in: Zs f. RG GA 74 (1957); *Schuhmann*, Scharfrichter; W. *Oppelt*, Über die ‚Unehrlichkeit' des Scharfrichters (1976); J. *Glenzdorf*-Tr. *Treichel*, Henker, Schinder und arme Sünder, 2 Bde. (1970); Ch. *Helfer*, Henker-Studien, in: Arch. f. Kulturgesch. 46/7 (1964/5); G. *Wilbertz*, Standesehre und Handwerkerkunst. Zur Berufsideologie des Scharfrichters, in: AKG 58 (1976).
28. Zur Unehrlichkeit der Henker vgl. vor allem *Gernhuber*, Strafvollzug und Unehrlichkeit, u. *Oppelt*, Über die ‚Unehrlichkeit' des Scharfrichters.
29. *Schuhmann*, Scharfrichter 130 ff.; *Oppelt*, Unehrlichkeit 308 ff.; In Kaufbeuren ist folgende Entlohnung für den Scharfrichter vorgesehen:

„Vor das Haupt abschlagen	fl. 4,—
Verbrennen	4,—
henken	4,—
Beym Rädern für jeden Stoß	2,—
Für die gewöhnliche Mahlzeit nach einer solchen Execution	15,—
Auch werden ihme die Strike, Nägel, Ketten ... darzu angeschaft	
Auf das Rad flechten, den Kopf aufzusteken und wider herabzuthun	4,—

Für das Fahren zur Richtstatt auf einer Schleiffe, für jedes Pferd	1,—
für jeden Zangen-Zwik	1,—
Nasen und Ohren abschneiden	1,—
Hand abhauen	1,—
Galgen auf den Ruken oder an den Arm zu brennen	1,—
Ein Faß auf der wertach hinweg zu thun	3,—
Eine Person zu besichtigen	0,30
Wanns eine Weibs Persohn, deßen weib	0,30
Den Häng Strik anzulegen	0,45
Den Namen an den Galgen oder Pranger anzuschlagen	0,30
Ein Pasquill zu verbrennen	1,—
Vor das Ruthen aushauen	3,—
Pranger stellen	1,—
Die Tortur oder auch nur Vorzeigung der Instrumente	0,45
Vor die Erscheinung zur Tortur ohne dern würkliche Vornahm	0,30
Begrabung der Maleficanten	2,—
Abknüpf und wegfertigung derer sich selbst Entleibenden	6,—“

(Zit. nach *Schuhmann,* Scharfrichter 139.)

30. Hierzu v. *Hentig,* Henkersmahlzeit 112ff.
31. Zit. nach *Oppelt,* Unehrlichkeit 694. Beispiele im ‚Strafenbuch‘ f. 118 (v. 13. 4. 1620), f. 132 (v. 6. 6. 1634), f. 156 (v. 28. 11. 1659).
32. Dazu v. a. *Glenzdorf-Treichel,* Henker.
33. Zit. nach W. *Quanter,* Die Folter in der deutschen Rechtspflege sonst und jetzt (1900) 79.
34. O. *Beneke,* Von unehrlichen Leuten. Culturhistorische Studien und Geschichten aus vergangenen Tagen deutscher Gewerbe und Dienste (1889[2]) 354ff.
35. Beispiel: K.E. *Meinhardt,* Kriminalfälle aus der Reichsstadt Frankfurt (1964) 111ff.; auch *Keller,* Scharfrichter 224ff.; *Schuhmann,* Scharfrichter 215ff.
36. Ebd. A. *John* (Hg.), Die Schrift ‚Vom Aberglauben‘ von Karl Huß (1910). Zur Volksmedizin allgemein: E. *Grabner* (Hg.), Volksmedizin. Probleme und Forschungsgeschichte (1967).
37. Ein geradezu harmonisches Zusammenspiel belegt ein Nürnberger Protokoll von 1610: „Als ich ihr kurz vor dem Aufleuten angezeiget, daß der Nachrichter vorhanden wäre und sie zu binden annehmen wolte, und für Gericht führen, sprach sie ganz frölich und getrost, er solte nur hinein kommen, sie wäre gern willig und bereit darzu, und da er sie um Verzeihung gebeten, schlug sie ihm die Hände dar mit diesen Worten, es seye euch alles von Grundt mei-

nes Herzens verziehen, begehrte auch von ihm mit den Binden innen zu halten, bis daß sie zuvor ausgebetet hat ... und nach solchem (Gebet) sprach sie, jezunder binde mich, aber nicht zu hart, welches sie zum andernmal wiederholet. Nachdem sie gebunden war, sprach sie weiter und betete ... hernach, da sie die Leute im Loch gesegnet und sahe, daß die Mägde ihrenthalben weineten, sprach sie, was weinet ihr und betrubet euch über mich, weine ich doch nicht, und im Hinausführen hat sie sich auch wol und christlich gehalten ... und da wir mit ihr zur gewöhnlichen Richtstätt gekommen, und ich sie fragte, ob sie in den Glauben ... von dieser Welt wolte abscheiden sprach sie etlich mahl ganz freudig und unverzagt, ja Herr ... Als ich nun 2. Gebet, weil man ihr die (Haare) und anders aufgelöst und zum Richten zubereitet hat, und ihr zugesprochen, fängt sie mit frölichen Herzen und Geberden an und spricht zu mir, Herr ich bin ganz freudig und unverzagt zum zeitlichen Todt ... Nach diesem bate sie die Umstehenden um Verzeihung, gienge an ihr Leiden und hielte dem Nachrichter den Nakken redlich dar, und entschlieff also in Christo ihren Heyland und Seeligmacher, der wolle ihr auch eine fröliche Auferstehung verleyhen". (‚Memorial' v. Hagendorn, GNM Nürnberg HS 3837, f. 131).

38. Zit. nach *v. Hentig*, Henkersmahlzeit 189.
39. Carolina 98.
40. Dazu: H. *v. Hentig*, Der Rabenstein. Eine kriminal-geographische Studie, in: *ders.:* Studien zur Kriminalgeschichte (1962). Chr. *Helfer,* Formen und Funktionen des Galgenplatzes am unteren Mittelrhein, in: Bonner Gesch. Bl. 18 (1964).
41. Zum Galgenfest: *Keller,* Scharfrichter 208ff.; *Schuhmann,* Scharfrichter 69ff.; *Oppelt,* Unehrlichkeit 548ff.; *v. Hentig,* Henkersmahlzeit 203ff.
42. *Keller,* Scharfrichter 210f.
43. O. *Rieder,* Beiträge zur Kulturgeschichte des Hochstiftes Eichstätt, in: Neuburger Kollektaneen Bl. 54 (1890) 36ff.
44. GNM Nürnberg HS 3837, f. 247f.
45. *Oppelt,* Unehrlichkeit 555. Ein ebenso aufwendiges ‚Fest' in St. Gallen 1754 vgl. *Moser-Nef,* St. Gallen VI 824.
46. *Keller,* Scharfrichter 211ff.; H. *Lenhardt,* Feste und Feiern des Frankfurter Handwerks, in: Arch. f. Frankf. Gesch. und Ku. 1 (1951) 33f.

V. Auf dem Schafott: Verbrechen und Strafen

1. Fr. Strafenbuch f. 115. Zum Kreisschlagen bei Hinrichtungen: vgl. L. *Andresen,* Das Kreisschlagen bei Hinrichtungen, in: Heimat 38 (1928); Fr. O. *Achelis,* Das Schlagen des Kreises bei Hinrichtungen, in: Heimat 39 (1929).
2. Fr. Strafenbuch f. 221f.
3. S. *Birkner* (Hg.), Leben und Sterben der Kindsmörderin Susanna Margaretha Brandt (1973).
4. *Schuhmann,* Scharfrichter 175f.
5. W. *Renger,* Hinrichtungen als Volksfeste, in: Südd. Monatsh. 10 (1913) 8–21.
6. G. *Radbruch,* Ars moriendi. Scharfrichter-Seelsorger-Armer Sünder-Volk, in: Schw. Zs. f. Strafrecht 59 (1945).
7. Vgl. S. 162.
8. *Schuhmann,* Scharfrichter 85.
9. Fr. Strafenbuch f. 63.
10. H.W. *Schraepler,* Die rechtliche Behandlung der Täufer in der deutschen Schweiz, Südwestdeutschland und Hessen 1525–1618 (1957) 42.
11. *v. Hentig,* Strafe I 347f.
12. J.H. *Rothern,* Der peinlichen Processe rechtsgelehrte Kunst (1752^2) 538f.
13. Vgl. u.a. Codex juris criminalis Bavarici (1751); Constitutio Criminalis Theresiana (1769).
14. K.S. *Bader,* Das Bild des Rechtsbrechers im Wandel politischen Geschehens (1964) 73f.; *Schild,* Alte Gerichtsbarkeit 197f.
15. L. *Barring,* Götterspruch und Henkerhand. Die Todesstrafen in der Geschichte der Menschheit (1980) 95, 131f.
16. Fr. Strafenbuch.
17. STA Nürnberg: Amts- und Standbücher 226.
18. U.a. *Schindler,* Verbrechen und Strafen (Freiburg) 171; *Moser-Nef,* St. Gallen VI. 120; H.F. v. *Tscharner,* Die Todesstrafe im alten Staate Bern (1936) 33ff.
19. Vgl. u.a. Das Tagebuch des Meister Franz Scharfrichter zu Nürnberg (1980) 20: Wegen Diebstahls wurden 1584 zwei Frauen „mit dem strang gericht, Ist zuvorn nie erhört worden, auch nicht geschehen, das man ein Weibsbildt, zu Nürnberg hette mit dem Strang gericht". Auch: *Oppelt,* Unehrlichkeit 227f.
20. Gerade hier liegt das Problem vieler rechtshistorischer Arbeiten begründet, die sich vorwiegend am kodifizierten Recht orientieren.

So vor allem auch das an sich profunde Werk von R. *His,* Das Strafrecht des deutschen Mittelalters, 2 Bde. (1920/35, ND 1964).

21. Vgl. S. 181f.
22. Die Arbeiten von: E. *Schmid,* Die Kriminalpolitik Preußens unter Friedrich Wilhelm I. und Friedrich II. (1914), u. F.W. *Lucht,* Die Strafrechtspflege in Sachsen-Weimar-Eisenach unter Carl August (1929), v.a. H. *Hälschner,* Das Preußische Strafrecht, 3 Bde. (1955/68) geben nur bedingt Einblick in die konkrete Strafpraxis der Länder, quantitative Analysen fehlen völlig. Einen möglichen neuen Zugang bietet G. *Schormann,* Strafrechtspflege in Braunschweig-Wolfenbüttel 1599–1633, in: Braunschw. Jb. 55 (1974).
23. Gemeint sind hier die Territorialstaaten, deren Hochgerichtsbarkeitakten zumeist zu Beginn des 19. Jh. vernichtet wurden.
24. Leider besteht keine Möglichkeit, eine genaue Korrelation von Hinrichtungszahl und Bevölkerungsentwicklung zu erstellen. Über die Bevölkerungszahl gibt es nur pauschale Angaben.
25. L. Th. *Maes,* Vijf Euwen Stedeligk Strafrecht (1947) 506ff.
26. S. die Auswertung von G. L. *Kriegk,* Deutsches Bürgertum im Mittelalter (1868) 201; dazu auch *Meinhardt,* Das peinliche Strafrecht (Frankfurt). Sie ist nicht identisch mit meiner Auszählung, die allerdings auch nur einen kleineren Zeitraum umfaßt. Vgl. S. 187f.
27. P. *Frauenstädt,* Breslaus Strafrechtspflege im 14. bis 16. Jahrhundert. Ein Beitrag zur Geschichte des Strafrechts, in: Zs. f. d. ges. Strafrechtswiss. 10/12 (1890); zu Breslau weiterhin: E. *Lindgen,* Die Breslauer Strafrechtspflege unter der Carolina und der Gemeinen Strafrechtswissenschaft bis zum Inkrafttreten der Josephina von 1708 (o.J.).
28. E. *Wettstein,* Die Geschichte der Todesstrafe im Kanton Zürich (1958). Allgemein hierzu: H. *v. Hentig,* Kriminalstatistische Daten aus früheren Jahrhunderten, in: *ders.,* Studien zur Kriminalgeschichte (1962).
29. Nach *Schuhmann,* Scharfrichter 142. Die Zusammenstellung erfolgte nach den erhaltenen Strafbüchern.
30. Nach dem unvollständigen Verbrecherbuch von Augsburg. Ebd.
31. Von 1503–1599 nach GNM Nürnberg, HS 3837, von 1600–1692 nach StA Nürnberg, Amts- und Standbücher 226; von 1693–1720 nach GNM Nürnberg, HS 3837, 1720–1743 nach StA Nürnberg, Amts- und Standbücher 225.
32. Fr. Strafenbuch.
33. Vgl. S. 116.
34. Fr. Strafenbuch.
35. Vgl. Anm. 31.

36. H. *Karasek,* Der Fedtmilch-Aufstand. Wie die Frankfurter 1612/14 ihrem Rat einheizten (1979) 113.
37. GNM Nürnberg, HS 3837 (J. 1392).

VI. Hinrichtungsrituale: Von der Reinigung zur Abschreckung

1. Über die alten Hinrichtungsrituale vgl. trotz der überholten These vom sakralen Menschenopfer immer noch K. v. *Amira,* Die germanischen Todesstrafen. Untersuchungen zur Rechts- und Religionsgeschichte (1922); dazu B. *Rehfeldt,* Todesstrafen und Bekehrungsgeschichte. Zur Rechts- und Religionsgeschichte der germanischen Hinrichtungsbräuche (1942); R. *His,* Das Strafrecht des deutschen Mittelalters, 2 Bde. (1920/35; ND 1964) I 476ff.; *v. Hentig,* Strafe I 206ff.; *Schuhmann,* Scharfrichter 74ff.; *Schild,* Alte Gerichtsbarkeit 197ff.
2. *His,* Strafrecht 497f.; *v. Hentig,* Strafe I 320ff.; *Schuhmann,* Scharfrichter 81; K. B. *Leder,* Todesstrafe. Ursprung, Geschichte, Opfer (1980) 162ff.; *Meinhardt,* Das peinliche Strafrecht (Frankfurt) 133f.; D. *Feucht,* Grube und Pfahl. Ein Beitrag zur Geschichte der deutschen Hinrichtungsbräuche (1967).
3. *His,* Strafrecht 497; *Rehfeldt,* Todesstrafen 160f.
4. *Meinhardt,* Das peinliche Strafrecht (Frankfurt) 133.
5. Vor allem in Nürnberg bei Kindsmörderinnen, vgl. G. *Bode,* Die Kindstötung und ihre Bestrafung im Mittelalter (1915).
6. GNM Nürnberg, HS 3837, f. 21.
7. Ebd. f. 28.
8. *His,* Strafrecht 500ff.; *Schindler,* Verbrechen und Strafen (Freiburg) 53ff.; *v. Hentig,* Strafe I 296ff.; *Meinhardt,* Das peinliche Strafrecht (Frankfurt) 127; *Leder,* Todesstrafe 162ff.
9. U. a. H.H.Th. *Stiasny,* Die strafrechtliche Verfolgung der Täufer in der freien Reichsstadt Köln 1529–1618 (1962). Täufer wurden oft heimlich ertränkt. Zur Ertränkung von Felix Mantz in Zürich vgl. E. *Krajewski,* Leben und Sterben des Zürcher Täuferführers Felix Mantz (1962^3) 146ff.
10. Zumeist das Schwert bzw. bei Männern das Rad.
11. C.B. *Gorgoni,* Die Strafe des Säckens – Wahrheit und Legende, in: Forsch. z. Rechtsarch. u. rechtl. Volksk. II (1979).
12. Ebd. s. Beispiele in: B. *Carpzow,* Practicae novae imperialis Saxonicae rerum criminalium 1 (1695) 37, 41, 46, 56ff. Aus einem Urteil von 1617: „So möchte A.T. deßwegen, daß sie ihr Kind also dolosè und fürsetzlichen umkommen und verschmachten lassen, und es eben dafür zu halten, als wenn sie es ermordet, und um-

bracht und selbst Hand angeleget hätte, mit einem Hunde, Hahn, Schlangen und Katzen anstatt eines Affen in Sack gesteckt, ins Wasser geworffen und erträncket oder da die Gelegenheit des Wassers nicht vorhanden, mit dem Rade vom Leben zum Tode gestrafet werden“ (ebd. 46).

13. *Gorgoni,* Die Strafe des Säckens 160.
14. Ebd. 160f.
15. M. *Schwarz,* Wechselnde Beurteilung von Straftaten in Kultur und Recht. Bd. 1. Die Kindestötung (1935) 21f.
16. *v. Hentig,* Strafe I 302ff.
17. Ebd. 299f. – Die Tuntenhausener Mirakelbücher berichten von einer Frau, die 1551 wegen Kindsmord zum Tod durchs Ertränken verurteilt worden war. Als sie später aus dem Wasser gezogen wurde, erwachte sie wieder; die Frau führte ihre Rettung auf das Erscheinen Unserer Frau von Tuntenhausen zurück. „Als nun diese Geschichte ... an die Oberkait gelangt, haben sie gesagt, sie künden nit wider Gott handeln und es darbey lassen bleiben“. I. *Gierl,* Bauernleben und Bauernwallfahrt in Altbayern. Eine kulturkundliche Studie auf Grund der Tuntenhausener Mirakelbücher (1960) 77f.
18. Vgl. S. 151f.
19. Allgemein *His,* Strafrecht 502ff.; *Schindler,* Verbrechen und Strafen (Freiburg) 53ff.; *v. Hentig,* Strafe I 310ff.; *Leder,* Todesstrafe 175ff.
20. Vgl. S. 126.
21. *Meye,* Das Strafrecht der Stadt Danzig 90.
22. StA Nürnberg, Amts- und Standbücher 226, f. 161.
23. Beispiel: *Schuhmann,* Scharfrichter 127.
24. Beispielsweise Hinrichtung der Hille Feicken in Münster 1534; R. *v. Dülmen,* Das Täuferreich zu Münster 1534–1535 (1974) 139. Die meisten Frauen wurden aber vorher enthauptet.
25. *His,* Strafrecht 495f.; *v. Hentig,* Strafe I 338ff.; *Leder,* Todesstrafe 156ff.
26. Spektakulär war die Hinrichtung des Attentäters Damiens in Paris von 1757. Hierzu M. *Foucault,* Überwachen und Strafen. Die Geburt des Gefängnisses (1977) 9ff.
27. Genauer Vorgang bei *v. Hentig,* Strafe I 351.
28. Nach Fr. *Ortloff,* Geschichte der Grumbachischen Händel IV (1870) 155ff.
29. *His,* Strafrecht 496f.; *v. Hentig,* Strafe I 288ff.; *v. Tscharner,* Todesstrafe (Bern) 105f.; *Schuhmann,* Scharfrichter 76ff.; *Leder,* Todesstrafe 150ff.

30. Zit. nach E. *Schmidt,* Die Kriminalpolitik Preußens unter Friedrich Wilhelm I. und Friedrich II. (1914) 89.
31. Zum Symbol des Rades vgl. *v. Hentig,* Strafe I 291 f. Problematisch Fr. *Sturm,* Symbolische Todesstrafe (1962) 154 ff.
32. *Moser-Nef,* St. Gallen VI 839.
33. *Schuhmann,* Scharfrichter 27; *Meye,* Strafrecht der Stadt Danzig 41.
34. Siehe Beispiele bei *Moser-Nef,* St. Gallen VI 837 ff.; auch E. *Wettstein,* Die Geschichte der Todesstrafe im Kanton Zürich (1958) 124 f.
35. *Moser-Nef,* St. Gallen VI 840.
36. Ebd. V 336. In der peinlichen Untersuchung gestand 1601 Peter Steinfluh von Greyerz eine Reihe von Diebstählen und Raubmorden, sodann mehrfach die Ermordung von schwangeren Frauen, um die Hände der Leibesfrucht als Amulett zu benutzen, Brandstiftung aus Rache für nicht gewährte Herberge sowie für die Justifizierung von Spießgesellen, schließlich auch Sodomie mit einer Kuh. „Urteil: der Nachrichter solle ihm die rechte Hand abschlagen und den Stumpf mit glühenden Eisen brennen, damit er sich nicht ‚verblute‘. Dann auf den Karren festbinden und ihn mit glühenden Zangen in seine beiden Brüste reißen – solches vor dem Rathaus – hernach den Verbrecher den Markt auf und ab führen und abermals mit glühenden Zangen in die Schenkel zwicken, desgleichen unter dem Bletzthor glühende Risse in die Arme; auf der Richtstatt auf die Breche binden, die Glieder abstoßen, auf das Rad flechten, an dem aufgesetzten Galgen knüpfen und mit kleinem Feuer langsam verbrennen“ (ebd. 33 f.).
37. Ebd.
38. Neuerdings vorzüglich: R.J. *Evans,* Öffentlichkeit und Autorität. Zur Geschichte der Hinrichtungen in Deutschland vom Allgemeinen Landrecht bis zum Dritten Reich, in: H. Reif (Hg.), Räuber, Volk und Obrigkeit. Studien zur Geschichte der Kriminalität in Deutschland seit dem 18. Jahrhundert (1984) 222 f.
39. Vgl. S. 178.
40. Erschien erstmals 1786. Dazu W. *Stoeß,* Die Bearbeitungen des ‚Verbrechers aus verlorener Ehre‘ (1913). Nun auch W. *Schild,* Schillers ‚Verbrecher aus verlorener Ehre‘: Gedanken zu einem juristisch-hermeneutischen Handlungsbegriff, in: FS f. A. Kaufmann, Heidelberg 1984, 111–133.
41. P.E. *Rattelmüller,* Matthaeus Klostermaier (1971). Im veröffentlichten Urteil heißt es: „Weswegen derselbe zu seiner wohlverdienten Strafe, andern aber zum abscheuenden Beispiel dem Scharfrich-

ter zu Handen und Banden übergeben, zur Richtstatt geschleifet, daselbst mit dem Rad, durch Zerstoßung seiner Glieder, von oben herab, vom Leben zum Tod gerichtet, als dann der Kopf von dem Körper abgesondert, dieser aber in 4 Stücke zerhauen und auf den Landstraßen aufgehangen, der Kopf hingegen auf den Galgen gesteckt werden solle".

42. *His,* Strafrecht 491f; *v. Hentig,* Strafe I 206f; *Schuhmann,* Scharfrichter 60ff; *Oppelt,* Unehrlichkeit 169ff; auch *Schindler,* Verbrechen und Strafen (Freiburg) 46f.; *Wettstein,* Geschichte der Todesstrafe (Zürich) 123.
43. Zit. nach *v. Hentig,* Strafe I 223f. Aufschlußreich ist die Vernehmungsformel der Freigerichte: „und ich vermaledeie hier sein Fleisch und sein Blut, auf daß es nimmer zur Erde bestattet werde, der Wind ihn verwehe, die Krähen, Raben und Tiere in der Luft ihn verführen und verzehren". Ebd. 239f. Das Urteil eines Diebes in St. Gallen 1558 lautete: „Der Nachrichter solle ihm sine hend uff dem Ruggen zusammenbinden, In hinuß uf die gewohnliche hoche Richtstatt führen, Im daselbst sine ougen verbinden, an ainer leiter hinder sich hinaufführen, allda ain strickh an sinen Hals legen, dem erdrych hirmit entpfrombden und den lüfften befelchen und In also an den liechten Galgen hengkhen, daß die Vögel under und ab Im ihren Flug haben mögend, und In also bringen vom Leben zum Tod" (*Moser-Nef,* St. Gallen VI 825).
44. Hierzu aufschlußreich: P. *Linebaugh,* The Tyburn Riot Against the Surgeons, in: D. Hay u.a. Albion's Fatal Tree (1977) 65ff.
45. *Leder,* Todesstrafe 117.
46. S. *Stern,* Jud Süss. Ein Beitrag zur deutschen und jüdischen Geschichte (1973²) 174ff. Auch L. *Feuchtwanger,* Jud Süß (1983) 508ff.
47. Ebd.
48. Vgl. S. 187ff.
49. Vgl. *v. Hentig,* Strafe I 251.
50. Allgemein: *His,* Strafrecht 493ff.; *v. Hentig,* Strafe I, Z 61ff.; *Leder,* Todesstrafe 111ff.; *Schindler,* Verbrechen und Strafen (Freiburg) 46ff.; *Meinhardt,* Das Peinliche Strafrecht (Frankfurt) 49ff.
51. H. *Gwinner,* Der Einfluß des Standes im gemeinen Strafrecht (1934) 82ff.
52. Zit. nach *Schuhmann,* Scharfrichter 275.
53. Zit. nach E. *Osenbrüggen,* Studien zur deutschen und schweizerischen Rechtsgeschichte (1868) 289.
54. Fr. Strafenbuch f. 112.

55. Ebd. f. 81.
56. Vgl. E. *Mayer*, Die rechtliche Behandlung der Empörer von 1525 im Herzogtum Württemberg. Ein Beitrag zur Rechtsgeschichte des sog. ‚Deutschen Bauernkriegs' (1957).
57. Ebd. 36f.
58. Nach H. *Kerssenbroick*, Geschichte der Wiedertäufer zu Münster in Westfalen (1880^2) 703.
59. Allgemein: P. *Fischer*, Strafen und sichernde Maßnahmen gegen Tote im germanischen und deutschen Recht (1936); H. *Tütken*, Totengericht und Totenrecht in Geismarer Quellen, in: Göttinger Jb. (1964).
60. Fr. *Grøn*, Über den Ursprung der Bestrafung in Effigie. Eine vergleichende rechts- und kulturgeschichtliche Untersuchung, in: T. v. Rechtsgesch. 13 (1934); Aufschlußreich: W. *Brückner*, Bildnis und Brauch. Studien zur Bildfunktion der Effigies (1966). Ein Goldschmied hatte in St. Gallen seine Kunden betrogen; als er vor der Verhaftung floh, wurde ihm in effigie der Prozeß gemacht, und zwar sollte derselbe „als wann er selbst persönlich zugegen wäre mit seinem ‚bildtnus' an den Schnabelgalgen gehängt werden, zum Zeichen, was ihm bevorstehe, wenn man den Missetäter ergreifen würde" (*Moser-Nef*, St. Gallen VI 824).
61. B.H. *Illinghausen*, Disputatio juridica de executione in cadavere delinquentis, von Bestraffung des Missethäters nach seinem Tode (1699) 3f. – Als ein Jude wegen Diebstahls in Haft gesetzt wurde, dort aber starb, wurde er von einem Scharfrichter mit dem Bildnis eines Juden „auff ainen usgespanten Tuch uff baiden seiten gemalt unnd dabei mit einer grob leserlichen schrift geschrieben gestanden: Joseph Jud Sigel dieb und Falscher brieffmacher" auf einem Hundekarren zum Schinderhaus geführt, und dort an einem halben Galgen gehängt und verbrannt. Vgl. Fr. Strafenbuch f. 14.
62. J. *Dieselhorst*, Die Bestrafung der Selbstmörder im Territorium der Reichsstadt Nürnberg, in: Mitt. d. Ver. f. Gesch. d. Stadt Nürnberg 44 (1953).
63. Ebd. 87ff.
64. Fr. Strafenbuch f. 210.
65. Ebd. 229.
66. Ebd. 230.
67. Zit. nach *Brückner*, Bildnis 243.

VII. Volk und Gericht

1. Bei Adeligen und Rebellen, auch Täufern machte man gelegentliche Ausnahmen, jedenfalls dort, wo man mit Protesten der Bevölkerung rechnen mußte.
2. M. *Luther,* Wider den Bischof zu Magdeburg, Albrecht Kardinal (1639), vgl. dazu A. *van Dülmen,* Luther-Chronik. Daten zu Leben und Werk (1983) 247.
3. J. *Striedinger,* Der Goldmacher Bragadino (1928) 131.
4. Zit. nach A. *Keller,* Der Scharfrichter in der deutschen Kulturgeschichte (1921) 150.
5. W. *Renger,* Hinrichtungen als Volksfeste in: Südd. Monatsh. 10 (1919).
6. V. *Lötscher,* Der Henker von Basel, in: Basler Stadtbuch (1968) 109.
7. *Evans,* Öffentlichkeit und Autorität 217.
8. Ebd.
9. O. *Schalk,* Scharfrichter Joseph Langs Erinnerungen (1920[10]) 75 f.
10. Dazu *Evans,* Öffentlichkeit und Autorität.
11. M. *Foucault,* Verbrechen und Strafen (1977) 79.
12. Vgl. S. 166f.
13. M. *Oppelt,* Über die Unehrlichkeit des Scharfrichters (1976) 118.
14. A. *Kaufmann,* Über das Freibitten Verurteilter durch Jungfrauen, in: Monatsschr. f. d. Gesch. Westdeutschl. VII (1881) 257ff.; K. *Schué,* Das Gnadenbitten in Recht, Sage, Dichtung und Kunst. Ein Beitrag zur Rechts- und Kunstgeschichte, in: Zs. f. Aachener Gesch. Ver. 40 (1918).
15. Beispiel: Der Henker von Rothenburg hatte 1525 die Kindsmörderin Gertraud Büttner aus Bamberg geehelicht. Vgl. GNM Nürnberg MS 3837, f. 29.
16. Zit. nach *Oppelt,* Unehrlichkeit 91.
17. *Schué,* Gnadenbitten 214. Nicht in jedem Fall gab das Gericht im 16. Jahrhundert nach; so baten 1527 in Nürnberg 3 Jungfrauen gleichzeitig um das Leben eines Blutschänders, „deren eine jede ihn zur Ehe haben wolte, es half aber nichts" (GNM Nürnberg HS 3837, f. 30).
18. Ebd. 222.
19. *Keller,* Scharfrichter 147f.; H. *v. Hentig,* Vom Ursprung der Henkersmahlzeit (1958) 98f.
20. *Oppelt,* Unehrlichkeit 200ff.; D. *Marschall,* De laqueo rupto. Die mißlungene Hinrichtung durch den Strang (1968).

21. Joh. *Glenzdorf*-Fr. *Treichel,* Henker, Schinder und arme Sünder (1970) 79.
22. Zit. nach A. *Keller* (Hg.), Maister Franntz Schmidt's Nachrichters in Nürnberg all sein Richten (1913) XIII.
23. *Marschall,* De laqueo rupto 123.
24. Allgemein dazu: *Keller,* Scharfrichter 158ff.; *Schuhmann,* Scharfrichter 223ff.; *Oppelt,* Unehrlichkeit 34ff., 200ff., 247ff.; vor allem Ch. *Helfer,* Henker-Studien, in: AKG 46/7 (1964/5).
25. *Schuhmann,* Scharfrichter 223, *Oppelt,* Unehrlichkeit 260f.
26. Ebd.
27. H. *Knapp,* Das Lochgefängnis, Tortur und Richtung in Alt-Nürnberg (1907) 63; *Oppelt,* Unehrlichkeit 250f.
28. Ebd.
29. *Oppelt,* Unehrlichkeit 266; *Helfer,* Henker-Studien 328.
30. *Helfer,* Henker-Studien 336; *Glenzdorf-Treichel,* Henker 76.
31. *Meinhardt,* Das peinliche Strafrecht (Frankfurt) 43.
32. *Keller,* Scharfrichter 166.
33. *Helfer,* Henker-Studien 336.
34. *v. Hentig,* Henkersmahlzeit 164.
35. *Helfer,* Henker-Studien 336f.
36. *Oppelt,* Unehrlichkeit 266f.; *Helfer,* Henker-Studien 339.
37. Ebd. 337.
38. *Knapp,* Lochgefängnis 60.
39. *Beneke,* Unehrliche Leute 255f.; *Keller,* Scharfrichter 162f.
40. *Oppelt,* Unehrlichkeit 255f.
41. StAN Amts- und Standbücher 226, f. 47f.
42. Ebd. 151.
43. Kriminalmuseum Rothenburg: Verzeichnis aller Maleficanten (Augsburg) 50.
44. Fr. W. *Lucht,* Die Strafrechtspflege in Sachsen-Weimar-Eisenach unter Carl August (1929) 35.

VIII. Ars moriendi: Die Liturgie des gewaltsamen Sterbens

1. Hierzu allgemein: G. *Radbruch,* Ars moriendi. Scharfrichter – Seelsorger – Arme Sünder – Volk, in: Schw. Zs. f. Strafrecht 59 (1945); W. *Oppelt,* Über die Unehrlichkeit des Scharfrichters (1976) 137f. Nun auch *Evans,* Öffentlichkeit und Autorität.
2. Aus einem Arme Sünder Blatt von 1770 (München).
3. S. Abb. in *Schild,* Alte Gerichtsbarkeit, u.a. *Schuhmann,* Scharfrichter (Anhang). Auch G. *Kocher,* Passionsdarstellungen und

rechtliche Volkskunde, in: Forsch. d. Rechtsarch. u. rechtl. Volksk. 1 (1978).

4. Als der Raubmörder Lips Tullian 1715 hingerichtet wurde, war die Obrigkeit erstaunt über das ‚Mitleid' des Volks. „Diese bösen Menschen" hätten „Compassion und Mitleyd" doch „gantz wider ihrem Verdienste empfangen, und viel Volck sei gar zu Thränen bewegt worden". O. F. *Breibeck*, Ertz-Maleficanten. Wilddiebe, Räuber, Mordbanditen (1977) 80.
5. S. das „Memorial" von Hagendorn, GNM Nürnberg, HS 3837.
6. Vgl. *Radbruch*, Ars moriendi.
7. Fr. Strafenbuch 232 (v. 21. 10. 1691): „... nach dem er grosse Reu und Leid über sein Verbrechen erwiesen und mit einer feinen Rede jedermänniglich vor dergleichen verwarnet" (ebd. 187).
8. Ein selbstverfaßtes Abschiedslied einer armen Sünderin, das sie kurz vor ihrer Hinrichtung (1769) mit „ausnehmender Fröhlichkeit" sang, lautete:

„Sollt ich dann sterben, ich bin noch so jung?
O wohl ein tödtlich fruhzeitiger Sprung!
    Wenn das mein Mutter wißt,
    Daß ich jetzt sterben müßt,
Was wurde sie denken,
Sie thäte sich kränken
    Bis in den Tod.
Fröhliche Stunden was helfet ihr mich?
Ihr seyd verschwunden, und sterben muß ich
    Fliesse mein jungs Geblüth!
    Falle du zarts Gemüth!
Wer sollte nicht trauren,
Und gleichsam bedauren
    Den Unglücksfall?
Länger zu leben verlang ich mir nicht,
Mein Leib will sterben, die Seel vors Gericht,
    Adieu, weils nicht kann seyn,
    Geb ich mich willig drein,
Adieu. Mein Gott und Herr!
Ich sterb zu deiner Ehr.
    Adieu, lebts wohl.
(Ihr, die ihr dieses ließt, gedenkt der armen Seele,
Und glaubt, daß sie bey Got euch wiederum empfehle.)"

Aus: Auferbäuliches Lebens-Ende der Agatha Laimerinn (1769).

9. StA Nürnberg, Amts- und Standbücher 226, f. 202 (1674).

9a. Th. *Paracelsus*, Quinque Philosophiae Tractatus = Werke III

(1967) 413; auch E. *Richter,* Die „andächtige Beraubung" geistlicher Toter als rechtsglaubenskundliches Phänomen, in: Bay. Jb. f. Volksk. (1960) 98f.

10. *Radbruch,* Ars moriendi 493; Artikel: „Heilig" im Handwb. d. dt. Aberglaubens III (1930/31); hierzu auch *Foucault,* Verbrechen und Strafen 86f.
11. GNM Nürnberg HS 3837, f. 137.
12. Ebd. 152.
13. Ebd. 225.
14. Vgl. u.a. die gedruckten Sammlungen von J. J. *Moser,* Seelige letzte Stunden einiger dem zeitlichen Tode übergebener Missethäter, Leipzig 1740/45; und: Seelige letzte Stunden (von) ein und dreyßig Personen, so unter des Scharfrichters Hand gestorben, Stuttgart 1753. Die Galgenpredigten wurden im späten 18. Jh. von Staats wegen verboten.
15. Zit. nach *Oppelt,* Unehrlichkeit 141.
16. Chr. *v. Schmid,* Erinnerungen aus meinem Leben II, Augsburg 1853, 84–91.
17. Hierzu auch *Foucault,* Verbrechen und Strafen 85f.
18. HSTA München (o. S.).
19. Aus: Wohlverdientes Todesurteil nebst einer Moralrede des Matthias Weiser (HSTA München).
20. J. *Koch,* Die Strafrechtsbelehrung des Volkes von der Rezeption bis zur Aufklärung (1939); H. H. *Lewandowski,* Die Todesstrafe in der Aufklärung (1961).
21. In: M. L. *Könneker* (Hg.), Kinderschaukel 1. Ein Lesebuch zur Geschichte der Kindheit in Deutschland 1745–1860 (1976) 193f.
22. Ebd. 198.
23. Ebd. 199.
24. Zit. nach J. M. *Rameckers,* Der Kindsmord in der Literatur der Sturm- und Drang-Periode. Ein Beitrag zur Kultur- und Literaturgeschichte des 18. Jahrhunderts (1927) 64.
25. *Lewandowski,* Todesstrafe.
26. E. *Schmidt,* Die Kriminalpolitik Preußens unter Friedrich Wilhelm I. und Friedrich II. (1914) 31.
27. *Evans,* Öffentlichkeit und Autorität 214.
28. C. *Beccaria,* Verbrechen und Strafen 105.
29. Vgl. W. *Wächtershäuser,* Das Verbrechen des Kindesmordes im Zeitalter der Aufklärung (1973).
30. *Beccaria,* Verbrechen und Strafen 117.
31. Friedrich Nicolai, zit. nach L. *Hollweck,* „... Vom Leben zum Tod hingerichtet". Todesurteile vor 200 Jahren (1980).

32. Fr. *Hartl,* Das Wiener Kriminalgericht. Strafrechtspflege vom Zeitalter der Aufklärung bis zur österreichischen Revolution (1973).
33. Vgl. *Wächtershäuser,* Kindesmordes 109 ff.
34. A. *Ebeling,* Beiträge zur Entstehung der Freiheitsstrafe (1935).
35. Vgl. S. 189.
36. Zit. nach *Oppelt,* Unehrlichkeit 139.
37. Carolina 98.
38. Nach der Constitutio criminalis Theresiana (1769) galt: „Dahingehen wollen Wir einer ehrlichen Begräbnis folgende Missethäter insgemein für unwürdig erkläret haben, und sind also dieselbe (wenn nicht deren Körper durchs Feuer vertilget, oder in anderweg, als durch Flechtung aufs Rad, oder am Galgen etc. zur allgemeinen Erspieglung ausgestellet bleiben) entweder auf dem Schindanger, oder unter dem Hochgericht zu verscharren, oder wo sonst nach jeglichen Orts Gebrauch die Missethäter hingelegt zu werden pflegen, zu vergraben, und zwar
Erstlich: Alle, die um einer mit der Ehrlosigkeit behafteten That halber hingerichtet werden.
Andertens: Auch all jene, die wegen eines ehrlosen Verbrechens, wodurch die Todesstrafe verwirket wird, schon verurtheilet, oder doch der That geständig, oder überwiesen, und vor der Urtheilsvollstreckung dahin sterben, ...
Drittens: Welche in wirklicher Begehung einer dem Tod nach sich ziehend ehrlosen That, oder in einer vor sich selbst wider gött- und weltliches Gesetz laufend-schweren die Seele tödenden Mißhandlungen umkommen.
Viertens: Welche vorsetzlich entweder aus üblen Gewissen einer begangenen Uebelthat halber, oder aus Verzweiflung sich selbst ertödten: nicht aber jene, welche aus Sinnverruckung sich selbst den Tod anthun ...“ (130).
39. Nun auch *Evans,* Öffentlichkeit und Autorität 188 ff. Im Fall der Kindsmörderin Brandt sollen die Henkersknechte gegen Geld auch Neugierigen den Sarg geöffnet haben.
40. Allgemein: N. R. *Machheit,* Das Mahl im Recht – ein Versuch, in: FS f. F. Elsener (1973^2) 68 ff.
41. S. *Birkner* (Hg.), Leben und Sterben der Kindsmörderin Susanna M. Brandt (1973) 120.
42. Allgemein: *His,* Strafrecht 342 ff.; *v. Hentig,* Strafe I, 90 ff.; V. *Achter,* Geburt der Strafe (1951); auch Th. *Harster,* Das Strafrecht der freien Reichsstadt Speier in Theorie und Praxis (1900) 59 ff.; K. *Metzger,* Die Verbrechen und ihre Straffolgen im Basler Recht des

späteren Mittelalters (1931) 47ff.; *Meinhardt,* Das peinliche Strafrecht (Frankfurt) 210ff.

43. S. Anhang. Vgl. auch G. *Schormann,* Strafrechtspflege in Braunschweig-Wolfenbüttel 1599–1633, in: Braunschw. Jb. 55 (1974), auch die Studie von K. S. *Bader,* Verbrechen, Strafe und Strafvollzug in der Landgrafschaft Heiligenberg nördlich des Bodensees, in: Monatsschr. f. Kriminalogie u. Strafrechtsreform 50 (1967).

44. Vgl. u.a. Fr. *Holtze,* Strafrechtspflege unter König Friedrich Wilhelm I. (1894); E. *Schmidt,* Die Kriminalpolitik Preußens unter Friedrich Wilhelm I. und Friedrich II. (1914); Fr. W. *Lucht,* Die Strafrechtspflege in Sachsen-Weimar-Eisenach unter Carl August (1929).

45. Vgl. R. *van Dülmen,* Der Kindesmord. Zur weiblichen Kriminalität in der frühen Neuzeit (MS 1984).

46. Aufschlußreich ist folgende Urteilsbeschreibung bzw. -begründung: Eine Kindsmörderin wurde in Nürnberg 1582 zum Tode verurteilt: „Darumb die ehegemeldte verhaffte Bauersmeidt, nach Inhalt der Peinlichen Halsgerichtsordnung articulo 131, alls eine Kindtsmörderin dz Leben verwirckht hat, möchten demnach (dieweill erst vor zweyen Jahren drey dergleichen mörderin alhin gestrafft wordten, vndt frequentia delinquentium poenam schärpffen thut) ihr ettliche griff mit gluende Zangen, daruon auch angeregter Art. erwehnung thut, gegeben, folgendts mit dem schwerdts gericht, undt der Kopff an das Hohe gericht gehefftet werdten. Dann solcher abscheühlicher anblickh auf dem Landt die Bauersmeidt unndt andere hin undt wider gehendte, sich darinn zue spieglen, bewegt undt in Längerer gedächtnus bleibt, alls so man sie ertränckhen würdte, zu welcher straff des wassers, ad vitandam desperationem, die weill der bösse gäist sonsten gern sein geferth im Wasser pflegt zue haben, wie so sie umbgangen kann werdten, nit gern rathen wollten". Zit. nach G. *Bode,* Die Kindestötung und ihre Bestrafung im Nürnberg des Mittelalters, in: Arch. f. Strafrecht u. Strafproz. 61 (1914).

47. Aufschlußreich hierzu ist eine Bemerkung von I. Kant (Anthropologie in pragmatischer Hinsicht, 1798):" Es ist eben nicht die lieblichste Bemerkung an Menschen: daß ihr Vergnügen durch Vergleichung mit Anderer ihrem Schmerz erhöht, der eigene Schmerz aber durch die Vergleichung mit Anderer ähnlichen oder noch größeren Leiden vermindert wird. ... Man leidet vermittelst der Einbildungskraft mit dem Anderen mit (sowie wenn man jemanden, aus dem Gleichgewicht gekommen, dem Fallen nahe sieht, man unwillkürlich und vergeblich sich auf die Gegenseite hinbeugt, um ihn

gleichsam gerade zu stellen) und ist nur froh, in dasselbe Schicksal nicht auch verflochten zu sein. Daher läuft das Volk mit heftiger Begierde, die Hinführung eines Delinquenten und dessen Hinrichtung anzusehen, als zu einem Schauspiel. Denn die Gemüthsbewegungen und Gefühle, die sich an seinem Gesicht und Betragen äussern, wirken sympathetisch auf den Zuschauer und hinterlassen nach der Beängstigung desselben durch die Einbildungskraft (deren Stärke durch die Feierlichkeit noch erhöht wird) das sanfte, aber doch ernste Gefühl einer Abspannung, welche den darauf folgenden Lebensgenuss desto fühlbarer macht" (Kants Ges. Schriften VII, Berlin 1917, 238 f.).

48. H. H. *Lewandowski,* Die Todesstrafe in der Aufklärung (1961). Näher u.a. auch V. *Barkhausen,* Vermischte Anmerkungen (1777): „Denn Rache und Notwehr ist eine Beziehung des Beleidigten zu dem Beleidiger; Strafe hingegen ist eine Beziehung einer höheren Gewalt gegen die Untergebenen. Im Staate ist Strafe keineswegs Umwandlung der Rache oder Notwehr, sondern eine mit dem Staat entstandene Beziehung, sie setzt eine durch Einstimmung verliehene Gewalt, ein Amt voraus".
49. *Schmidt,* Kriminalpolitik 8.
50. *Beccaria,* Verbrechen und Strafen 118.

Literatur in Auswahl

Achter, Viktor, Geburt der Strafe, Frankfurt 1951

v. Amira, Karl, Die germanischen Todesstrafen. Untersuchungen zur Rechts- und Religionsgeschichte, München 1922

Angstmann, Else, Der Henker in der Volksmeinung. Seine Namen und sein Vorkommen in der mündlichen Volksüberlieferung, Bonn 1928

Appenzeller, Gotthold, Strafvollzug und Gefängniswesen im Kanton Solothurn vom 15. Jahrhundert bis zur Gegenwart, in: Jb. f. Solothurnische Geschichte 30 (1957)

Bader, Karl Siegfried, Die Zimmerische Chronik als Quelle rechtlicher Volkskunde, Freiburg 1942

ders., Aufgaben, Methoden und Grenzen einer historischen Kriminologie, in: Schweizer Zs. f. Strafrecht 71 (1956), 17–31

ders., Verbrechen, Strafe und Strafvollzug in der Landgrafschaft Heiligenberg nördlich des Bodensees, in: Monatsschr. f. Kriminologie und Strafrechtsreform 50 (1967), 195–209

Barring, Ludwig, Götterspruch und Henkerhand. Die Todesstrafen in der Geschichte der Menschheit, Essen 1980

Bataille, Georges, Gilles de Rais. Leben und Prozeß eines Kindermörders, Hamburg 1974[2]

Beattie, J. M., The pattern of crime in England 1660–1800, in: Past and Present 62 (1974), 47–95

Beccaria, Cesare, Über Verbrechen und Strafen. Übers. v. K. F. Hommel, Berlin 1966

Bée, Michel, Le spectacle de l'exécution dans la France d'ancien régime, in: Annales 38 (1983), 843–859

Behringer, Wolfgang, Hexenverfolgung in Bayern. Volksmagie, Glaubenseifer und Staatsräson in der Frühen Neuzeit, München 1987

Beneke, Otto, Von unehrlichen Leuten. Culturhistorische Studien und Geschichten, Berlin 1889

Bepler, Hans, Die Strafrechtsentwicklung im Gericht Büdingen bis zur Mitte des 17. Jahrhunderts (Diss.), Marburg 1937

Birkner, Siegfried (Hg.), Leben und Sterben der Kindsmörderin Susanna Margaretha Brandt. Nach den Prozeßakten der ks. Freien

Reichsstadt Frankfurt am Main, den sogenannten Criminalia 1771, Frankfurt 1973

Blasius, Dirk, Kriminalität und Alltag. Zur Konfliktgeschichte des Alltagslebens im 19. Jahrhundert, Göttingen 1978

ders., Kriminalität und Geschichtswissenschaft. Perspektiven der Neueren Forschung, in: HZ 333 (1981), 615–627

ders., Gesellschaftsgeschichte und Kriminalität, in: Beiträge zur historischen Sozialkunde 11 (1981), 13–19

ders., Kriminologie und Geschichtswissenschaft. Bilanz und Perspektiven interdisziplinärer Forschung, in: Geschichte und Gesellschaft 14 (1988) 136–149

Blauert, Andreas – Gerd *Schwerhoff* (Hg.), Mit den Waffen der Justiz. Zur Kriminalitätsgeschichte des späten Mittelalters und der frühen Neuzeit, Frankfurt a. M. 1993

Bleakley, H., The Hangmen of England, London 1929 (ND 1977)

Boehm, Ernst, Der Schöppenstuhl zu Leipzig und der sächsische Inquisitionsprozeß im Barockzeitalter. Wichtige rechtskundliche Quellen in der Leipziger Universitätsbibliothek. Teil IV: Barockstil in Rechtswissenschaft und Rechtspflege. Carpzov und der sächsische Inquisitionsprozeß im Hochbarock, in: Zs. f. d. ges. Strafrechtswissenschaft 61 (1942), 300–403

Bonnekamp, Carl Georg, Die Zimmerische Chronik als Quelle zur Geschichte des Strafrechts, der Strafgerichtsbarkeit und des Strafverfahrens in Schwaben im Ausgang des Mittelalters, Breslau-Neukirch, 1940

Brahmst, Claus, Das hamburgische Strafrecht im 17. Jahrhundert. Der Übergang vom städtischen zum gemeinen Strafrecht, Hamburg 1958

Breibach, Otto Ernst, Ertz-Maleficanten. Wilddiebe, Räuber, Mordbanditen, Regensburg 1977

Bruch, Hans, Die Strafrechtspflege in der Stadt Trier im 16., 17. und 18. Jahrhundert (Diss.), Waldkirch 1934

Brückner, Wolfgang, Bildnis und Brauch. Studien zur Bildfunktion der Effigies, Berlin 1966

Burghartz, Susanna, Leib, Ehre und Gut. Delinquenz in Zürich Ende des 14. Jahrhunderts, Zürich 1990

Byloff, Fritz, Das Verbrechen der Zauberei (crimen magiae). Ein Beitrag zur Geschichte der Strafrechtspflege in Steiermark, Graz 1902

Carlebach, Rudolf, Badische Rechtsgeschichte. I.: Das ausgehende Mittelalter und die Rezeption des römischen Rechts, II.: Das Zeitalter des dreißigjährigen Kriegs, Heidelberg 1906/09

Carpzov, Benedict, Practica nova Imperialis Saxonica rerum criminalium, Leipzig-Frankfurt 1635

Conrad, Hermann, Deutsche Rechtsgeschichte, Bd. II.: Neuzeit bis 1806, Karlsruhe 1966

Danker, Karl, Räuberbanden im Alten Reich um 1700. Ein Beitrag zur Geschichte von Herrschaft und Kriminalität in der Frühen Neuzeit, Frankfurt a.M. 1988

Deichert, H., Zur Geschichte der peinlichen Rechtspflege im alten Hannover, in: Hann. Geschichtsblätter 15 (1912), 97–175

Döbler, Jakob, Theatrum Poenarum, suppliciorum et executionum Criminalium oder Schau-Platz derer Leibes- und Lebens-Straffen, 2 Bde., Sonderhausen 1693/97

van Dülmen, Richard, Entstehung des frühneuzeitlichen Europa 1555–1648, Frankfurt 1982

ders., Das Schauspiel des Todes. Hinrichtungsrituale in der frühen Neuzeit, in: R. van Dülmen-N. Schindler (Hg.), Volkskultur: Zur Wiederentdeckung des vergessenen Alltags (16.–20. Jahrhundert), Frankfurt 1984, 205–245

ders., Frauen vor Gericht. Kindsmord in der Frühen Neuzeit, Frankfurt a.M. 1991

van Dülmen, Richard (Hg.), Verbrechen, Strafen und soziale Kontrolle. Studien zur historischen Kulturforschung, Frankfurt a.M. 1990

Ebel, Wilhelm, Die Rostocker Urfehden. Untersuchungen zur Geschichte des Deutschen Strafrechts, Rostock 1938

Ebeling, A., Beiträge zur Entstehung der Freiheitsstrafe, Breslau-Neukirch 1935

Evans, E. P., The Criminal Prosecution and Capital Punishment of Animals, London 1906

Evans, Richard J., Öffentlichkeit und Autorität. Zur Geschichte der Hinrichtungen in Deutschland vom allgemeinen Landrecht bis zum Dritten Reich, in: H. Reif (Hg.), Räuber, Volk und Obrigkeit. Studien zur Geschichte der Kriminalität in Deutschland seit dem 18. Jahrhundert, Frankfurt 1984, 185–258

Feucht, Dieter, Grube und Pfahl. Ein Beitrag zur Geschichte der deutschen Hinrichtungsbräuche, Tübingen 1967

Feuerbach, Paul Anselm, Merkwürdige Verbrechen, Frankfurt 1981

Foucault, Michel, Überwachen und Strafen. Die Geburt des Gefängnisses, Frankfurt 1977

Frauenstädt, Paul, Breslaus Strafrechtspflege im 14. bis 16. Jahrhundert. Ein Beitrag zur Geschichte des Strafrechts, in: Zs. f. ges. Strafrechtswiss. 10 (1890), 1–35, 229–250

Ganss, H.-J., Der Scharfrichter. Ein Beitrag zur deutschen Rechts- und Kirchengeschichte (Diss.), Köln 1951

Gernhuber, Joachim, Strafvollzug und Unehrlichkeit, in: Zs. f. Rechtsgesch. G. A. 74 (1957), 119–177

Glenzdorf, Joh./*Treichel,* Fr., Henker, Schinder und arme Sünder, 2 Bde., Bad Münden 1970

Gorgoni, Christine Bukowska, Die Strafe des Säckens – Wahrheit und Legende, in: Forsch. z. Rechtsarch. u. rechtl. Volkskunde 2 (1979), 144–162

Grøn, Frederik, Über den Ursprung der Bestrafung in Effigie. Eine vergleichende rechts- und kulturgeschichtliche Untersuchung, in: Tijdschrift voor Rechtsgeschiedenis 13 (1934), 320–381

Gwinner, Heinrich, Der Einfluß des Standes im gemeinen Strafrecht, Breslau-Neukirch 1934

Hälschner, Hugo, Das Preußische Strafrecht (Geschichte des Brandenburgisch-Preußischen Strafrechts. Ein Beitrag zur Geschichte des deutschen Strafrechts), 3 Bde., Bonn 1855–1868

Hardung, Siegfried, Die Vorladung vor Gottes Gericht. Ein Beitrag zur rechtlichen und religiösen Volkskunde, Bühl-Baden, 1934

Harke, Werner, Das Strafrecht des Münchener Blutbannbuches unter Berücksichtigung der anschließenden Malefizprotokolle (Diss. masch.) München 1950

Harster, Theodor, Das Strafrecht der freien Reichsstadt Speier in Theorie und Praxis, Breslau 1900

Hartl, Friedrich, Das Wiener Kriminalgericht. Strafrechtspflege vom Zeitalter der Aufklärung bis zur österreich. Revolution, Graz 1973

Hay, Douglas u.a., Albion's Fatal Tree. Crime and Society in Eighteenth-century England, Norwich 1977[2]

Heinemann, Franz, Der Richter und die Rechtspflege, Jena 1924[2]

Helbing, Franz/*Bauer* Max, Die Tortur. Geschichte der Folter im Kriminalverfahren aller Zeiten und Völker, Berlin 1926

Helfer, Christian, Formen und Funktionen des Galgenplatzes am unteren Mittelrhein, in: Bonner Geschichtsblätter 18 (1964), 16–38

ders., Henker-Studien, in: Arch. f. Kulturgesch. 46 (1964), 334–359, 47 (1965), 96–117

von Hentig, Hans, Die Strafe. I.: Frühformen und kulturgeschichtliche Zusammenhänge, II.: Die modernen Erscheinungsformen, 2 Bde., Berlin u.a. 1954/55

ders., Vom Ursprung der Henkersmahlzeit, Tübingen 1958

ders., Studien zur Kriminalgeschichte, Bern 1962

Hetzel, H., Die Todesstrafe in ihrer kulturgeschichtlichen Entwicklung, Berlin 1870

Hillmann, Helmut, Das Gericht als Ausdruck deutscher Kulturentwicklung im Mittelalter, Stuttgart 1930

Hinckeldey, Christoph (Hg.), Strafjustiz in alter Zeit, Rothenburg 1980

His, Rudolf, Geschichte des deutschen Strafrechts bis zur Carolina, München-Berlin 1928

ders., Das Strafrecht des deutschen Mittelalters, 2 Bde., Aalen 1964 (ND)

Irsigler, Franz – Arnold *Lassotta,* Bettler und Gaukler, Dirnen und Henker. Randgruppen und Außenseiter in Köln 1500–1600, Köln 1984

Jacobs, Jürgen Carl/*Rölleke,* Heinz (Hg.), Das Tagebuch des Meister Franz Scharfrichter zu Nürnberg (1800), Harenberg 1980

John, Alois (Hg.), Die Schrift „Vom Aberglauben“ von Karl Huß, Prag 1910

Keller, Albrecht, Der Scharfrichter in der deutschen Kulturgeschichte, Bonn-Leipzig 1921

Knapp, Hermann, Das Lochgefängnis, Tortur und Richtung in Alt-Nürnberg, Nürnberg 1907

ders., Die Zenten des Hochstifts Würzburg. Ein Beitrag zur Geschichte des süddtsch. Gerichtswesens und Strafrechts, 2 Bde., Berlin 1907

ders., Alt-Regensburger Gerichtsverfassung. Strafverfahren und Strafrecht bis zur Carolina, Berlin 1914

Koch, Jürgen, Die Strafrechtsbelehrung des Volkes von der Rezeption bis zur Aufklärung (Diss.), Jena 1939

Kohler, Josef, Urteile nach Recht und Urteile nach Gnade und der Fürbitte, in: Arch. f. Strafrecht und Strafprozess 60 (1913), 339–343

Kramer, Karl Siegfried, Rechtliches Gemeindeleben im Maindreieck zwischen Reformation und Aufklärung, in: Bayr. Jb. f. Volksk. (1953), 136–148

ders., Volksleben im Hochstift Bamberg und im Fürstentum Coburg (1500–1800). Eine Volkskunde aufgrund archivalischer Quellen, Würzburg 1967

ders., Volksleben in einem holsteinischen Gutsbezirk, Neumünster 1979

Kriegk, G. L., Deutsches Bürgerthum im Mittelalter, Frankfurt 1871

Kroeschell, Karl, Deutsche Rechtsgeschichte 2 (1250–1650), Reinbek 1973

Kühne, Karsten, Das Kriminalverfahren und der Strafvollzug in der Stadt Konstanz im 18. Jahrhundert, Sigmaringen 1979

von Künssberg, Eberhard, Rechtliche Volkskunde, Halle 1936

ders., Rechtsgeschichte und Volkskunde, Köln-Graz 1955

Leder, Karl Bruno, Todesstrafe – Ursprung, Geschichte, Opfer, Wien-München 1980

Leiser, Wolfgang, Strafgerichtsbarkeit in Süddeutschland. Formen und Entwicklungen, Köln-Wien 1971

Lewandowski, Horst Harald, Die Todesstrafe in der Aufklärung, Bonn 1961

Lindgen, Erich, Die Breslauer Strafrechtspflege unter der Carolina und der gemeinen Strafrechtswissenschaft bis zum Inkrafttreten der Josephina von 1708, Breslau o.J.

Lofland, J., The Dramaturgy of State Executions, Montclais, New Jersey 1977

Machheit, Norbert R., Das Mahl im Recht – ein Versuch, in: FS f. F. Elsener, Tübingen 1973², 68–80

Marschall, Dieter, De Laqueo Rupto. Die mißlungene Hinrichtung durch den Strang, Bonn 1968

Mayer, Eberhard, Die rechtliche Behandlung der Empörer von 1525 im Herzogtum Württemberg. Ein Beitrag zur Rechtsgeschichte des sog. „Deutschen Bauernkriegs“, Tübingen 1957

Mehrle, Paul-Dieter, Die Strafrechtspflege in der Herrschaft Kißlegg von den Anfängen bis zum Jahr 1633, Pfullingen 1961

Meinhardt, Karl-Ernst, Das peinliche Strafrecht der Freien Reichsstadt Frankfurt am Main im Spiegel der Strafpraxis des 16. und 17. Jahrhunderts, Frankfurt 1957

ders., Kriminalfälle aus der Reichsstadt Frankfurt, Frankfurt 1964

Merzbacher, Friedrich, Die Hexenprozesse in Franken, München 1957

Meye, Albrecht, Das Strafrecht der Stadt Danzig von der Carolina bis zur Vereinigung Danzigs mit der preußischen Monarchie (1532 bis 1793), Danzig 1935

Moeller, Ernst v., Über die Rechtssitte des Stabbrechens, in: Zs. f. Rechtsgesch. 21 (1900), 27–115

Mortimer, John F., Henker, Selbstzeugnisse – Tagebücher und zeitgenössische Berichte. Dokumente menschlicher Grausamkeit, Genf 1976

Nordhoff-Behne, Hildegard, Gerichtsbarkeit und Strafrechtspflege in der Reichsstadt Schwäbisch Hall seit dem 15. Jahrhundert, Schwäbisch Hall 1971

Nowosadtko, Jutta, Scharfrichter und Abdecker. Der Alltag zweier „unehrlicher“ Berufe in der Frühen Neuzeit, Paderborn u.a. 1994

Oppelt, Wolfgang, Über die „Unehrlichkeit“ des Scharfrichters. Unter bevorzugter Verwendung von Ansbacher Quellen, Lengfeld 1976

Pitaval, François Gayot de, Unerhörte Kriminalfälle, Bremen 1980

Puetzfeld, Carl, Deutsche Rechtssymbolik, Berlin 1936

Quanter, Rudolf, Die Folter in der deutschen Rechtspflege sonst und jetzt, Dresden 1900 *ders.*, Deutsches Zuchthaus- und Gefängniswesen von den ältesten Zeiten bis in die Gegenwart, Leipzig 1905 (ND 1970)

ders., Die Schand- und Ehrenstrafen in der deutschen Rechtspflege, Aalen 1970 (ND)

ders., Die Sittlichkeitsverbrechen im Laufe der Jahrhunderte und ihre strafrechtliche Beurteilung, Aalen 1970

Radbruch, Gustav, Elegantiae juris criminalis. Sieben Studien zur Geschichte des Strafrechts, Basel-Leipzig 1938

ders., Ars moriendi. Scharfrichter – Seelsorger – Arme Sünder – Volk, in: Schw. Zs. f. Strafrecht 59 (1945), 460–495

ders., Die Kriminalität der Goethe-Zeit, in: Schw. Zs. f. Strafrecht 63 (1948), 428–444

ders. (Hg.), Die Peinliche Gerichtsordnung Kaiser Karls V. von 1532 (Carolina), Stuttgart 1967

Rehfeldt, Bernhard, Todesstrafen und Bekehrungsgeschichte. Zur Rechts- und Religionsgeschichte der germanischen Hinrichtungsbräuche, Berlin 1942

Reif, Heinz (Hg.), Räuber, Volk und Obrigkeit. Studien zur Geschichte der Kriminalität in Deutschland seit dem 18. Jahrhundert, Frankfurt a.M. 1984

Renger, Wilhelm, Hinrichtungen als Volksfeste, in: Süddeutsche Monatshefte 10 (1903), 8–21

Rennefahrt H., Grausamkeit und Mitleid im Rechtsleben des Mittelalters, in: Berner Zs. f. Gesch. und Heimatkunde (1949), 17ff.

Richter E., Die „andächtige Beraubung" geistlicher Toter als volksglaubenskündliches Phänomen. Ein volksk. Grundbeitrag zur G. der Reliquienverehrung in: Bay. Jb. f. Volksk. (1960) 82–104

Rossa, Kurt, Todesstrafen. Ihre Wirklichkeit in drei Jahrhunderten, Oldenburg-Hamburg 1966

Rother, Joh. Friedrich, Der peinlichen Prozesse rechtsgelehrte Kunst, Leipzig 1748

Rusche, Georg/*Kirschheimer,* Otto, Sozialstruktur und Strafvollzug, Frankfurt 1981[2]

Schild, Wolfgang, Alte Gerichtsbarkeit. Vom Gottesurteil bis zum Beginn der modernen Rechtssprechung, München 1980

Schindler, Georg, Verbrechen und Strafen im Recht der Stadt Freiburg im Breisgau von der Einführung des neuen Stadtrechts bis zum Übergang an Baden (1520–1806), Freiburg 1937

Schmidt, Eberhard, Die Kriminalpolitik Preußens unter Friedrich Wilhelm I. und Friedrich II., Berlin 1914

ders., Inquisitionsprozeß und Rezeption. Studien zur Geschichte des Strafverfahrens in Deutschland vom 13. bis 16. Jahrhundert, 1940 *ders.*, Einführung in die Geschichte der deutschen Strafrechtspflege, Göttingen 1965[3]

Schormann, Gerhard, Strafrechtspflege in Braunschweig-Wolffenbüttel 1599–1633, in: Braunschw. Jb. 55 (1974), 90–112

ders., Hexenprozesse in Deutschland, Göttingen 1981

Schraepler, Horst W., Die rechtliche Behandlung der Täufer in der deutschen Schweiz, Südwestdeutschland und Hessen 1525–1618, Tübingen 1957

Schué, Karl, Das Gnadebitten in Recht, Sage, Dichtung und Kunst. Ein Beitrag zur Rechts- und Kunstgeschichte, in: Zs. f. Aachener Geschichtsverein 40 (1918), 143ff.

Schuhmann, Helmut, Der Scharfrichter. Seine Gestalt – seine Funktion, Kempten 1964

Schwerhoff, Gerd, Köln im Kreuzverhör. Kriminalität, Herrschaft und Gesellschaft in einer frühneuzeitlichen Stadt, Bonn-Berlin 1991

ders., Devianz in der alteuropäischen Gesellschaft. Umrisse einer historischen Kriminalitätsforschung, in: Zs. f. hist. Forschung 19 (1992) 385–414

Sharpe, J. A., The history of crime in late medieval and early modern England: a review of the field, in: Social History 7 (1982)

Simon, Christian, Untertanenverhalten und obrigkeitliche Moralpolitik. Studien zum Verhältnis zwischen Stadt und Land im ausgehenden 18. Jahrhundert am Beispiel Basels, Basel-Frankfurt 1981

Spierenburg, Peter, The Spectacle of Suffering. Executions and the Evolution of Repression: From a Preindustrial Metropolis to the European Experience, Cambridge 1984

Staehlin, Adrian, Sittenzucht und Sittengerichtsbarkeit in Basel, in: Zs. f. Rechtsgesch. (1968) 78–103

Stobbe, O., Geschichte der deutschen Rechtsquellen, Braunschweig 1864

Stokar, D., Verbrechen und Strafe in Schaffhausen vom Mittelalter bis in die Neuzeit, in: Zs. f. Schw. Strafrecht 5 (1892), 309–384

Strub, Bettina, Der Einfluß der Aufklärung auf die Todesstrafe, Levia 1973

Sturm, Friedrich, Symbolische Todesstrafen, Hamburg 1962

Stutz, Emil, Das Strafrecht von Stadt und Amt Zug (1352–1798). Eine rechtshistorische Studie (Diss.), Zürich 1917

von Tscharner, Hans-Fritz, Die Todesstrafe im alten Staate Bern (Diss.), Bern 1936

Ulbricht, Otto, Kindsmord und Aufklärung in Deutschland, München 1990

Ullmann, Johannes Gottfried, Das Strafrecht der Städte der Mark Meissen, der Oberlausitz, des Pleissner-, Ober- und Vogtlandes während des Mittelalters, Leipzig 1928

Wächtershäuser, Wilhelm, Das Verbrechen des Kindsmordes im Zeitalter der Aufklärung. Eine rechtsgeschichtliche Untersuchung der dogmatischen, prozessualen und rechtssoziologischen Aspekte, Berlin 1973

Weiß, Franz (Hg.), Das Braunauer Blutbuch. Das „Register über die peinlichen Fragen 1550" der Stadt Braunau in Böhmen, in: Jb. des dt. Riesengebirgs-Vereins 16 (1927), 108–243

Weisser, Michael R., Crime and punishment in early modern Europe, Bristol 1979

Wettstein, Erich, Die Geschichte der Todesstrafe im Kanton Zürich (Diss.), Winterthur 1958

Wilbertz, Gisela, Standesehre und Handwerkskunst. Zur Berufsideologie des Scharfrichters, in: Arch. f. Kulturgesch. 58 (1976), 154–177

Wosnik, Richard, Beiträge zur Hamburgischen Kriminalgeschichte unter besonderer Berücksichtigung des Kriminal-Museums, Hamburg 1943

Wrede, Richard, Die Körperstrafen bei allen Völkern von den ältesten Zeiten bis Ende des neunzehnten Jahrhunderts, Frankfurt o.J. (ND)